本研究受 2018 年国家社会科学基金青年项目"大数据时代新媒体传播权体系研究"、2022 年湖北省武汉市知识产权发展项目"武汉知识产权纠纷解决优选地建设研究"(知识产权战略研究类)、2023 年湖北省知识产权服务能力提升工程及软科学研究项目"湖北打造国际知识产权纠纷解决优选地的困境与对策研究"等项目支持

专利权效力
司法判定程序研究

代江龙⊙著

知识产权出版社
全国百佳图书出版单位
—北京—

图书在版编目（CIP）数据

专利权效力司法判定程序研究 / 代江龙著 . —北京：
知识产权出版社，2023.9
ISBN 978-7-5130-8859-6

Ⅰ . ①专⋯ Ⅱ . ①代⋯ Ⅲ . ①专利侵权—民事诉讼—
研究—中国 Ⅳ . ① D923.424

中国国家版本馆 CIP 数据核字（2023）第 145999 号

责任编辑：王颖超 责任校对：谷　洋
封面设计：北京麦莫瑞文化传播有限公司 责任印制：刘译文

专利权效力司法判定程序研究

代江龙　著

出版发行：知识产权出版社有限责任公司	网　　址：http：//www.ipph.cn
社　　址：北京市海淀区气象路 50 号院	邮　　编：100081
责编电话：010-82000860 转 8655	责编邮箱：wangyingchao@cnipr.com
发行电话：010-82000860 转 8101/8102	发行传真：010-82000893/82005070/82000270
印　　刷：三河市国英印务有限公司	经　　销：新华书店、各大网上书店及相关专业书店
开　　本：720mm×1000mm　1/16	印　　张：15
版　　次：2023 年 9 月第 1 版	印　　次：2023 年 9 月第 1 次印刷
字　　数：220 千字	定　　价：78.00 元
ISBN 978-7-5130-8859-6	

序

代江龙博士的著作即将付梓，作为其博士导师，我见证了他从一名学生成长为检察、审判实务工作者，再转变为一名高校教学科研工作者的蜕变历程，本书即是其学习期间结合司法工作实践所取得的研究成果。受其邀请，欣然为之作序。

法律研究工作，尤其是知识产权领域的理论研究，必须以前沿的实务问题为支撑。本书以专利权效力司法判定程序为研究对象，选取了专利权效力司法判定程序这一管中窥豹的制度展开，将专利理论与司法实践经验相结合，通过对专利侵权诉讼司法实践的深度分析，探寻当前专利审判体系所存在的问题，并尝试提出应对解决方案。

2023 年 2 月，最高人民法院发布《中国法院的司法改革（2013—2022）》，中国司法改革工作在十余年内，取得了一系列的卓著成效。其中一项重要的改革举措，即推进法院组织体系和管理体制改革，健全完善优化、协同、高效的法院组织体系和机构职能体系，推进审判机构与审判组织专业化建设。在此背景下，最高人民法院知识产权法庭，北京、上海、广州、海南自由贸易港知识产权法院，各中心城市专门知识产权法庭相继成立，知识产权专业化审判组织与诉讼程序机制不断完善。作为以技术类案件为主的专利纠纷案件，随着司法改革的推进，保护水平在近年来也取得显著提升，但专利权效力判定的程序机制始终是提升专利审判效率的重要掣肘因素。在中央着力于处理好"公正"与"效率"

关系的当下，这一问题的研究显得尤为重要。

本书既扎根实践，也放眼全球，在实证调研与域外考察的基础之上，尝试从全局的角度进行建构，从司法机关机构改革、专利诉讼程序机制变迁、专利法实体规则完善等方面展开多角度论证，锚定专利权效力司法判定程序问题，展开多层次分析，这对于当前专利审判改革以及知识产权特别程序规则的制定具有重要的理论价值。期待代江龙博士能够秉持求实、务实的研究态度，踏实、扎实的研究风格，取得更多的优秀成果。

是为序。

2023.5.20

目录

第二章　专利权效力司法判定程序的中国模式

第三章　专利权效力司法判定程序的比较考察

第四章　我国专利权效力司法判定程序的制度完善

导

论

一、问题的提出

党的二十大报告指出，加强知识产权法治保障，形成支持全面创新的基础制度。历史地看，创新一直是经济社会发展的推动力，故步自封只能导致裹足不前。2023 年 3 月 5 日，习近平总书记在参加十四届全国人大一次会议江苏代表团审议时强调："加快实现高水平科技自立自强，是推动高质量发展的必由之路。"❶尤其进入二十一世纪以来，以互联网技术、人工智能、基因工程等为引领的高新技术产业，带动社会经济突飞猛进发展。作为"给天才之火添加利益之油"的专利制度，在经济发展过程中起着重要的推动作用。从世界范围的角度来讲，专利制度是人类发展的推动因素。从国家民族发展的维度来看，专利制度又是获得和保持一国在国际上优势地位的重要支撑。然而，专利制度同样是利弊共存的，适度的专利保护能够促进创新，一旦超出了必要的限度则可能成为阻碍创新的因素。市场上难免存在着"投机者"，某些不具有创新性的产品或技术可能经过专利审查机关的审查后因"蒙混过关"被授予专利权，而利益诱惑越大，这种"投机取巧"的驱动力就越强。甚至有美国学者认为，"专利制度正在不断制造垃圾专利和法律上的不确定性，这将阻碍和威胁创新活动"❷。通过制度化的设置以驱除"问题专利"与"垃圾专利"，类似于为专利制度进行治疗的"啄木鸟"功能。"专利权效力司法判定程序"正是维系专利制度有效运行的重要机制，将其作为选题展开研究，从知识产权法学的理论研究角度而言具有一定的前沿性，但也不为中国所独有。

对专利权效力司法判定程序的研究，一方面关乎专利权自身边界的确定及其保护范围的考量，另一方面也对专利侵权诉讼的程序进程起着决定性作用。于司法体系而言，专利权效力司法判定决定了专利司法机

---

❶ 邱超奕，齐志明，王珏，等.加快实现高水平科技自立自强［N］.人民日报，2023–03–11（010）.

❷ 亚当·杰夫，乔希·勒纳.创新及其不满：专利体系对创新与进步的危害及对策［M］.罗建平，兰花，译.北京：中国人民大学出版社，2007：2.

关的判定权限，包括专利侵权民事诉讼、专利无效行政诉讼等程序的管辖以及知识产权专门审判机关的架构；于行政体系而言，专利权效力司法判定决定了国务院专利行政部门的复审程序定性，以及国务院专利行政部门与人民法院之间的权力分置及机构衔接；于司法审判人员而言，专利权效力司法判定决定了审理侵权诉讼的审判组织如何确定侵权程序应否中止，如何确定与专利权无效判定程序的关系，以及能否在专利侵权民事诉讼中对专利权的效力作出判定，如何进行判定；于当事人而言，专利权效力司法判定决定了专利权人及被控侵权人以及无效请求人各自的诉讼策略，在侵权诉讼中，是否提出专利无效抗辩，以及在哪个阶段提出无效抗辩，以提高抗辩的成功率，尽可能地降低诉讼成本以达到最好的诉讼收益，在程序进程中如何通过合作、博弈、对抗以达到自身利益的最大化。因此，专利权效力的司法判定无论从整体的专利司法体系、行政架构、法律制度，还是从司法审判人员、专利行政复审工作人员、专利诉讼及行政程序的当事人维度，都会产生重要的影响，也为各方主体所关切。

专利权效力判定在司法实践中具有重要意义，同时也对司法审判工作造成了极大的困扰。对专利权的保护以专利权的有效存在为前提，而专利权的授予又需要行政机关的审查。在专利侵权诉讼中，专利权是否合法有效，其效力有无争议，是摆在司法审判人员面前的首要问题，但基于司法权与行政权的分立与制约关系，司法人员对于专利权的效力又无从置喙。在现有法律框架下，这形成了一道难解之题。于被控侵权人而言，在专利侵权诉讼中，其被控侵犯了专利权，如果所涉专利权被判定为无效，则专利权人的侵权指控主张将无以依附，也就远离了侵权可能性。因此，在侵权诉讼中，被控侵权人往往会提出专利权无效的抗辩主张。如此，当事人的主张与人民法院的审理对象之间产生了冲突：被控侵权人对专利权的效力质疑，而人民法院仅能对专利是否侵权进行比对，无从对专利权效力作出判定，只能要求当事人转向专利无效行政程序。但专利无效行政程序启动后，专利权的效力堪忧，侵权判定的基础发生了动摇，人民法院为防止冲突的产生，需要中止侵权民事诉讼程序以待行政程序的结果。这样，专利侵权民事诉讼被不断延宕，一方面浪费了司法资源，另一方面加大了当事人的成本支出，也不利于专利权的有效保护。专利诉讼中的效力判定问题成为专利制度的"阿喀琉斯之踵"，也是专利制度改革的一项世界性课题，不为我国所独有。

以"专利权效力司法判定程序"作为研究主题，也源于对司法实践的认知。近年来，知识产权审判是民商事审判的一个热点，而专利审判又是知识产权审判的一个难点。这不仅因为专利案件中的技术问题较为复杂，更重要的是，专利案件审理的时间长，耗时耗力，程序烦琐。尽管在知识产权审判实践中，专利案件相对较少，但往往牵涉的利益巨大，甚至有时会关乎一个企业的存亡，尤其近年来，部分高新技术企业（技术密集型企业）体现出了核心专利对企业命脉的掌控。专利案件难办不仅在于复杂，更在于拖沓，在审理一个专利案件的过程中，极易出现"磕磕碰碰"，当事人会穷尽一切可能提出各种抗辩，而程序则经常因之而中止或反复。其中，在专利侵权诉讼进程中，与之同时产生的专利权效力争议是一个重要的外部介入因素。当然，这些都只是司法实践中的"现象"，从感性认识的层面来讲，称之为"问题"；但从学术研究的角度来讲，这是否为一个"真问题"，能不能解决，怎么去解决，正是本论题研究所要针对的核心对象。

专利权有别于普通民事权利和其他的知识产权权利，其并非天然产生，需要专门审查机关的授权。作为一项行政机关授权性的权利，利害关系人及社会公众都可对目标专利的效力质疑，故而存在专利权效力判定的专门程序。对专利权效力的判定，可以单独进行，也可与专利侵权或专利权属纠纷一并解决；可以通过行政程序决定，也可通过司法程序判定。对专利权效力的司法判定，实际上也包含了两条路径的程序机制，一条路径是，通过专利行政程序对专利权效力作出判定后，所作出的行政决定需要通过司法程序予以审查；另一条路径则是，对专利权效力的判定，直接通过司法确认诉讼予以判定，或是在民事侵权及权属纠纷诉讼中一并直接作出审查。两种不同的专利权效力判定司法路径既可择其一，也可并存，相应而生的程序被称为专利无效判定程序的"单轨制"

与"双轨制"。对于专利权效力司法判定程序的研究，核心的研究问题是：专利权效力判定的行政程序有无继续存在的必要性，如何对其作出定性，怎样发挥其作用？专利权效力判定能否直接引入侵权民事诉讼？可否不通过行政程序予以判定，而直接通过司法程序作出确认？如何构建程序机制以避免专利权效力判定结果上的冲突？

二、研究背景

专利权效力司法判定具有司法实践上的重要意义，国内外学者对此展开了较为全面的理论研究，相应的成果亦较为丰富。在对专利权效力司法判定的研究成果中，研究者更多是从专利实体法角度展开探讨，而从程序角度进行体系化研究的学术成果较少。形成这种研究格局的原因主要在于两个方面，一方面在于专利权效力司法判定程序受制于一国的司法程序与国家机关架构及权限分工，甚至牵涉一国宪政体系的总体框架，从程序角度展开研究最终难免进入司法制度层面的探讨，较为宏大；另一方面，专利权效力司法判定程序更多地关系到司法工作实践的具体运作问题，需要立足于司法实践并服务于司法实践，对此问题的解决与回应也就多见于司法实务工作者的探讨，学者展开体系化研究相对较少，也在情理之中。本论题的研究跨越了知识产权实体法与民事诉讼程序法两个领域，从法律分支学科的角度来讲，具有一定的交叉与复合性，对该论题的研究既有知识产权法学者，也有民事诉讼法专家；既有司法实务践行者，又有理论研究工作者。总体而言，本论题的国内研究成果较为丰富，但不够系统深入；国外的研究成果较为全面，也有相应的司法审判实践与司法改革经验作为支撑，但与我国现实国情存在一定的差距，需要批判式吸收，选择性借鉴。当然，任何的研究与开拓都是"站在巨人的肩膀上"，下文笔者将对本论题的国内外研究现状作出粗浅的分类梳理，并予以概述。

（一）国内研究现状

国内学者及司法实务工作者对本论题的相关研究主要集中于以下五个方面：一是关于专利行政机关授予专利权所行使的权力究竟属于何种性质；二是专利无效行政程序如何定性；三是专利权效力判定能否直接通过司法程序解决；四是针对知识产权专门审判机构如何设定其管辖、审理范围与程序，以实现专利权效力判定的体系化；五是如何协调专利侵权诉讼与专利无效程序，避免冲突的产生。

其一，关于专利行政机关授予专利权、复审确权所行使的权力性质，多数学者认为专利审查机关属于行政机关，其对专利权效力进行审查作出决定属于行政行为，有观点则认为国务院专利行政部门对专利权是否有效的审查判断属于针对作为私权的专利权进行判断的民事争议处理程序。更进一步，持"行政行为"的观点中，对于国务院专利行政部门的无效审查究竟属于何种行政行为，也有不同看法。杜颖、王国立认为："知识产权行政授权及确权行为既不是备案行为，也不是行政许可行为，从行为主体、行为内容，行为后果等角度分析，它是行政确认行为，兼具司法行为的特征。"❶

其二，关于专利无效行政程序如何定性的问题，尽管目前在我国法律框架下，国务院专利行政部门的无效程序被称为"行政程序"，但理论研究的层面对此仍存在一定的质疑，无效审查究竟应否归入行政程序范畴以及归入何种行政程序范畴仍然处在争论之中。就专利侵权纠纷而言，法院的司法保护主导作用应得到充分的发挥，并进一步强化专利行政机关的行政执法职能；就专利确权纠纷而言，除了在专利侵权诉讼中，法院可以获得有限的处理专利确权纠纷的职能之外，国务院专利行政部门应当继续大力发挥其应有的职能。❷对专利无效行政程序性质的定位，主

---

❶ 杜颖，王国立.知识产权行政授权及确权行为的性质解析［J］.法学，2011（8）：92-100.

❷ 万琦.论我国专利纠纷解决的司法、行政路径［J］.电子知识产权，2018（2）：89-101.

要的观点是将其定位为"准司法程序"❶，应将国务院专利行政部门定性改造为"准司法机构"❷。但也有学者的观点更为激进，何伦健甚至建议应将专利无效复审程序定位为一级"司法程序"。❸

其三，对于专利权效力判定能否引入专利侵权诉讼中，是有关本论题讨论中一个最为热点的话题，分歧也最为明显，存在着截然相反的两种意见。最高人民法院朱理法官通过对作为后起跟进者日本的考察，认为日本在一定程度上修正了原来的二元分立体制，这也是我国"在专利民事侵权程序中赋予法院专利权效力审查权的重要缘由和底气所在"❹。左萌等则认为，可以美国专利无效诉讼与行政程序双轨制作为我们改进路径可资参照的样本。❺

然而，公众能够选择不同的专利无效方式，是否就一定能带来无效制度的高效运行，仍然值得商榷，更遑论美国、日本的司法架构及专利审判体系与我国存在着较大的差异。张玲对日本专利案件审判管辖进行了梳理，日本技术类案件（包括专利案件）的一审管辖专属于东京与大阪地方法院，上诉审集中于东京知识产权高等法院❻，一个法院的管辖区域范围相对狭小，与我国存在着明显差异。郭寿康、李剑对德国专利法院进行考察后认为，德国实行的仍然是专利侵权诉讼与无效行政程序的分立模式❼，其制度运行整体也较为高效。因此，从各国制度层面考察，并无绝对的孰优孰劣的结论，而应当结合各国自身的司法体系与实践现状综合判断。

❶ 中国社会科学院知识产权研究中心.中国知识产权保护体系改革研究［M］.北京：知识产权出版社，2008：90.

❷ 梁志文.专利授权行为的法律性质［J］.行政法学研究，2009（2）：33-36.

❸ 何伦健.专利无效诉讼程序性质的法理分析［J］.知识产权，2006（4）：74-77.

❹ 朱理.专利民事侵权程序与行政无效程序二元分立体制的修正［J］.知识产权，2014（3）：37-43.

❺ 左萌，孙方涛，郭风顺.浅析美国专利无效的双轨制［J］.知识产权，2013（12）：92-97.

❻ 张玲.日本知识产权司法改革及其借鉴［J］.南开学报（哲学社会科学版），2012（5）：121-132.

❼ 郭寿康，李剑.我国知识产权审判组织专门化问题研究：以德国联邦专利法院为视角［J］.法学家，2008（3）：59-65.

朱理也考虑到了变革民事侵权程序与行政无效程序二元分立体制可能带来的风险，包括专利侵权诉讼与专利无效程序作为两项独立程序在专利权效力判断上可能产生的冲突；不同侵权诉讼审理法院之间在专利权效力判断上可能产生的冲突；当事人为寻求自身利益，在专利民事侵权程序中滥用专利权无效的主张，耗费审判资源，拖延诉讼，从而阻碍预设的效益目标的实现。有鉴于此，朱理认为，人民法院应当通过坚持民事侵权程序中专利无效认定的相对性与对专利权效力审查的有限性，并通过发挥上诉审与审判监督程序在统一审判尺度和标准方面的功能和作用以应对之。❶另外，从我国司法环境与司法考评机制来看，将专利权无效认定引入专利侵权诉讼，可能让专利案件审理法官陷入两难困境。根据我国司法机关对司法人员的考评指标，被再审改判的案件属于"错案"，不仅会显性地影响办案人的绩效、奖励，还会隐性地影响承办人的考评甚至职务晋升。❷也有观点认为，从法官技能需求的角度看，不宜将无效引入侵权诉讼。因为，发明和实用新型专利权无效抗辩的主要理由，都需要作为裁判的法官达到"所属技术领域的技术人员"的要求，而现在和可预见将来的中国法官培养途径决定了中国达到该要求的法官是非常稀缺的。❸

也有学者基于 2946 份民事裁判文书的实证分析，认为应以专利无效抗辩为切入点，建立专利效力司法一元审查模式：知识产权法院（法庭）对专利效力的审查决定具有对世效力；增加恶意申请罚则；处理好不同法院之间、法院和国家知识产权局之间的关系，统一专利的授权与效力审查的标准。❹

---

❶ 朱理.专利民事侵权程序与行政无效程序二元分立体制的修正［J］.知识产权，2014（3）：37-43.

❷ 例如，2014 年 6 月，中央全面深化改革领导小组第三次会议审议通过的《关于司法体制改革试点若干问题的框架意见》提出，要明确法官、检察官办案的权力和责任，对所办案件终身负责，严格错案责任追究。

❸ 章建勤，丛芳.试论在中国专利侵权诉讼中引入无效抗辩的不可行和不可取［J］.中国发明与专利，2019，16（8）：18-24.

❹ 唐仪萱，聂亚平.专利无效宣告请求中止侵权诉讼的问题与对策：基于 2946 份民事裁判文书的实证分析［J］.四川师范大学学报（社会科学版），2018，45（2）：47-56.

其四，关于知识产权专门审判机构如何设立，以及如何实现其功效。朱理认为，知识产权专门法院的建立，为专利侵权诉讼中进行专利无效认定扫清了障碍，因为"随着知识产权专门法院的建立，包括专利在内的知识产权审判工作将进一步专业化。专家证人、技术调查官等制度也将进一步完善，专业技术事实问题的查明将不再成为法院审查专利权效力的制约因素，专利行政机关所具有的技术优势也会被进一步削弱"❶。审理专利案件的专门司法机关，能否很好地实现对专利权效力的认定，如何实现对专利权效力的认定，理论研究者分别从各国专利司法机关的设置与职能展开考察与借鉴。美国杜克大学孔译珞（时任美国联邦巡回上诉法院法官助理）以产生、发展与现状为主线，对美国联邦巡回上诉法院的发展进行了全方位解读，其对于建立专门性法院持肯定的态度。❷ 程雪梅、何培育对欧洲统一专利法院进行考察后，提出了我国知识产权法院构建的路径。❸ 这些研究成果对我国知识产权专门审判机构的构建与职能定位都颇有助益。

其五，关于如何协调专利侵权诉讼与专利无效程序，避免程序冲突的产生。梁平认为，应当在"三合一"的"大概念"框架下探索解决方案。既不需要改变机构性质，也不需要改变案件性质，只需要赋予法院就权利有效性直接作出裁判的权力，即可有效解决包括权利有效性在内的知识产权民事和行政案件。同时，应进一步加快探索"三合一"发展模式，以及进一步细化最高人民法院知识产权审判庭与最高人民法院知识产权法庭在管辖范围、裁判程序和裁判效力等方面的分工和协调等，促进我国知识产权法院体系不断完善，最终真正实现知识产权民事、行政和刑事诉讼案件审判的"三合一"。❹ 也有学者认为，我国专利侵权纠

❶ 朱理.专利民事侵权程序与行政无效程序二元分立体制的修正［J］.知识产权，2014（3）：37-43.
❷ 孔译珞.专利专门性法院的先驱者：美国联邦巡回上诉法院的发展［J］.知识产权，2014（4）：84-88.
❸ 程雪梅，何培育.欧洲统一专利法院的考察与借鉴：兼论我国知识产权法院构建的路径［J］.知识产权，2014（4）：89-94.
❹ 梁平.司法改革语境下知识产权法院的设立与运行机制研究［J］.知识产权，2019（2）：44-52.

纷行政裁决的司法救济途径应逐渐摈弃行政诉讼的模式，采用"当事人诉讼"的民事诉讼方式。对于请求人单独提起的侵害赔偿之诉，法院应将裁决结果作为事实性证据对侵权直接作出认定，仅就侵权损害赔偿额作出审理和判决。建立专利纠纷行政调解司法确认机制，是提高专利纠纷解决效率、降低社会解纷成本、促进行政和司法资源优化配置的多赢共利之道。❶ 专利侵权诉讼与无效行政程序的协调问题需要在专利纠纷解决的体系化视野下探寻解决之道。

（二）国外研究现状

在专利权效力司法判定程序规则方面的发展，美国无疑是步伐最快的国家之一。作为判例法国家，美国学者主要立足于司法判例与司法改革措施展开本论题的研究。在美国专利法历史早期，对专利无效认定一直采纳个案标准。1971 年以前，在专利权无效宣告的效力方面，美国实行的是"相互禁止反悔"（multality of estoppel doctrine）原则 ❷，即专利权被宣告无效的效力仅限于双方当事人。但 Blonde 案 ❸ 改变了这一格局。美国联邦最高法院在该案判决中指出，从诉讼经济的角度，对于已经被无效的专利诉讼，如果允许原被告之间再就此问题展开控辩攻防，相当于让双方将时间、精力耗在了一项循环往复的工作上，而且专利诉讼的成本极其高昂，违背了专利制度的设立宗旨以及专利保护的效率目标。在此案的基础上，美国联邦最高法院确立了"附带禁止反悔"（collateral estoppel）原则，即前一诉讼中的专利无效认定可被当事人援引，实际上将专利无效认定的结果"遮断面"扩展至并不限于个案。美国专利权效力司法判定的权限进一步扩张。在理论研究领域，众多学者也就该论题展开研究，其中对专利权效力判定研究最为权威的当属丹·L. 伯克（Dan L. Burk）和马克·A. 莱姆利（Mark A. Lemley），他们在专利领域深耕细

---

❶　张飞虎.专利侵权纠纷救济"双轨制"下行政裁决与司法裁判程序衔接相关问题的探讨 [J].电子知识产权，2020（12）：79-86.

❷　李明德.美国知识产权法 [M].北京：法律出版社，2014：128.

❸　Blonde-Tongue Laboratories v. University of Illinois Foundation, 402 U.S. 313（1971）.

作数十载，研究成果可谓"汗牛充栋"，并建立了专利权效力司法判定的"伯克－莱姆利方案"。❶伯克和莱姆利通过对美国专利法行政审查与司法实践数年的跟踪考察，得出结论认为，通过司法手段对专利质量进行控制相对更具效率。乔纳森·塔米米（Jonathan Tamimi）对专利无效诉讼中的证据规则进行了探讨，在美国专利无效之诉中，采取的是"高度清晰且令人信服"（higher clear and convincing evidence）的标准；在行政无效程序中，采取的则是"优势证据"（preponderance of the evidence）标准。❷这增加了专利权效力判定结果冲突的可能性。奎因（Quinn）以 Baxter 系列案为例指出，针对美国专利商标局和专利上诉委员会（BPAI）所作出的无效行政裁定（决定）的上诉审，与针对联邦地区法院所作出的无效之诉判决的上诉审，都由美国联邦上诉法院审理，却先后得出了相反的结论❸，而这正是基于专利无效与侵权诉讼程序机制与证据规则内生的冲突。2012 年颁行的"AIA 法案"对美国专利权效力判定规则的影响可谓影响至深。乔·马塔（Joe Matal）对美国专利法改革史上具有重大意义的"AIA 法案"展开了深入的分析，讨论了专利法规则尤其是专利权效力审查规则的实质性变革。❹

日本学者主要以《日本专利法》第 104 条之 3 的修改为关注点，并对"富士通案"❺及其随后的判决展开了大量研究。以"富士通案"为基础，日本在 2004 年修订专利法时，设置了对专利权人权利行使限制的相

---

❶　［美］丹·L. 伯克，马克·A. 莱姆利. 专利危机与应对之道［M］. 马宁，余俊，译. 北京：中国政法大学出版社，2013.

❷　Jonathan Tamimi. Breaking Bad Patents: The Formula for Quick, Inexpensive Resolution of Patent Validity［J］. Berkeley Technology Law Journal, 2014, 29（Annual Review）: 587–646.

❸　Sean P. Quinn. Case Summary: Fresenius USA, Inc. v. Baxter, Int'l, Inc. 721 F.3d 1330（FED. CIR. 2013）［J］. DePaul Journal of Art, Technology & Intellectual Property Law, 2013（Fall）: 247–257.

❹　Joe Matal. A Guide to the Legislative History of the America Invents Act: Part Ⅰ of Ⅱ［J］. The Federal Circuit Bar Journal, 2012（3）: 435–514.

❺　"富士通半导体公司诉美国德州半导体案"，日本最高裁平成 12 年（2000 年）4 月 11 日第三小法庭判决，民集第 54 卷 4 号第 1368 页。

关规定，也就是《日本专利法》第 104 条之 3 的条文 ❶。

三、研究框架

对专利权效力司法判定程序体系的完善，总体目标即在于通过程序机制的改造，实现专利侵权诉讼、专利权效力判定之间的协调，既要避免程序处理结果之间的冲突，又要实现程序的高效运转，提升专利保护的效率。本论题的研究即针对专利权效力司法判定程序展开，包括通过专利权行政程序及其在后的专利无效行政诉讼程序，以及专利侵权民事诉讼程序中对专利权效力的附带审查，以设定专利权效力司法判定的程序机制，构建协调各程序机制的"沟通桥梁"，最终实现专利权保护的效率最优化。本论题将从四个方面展开研究分析。

首先，对专利权效力司法判定的分析需要建立在对专利权基础以及专利权效力边界予以明确的基础上。本论题以专利权权利来源、专利权及其制度属性、专利权效力判定的对象以及专利权效力判定的行政与司法程序作为研究的"先导"。如何保护专利权，需要建立在对专利权产生的历史渊源与权利来源进行论证分析的基础上。通过对专利制度史的考察，以及对财产权劳动理论、阿罗信息悖论、激励理论等理论的阐释，以认识专利权的私权本质，进而分析专利制度所具有的公共政策属性。通过准确界定专利权效力判定的对象，着力分析专利权效力的行政判定与司法判定的两种路径及其相互关系，为专利权效力司法判定程序机制研究找到分析基点。

其次，对专利权效力司法判定程序的研究所贡献的理论成果，应当对中国相关制度的完善具有理论与实践意义。因此，本论题的研究要立足中国问题与中国实践，探讨我国司法实践与理论研究的问题所在，明

---

❶ 《日本专利法》第 104 条之 3 规定："在关于侵犯专利权或专用实施权之诉中，如果该专利属于应被专利无效审判认定为无效的，或该专利权的存续期间延长登记属于理应被延长登记无效审判认定为无效的，专利权人或专用实施权人不得向对方当事人行使权利。根据前款规定所提出的攻击或防御的方法，如果是出于使审理被不当地延缓之目的而提出的，则法院得依申请或依职权作出拒回决定。"

确所要研究与解决的核心对象。对中国问题的研究，需要从我国专利法发展的角度入手，全面梳理我国专利行政与司法机关及专利法律制度架构，以分析目前我国专利制度仍然存在的诸多不足之处，并对国务院专利行政部门的无效复审程序、无效行政诉讼的程序机制及程序性质展开探讨，论证我国在民事诉讼程序中引入专利无效判定的利与弊，以及现行侵权诉讼中为避免冲突所采取的诉讼中止程序规则与无效抗辩程序规则之不足之处，并对专利侵权诉讼与无效程序之冲突进行类型归纳。

再次，我国专利权效力司法判定程序机制的完善既要立足"中国问题"，又要具有"国际视野"，不可"闭门造车"。世界上很多国家和地区在专利权效力司法判定程序方面已经发展得较为完备，也取得了丰富的司法实践经验与理论研究成果，这些经验与成果都是我们可资借鉴和学习的对象。在提炼"中国问题"的基础上，需要拓宽视野，对国外的相关制度展开评析与借鉴。通过对各国专利法相关制度的考察比较，其中美国、日本的专利无效程序机制具有较大的参考意义。对这些国家和地区相关制度规则的借鉴应当从其发展路径与制度设置背景入手，结合其本国的司法体系与专利制度，研究该无效制度的具体规则以及规则的内生环境，为我国相关制度提供借鉴思路。

最后，在分析与考察的基础上，针对专利权效力司法判定程序的体系变革与规则完善提出思路与建议。通过对专利权基础理论的研究，对中国专利权效力司法判定实践经验的总结，以及对具有代表性的美国、日本专利权效力司法判定程序的考察，一方面考量我国既有司法与立法制度体系，结合我国专利发展现状提出应对之策；另一方面，考虑专利制度总体的发展方向，着眼长远，立足当下，对我国专利权效力司法判定现行的无效行政程序及专利侵权民事诉讼之附带审查，提出规则完善的思路。同时，搭建起专利权效力司法判定的衔接机制，以实现程序的高效运转。

第一章

专利权效力司法判定程序概述

对专利权效力司法判定程序展开研究，需要首先回答专利权源自何处，效力何来，边界何在？专利权的权利来源决定了专利权的本质属性，也决定了专利制度设置所要实现的根本目标。而对专利权效力进行判定，则要明确专利权的边界，以确立可专利性的保护水平与专利公开的充分性标准。当然，专利权效力可以通过一定的程序提出挑战，取决于专利权与专利制度属性，但采取何种程序进行挑战，则需要更多考量专利权效力司法判定程序的准确定性与精确定位，这些都是研究专利权效力司法判定程序所要解决的基础问题。

第一节　专利权基础

专利制度从其历史发展的维度来看，经历了从特权到权利的嬗变。在专利发展史上，对专利权的来源也存在着财产权劳动理论、激励理论等一系列的理论阐释。从专利权的授权、确权表象上看，专利权又兼具私权属性与公权特性，如何厘清专利权的本质属性是准确定性专利权效力司法判定程序的基础。

一、专利权的权利来源

（一）从特权到权利：基于专利制度史的考察

资本主义经济条件下财产自由思想的兴起，包括以亚当·斯密为代表的经济自由主义理论、约翰·洛克为代表的天赋人权理论、自由主义的政治理论❶，这是专利制度发展的先导与思想动因。财产自由理论所指

---

❶ 龙文懋.知识产权法哲学初论［M］.北京：人民出版社，2003：20.

向的契约自由与意思自治对产权制度的发展起到了极大的推动作用。知识产权作为私权在民法上的确立，在此思潮的推动下也就顺理成章地得以巩固。当然，知识产权作为一项有别于一般私有财产的产权制度，其高度的竞争性以及公益与私益的统一，体现出了其相对的特殊性。资本主义早期的绝对契约自由与意思自治也逐步被社会权益与人权思潮所取代。对财产的保护不宜遵循绝对的丛林规则，社会财富的最大化与社会经济发展的最优化才是产权制度追求的终极目的，以凯恩斯为代表的国家资本主义理念即由此生发。整体社会目标的追求契合了知识产权制度的设立初衷。正如《美国宪法》第 1 条第 8 款第 8 项的阐述：美国国会有权保障作家和发明家对各自著作和发明在限定期限内的专有权利，以促进科学和工艺的进步。其落脚点仍在于"促进科学和工艺的进步"。对知识财产私有产权的保护，旨在通过鼓励创新、创造，最终造福社会公众，以实现社会福利的最大化。

通过专利制度从早期向近现代发展变革的历史可以看到，专利有别于普通民事权利的历史渊源，其萌芽于"特权"而非权利。同时，专利制度的发展与政治制度、经济制度，乃至技术变革的发展息息相关。重大的历史变革与社会制度变革，往往孕育了知识产权制度，包括专利制度的重大变革。18 世纪初期的英国，资产阶级革命带来了社会制度上的诸多变革，专利制度的变革也不例外，"资产阶级革命后的英国着手进一步改善其专利制度，专利法开始要求发明人必须充分地陈述其发明内容并予以公布，以此作为专利权获取的'对价'，专利制度开始以资产阶级的合同形式反映出来" ❶。这一重大变革也体现出了"从身份到契约"的跨越。专利制度不再作为一种身份的附庸而存在，也不再取决于统治者的个人偏好与利益诉求，特权开始逐步退出专利发展历史的舞台，以"社会契约论"为基础的专利制度开始具备了财产权制度的内核，从性质上也不再具有人身依附性。专利权的授予实际上转化为专利权人与社会公众之间的"双务合同"，在专利权人一方，其通过将自己的发明创造以

---

❶　郑成思 . 知识产权法：新世纪初的若干研究重点［M］. 北京：法律出版社，2004：148.

"专利说明书"等形式予以公开，换取社会大众对其权利的承认；在社会公众一方，通过允许发明创造者一定期间内的专有权利，换取其公开相应的发明创造信息，在权利保护期内，任何使用该项发明创造的主体都要缴纳一定的许可使用费，在保护期届满后，该项发明创造则进入公有领域，作为人类共有的财富。当然，专利制度具有更多的"外部性"效应，包括某一技术领域的后来者，也可以通过对过往专利技术的改进、创新，达到新的技术效果。很难想象，如果没有专利公开与权利保护的对价，如何得以产生现代创新型的企业，如"苹果""特斯拉""华为"等超级科技企业。专利权利与专利公开的联结，一方面促进了专利的权利化变革，另一方面也极大地促进了技术革新与技术传播的进步，迅速地推动着新技术的发展。同时，专利作为一项权利具有一定的期限，届满之后，公开的专利不断补充着全人类所共有的技术领域宝库，人类科技的发展开始随着专利制度的变革进入发展的快车道。

从特权到权利的演变，以及天赋人权、契约自由等思想的推动，为专利制度的发展铺平了向现代化演进的道路。但专利制度的发展并非一帆风顺，对专利制度的质疑从未停止。19世纪中期，在专利改革的大潮下，英国出现了"专利废除"的激进主张。这一思潮缘起于英国专利制度的改革没有达到预期的良好效果，包括专利审查的效率低下、实质性审查缺失导致的专利质量堪忧等，人们对当时专利制度的不满，进而导致了对专利制度本身的怀疑。尤其是19世纪50—70年代，官方的调查显示专利制度的运行效果差，这导致英国上议院、下议院甚至提出动议，提请完全取消专利制度。❶这一反专利思潮并未持续多久，随着专利制度改革带来的"红利"逐步显现，产业革命带来科学技术的突飞猛进，湮没了"专利废除运动"的声音。然而，专利怀疑论并未偃旗息鼓，对专利权的垄断性、地域性所产生的批评从未停止。随着基因技术、信息技术等高新技术领域专利申请量的日益增多，对基因资源等人类共同的自然资源，可能被少数人通过专利形式予以垄断和控制的"圈地运动"的

❶ Fritz Machlup, Edith Penrose. The Patent Controversy in the Nineteenth Century [J]. The Journal of Economic History, 1950, 10（1）: 9.

担心与忧虑日益增强。❶ 经济发展水平迥异的不同国家之间，专利技术水平的"南北差异"也带来了"专利殖民"的担忧。尤其是随着专利技术作为企业间竞争的武器，不断兴盛的"专利流氓"与"专利丛林"所引起的负面效应也为社会公众所诟病。尽管存在着对专利制度如此之多的批评，专利制度的根基事实上从未发生过动摇，而这些与专利制度相伴相随的批评声音正是专利制度不断发展完善的动力之一。

当然，从专利制度的发展可以看到，即使作为私权的知识产权权利也并非一成不变。尤其是随着新技术的发展，专利法所保护的客体以及专利权的权项本身也在不断发生变化。❷ "权利是经验与历史所教会我们的更好选择，权利化的过程具有不断演进性质。"❸ 以历史和动态的视角来考察专利权的权利来源、权利边界及其基础殊为必要。而对专利权权利边界的把握，正是专利授权与审查制度的重要关切点。

（二）专利权利来源的理论阐释

权利源自何处，是回答权利为何需要保护、如何进行保护的基础问题，也是法哲学所要解决的重要问题。专利权如何产生，来源于财产权理论的解答，同样源自专利法律制度的哲学审视。在关于专利权利来源的解答上，存在着"财产权劳动理论""信息悖论规避""激励理论"等一系列的法哲学与法经济学理论。

1. 财产权劳动理论

洛克的财产权劳动理论是对知识产权权利基础的经典理论阐释，并且深刻影响着近现代以来的知识产权法哲学，以及关于财产权的法哲学思想。洛克是 17 世纪英国资产阶级哲学家与政治学家及法律思想家的杰出代表，也是英国自由主义哲学理论的重要奠基人。其生活的 17 世纪英国，正是资产阶级自由化革命的发源地与思想活动中心。财产权劳动理

---

❶　崔国斌.基因技术的专利保护与利益分享［C］//郑成思.知识产权文丛：第3卷.北京：中国政法大学出版社，2000：246.

❷　例如，商业方法专利的发展、软件专利权的保护。

❸　艾伦·德肖维茨.你的权利从哪里来［M］.黄煜文，译.北京：北京大学出版社，2014：69.

论正是其自然权利理论与天赋人权思想在财产权领域的集中体现。洛克承袭了格劳秀斯、霍布斯等人的自然法学思想，其理论的基础即为人类的"自然法状态"❶。但在自然状态下，人类时刻存在着侵害与被侵害的恐惧与危险，为了克服这些恐惧与危险，人类相互之间让渡出一部分的权利，包括生命、自由、平等以及财产权利，组成一个联合体，交由他们中间被指定的人行使，以维护这一自然规则的秩序。政府与社会的起源，以及立法权、行政权正源于此。由此而言，财产权是一种自然和天赋的权利，并不为任何人所垄断，具有与生俱来的特性。但接下来要回答的问题是，这些天赋的权利如何在人与人之间进行分配，私有财产是如何形成的？洛克认为，土地以及附着和生存于其上的矿藏、水源、植物、动物等资源为人类所共有，人类对自己的人身享有所有权，不可为任何其他主体所支配。那么，每个人自身基于对自己身体的支配所从事的劳动带来的劳动成果就应当是自己的。个人的劳动使自然之物脱离于自然而为人所拥有，成为个人的财产。❷洛克的这一论证思路，使人们劳动获得私有财产具备了合理性。

洛克的财产权劳动理论是对"君权神授论"等传统理论的彻底驳斥，其提出了自由、平等的天赋人权思想，为财产权的革命起到了十分关键的推动作用。财产权劳动理论对其后的黑格尔、康德等哲学家都产生了重要影响，也影响了马克思和恩格斯的政治经济学理论，恩格斯进而指出"劳动是一切财富的源泉"❸。财产权劳动理论为私有财产权的"合法性"进行了充分辩护，阐明了劳动作为获得财产权的重要途径与合理性之所在。

从洛克的财产权劳动理论出发，无论是有体物财产权还是无体物财产权，均遵循劳动获取的基本原则。要获取财产权，必须以付出劳动为

---

❶ 洛克认为，"人类所生存的自然状态，有一种为人人所遵循的自然法起着支配作用，这种理性的自然法教导着有意遵从自然法规则的权利人，人们相互之间是平等和独立的，任何人不得侵犯他人的生命、健康、自由或财产"。参见：约翰·洛克.政府论（下）[M].叶启芳，翟菊农，译.北京：商务印书馆，1964：74.
❷ 约翰·洛克.政府论（下）[M].叶启芳，翟菊农，译.北京：商务印书馆，1964：19.
❸ 恩格斯.劳动在从猿到人转变过程中的作用[M].北京：人民出版社，1971：1.

代价。对于作为无形财产权的专利权，仍然以劳动为基础，但劳动仅为专利权获取的必要条件而非充分条件。这里，首先要从劳动的区分开始。按照劳动的一般性解释，劳动可以区分创造性劳动与非创造性劳动。并非所有的劳动都能创造价值，在知识产权领域，只有创造性的劳动成果才能获得财产权的保护，这也是知识财产有别于一般物质财产的关键点之一。智力劳动与体力劳动本身皆属劳动范畴。但"智慧的火花"往往具有一定的"或然性"。在知识产权领域，洛克的财产权劳动理论也有其相应的局限性。在一般的物质财富创造领域，付出相同的劳动，可以创造出相同的物，不同的劳动者可以对其劳动成果享有财产权，但在知识产权领域，同样的劳动成果只能授予一个主体，即使某一主体付出了与他人相同甚至更多的劳动，其在后创造出的相同劳动成果也无法获得财产权。在先的劳动成果形成了一种"阻断"效应，人们只有通过创造性的劳动才能获取智力劳动的成果，这正是专利权的特性之一，也是专利权授权与审查的判断基准。

2. 信息悖论规避

"信息悖论"，也称为"阿罗悖论"，是指在信息交易中，信息的购买者对所购买的信息内容是不知道的，直到他拥有该信息，而他如果在购买前了解该信息，则不需要花费购买对价，即获取了该信息。这实际上涉及信息购买中的"盲点"问题，也就是说，信息的购买者缺乏对所购买信息的了解。按照交易的正常逻辑，购买者应当事前了解其所购买的对象，方能在市场上给出合理的对价。但这里存在一个悖论，也就是一旦购买者了解到他所购买的信息，那么该信息对他而言也就失去了价值，或者说购买者已经获取了该信息的价值。这与有形产品购买完全不同：如果让一个购买者在完全不知情的条件下，为其所意欲获取的信息支付对价，那么这其中将隐藏着巨大的风险。要使信息市场运转起来，必须要有外部力量的介入，通过中间商来评估、交换、担保该信息的真实性与合理的市场竞价。这种交易成本无疑是高昂的，而且会阻滞交易的发生。因此，"阿罗悖论"对现代信息科技的发展提出了要求，对于市场主体而言，公平、公正、公开的无形财产权规则十分必要，这也就是信息经济学所认为的专利制度、商业秘密制度等规则生发的内在机理与现实需求。

信息的不对称性与不完全性决定了专利制度只能作为促进科学进步的"次优选择"。**❶** 如果存在完全公开、透明的信息，那么通过政府对相应有价值"信息"创造者提供符合其价值收益的奖励，促使该信息在公开的同时进入公有领域，那么一方面专利权人可以通过这种政府的奖励机制获取相应的收益，另一方面社会公众也能迅速地取得最新、最前沿的技术信息，社会整体技术水平的进步也能达到最优化。但这种模式只能是一种理想化的机制，信息不可能达到完全"扁平化"状态，只能通过专利制度，赋予发明创造者以一定的专有权利，以换取其信息的公开，达到公众接触利用信息和专利权人获取垄断收益之间的平衡。专利制度在赋予专利权人一定专有权利的同时，也要警惕权利人通过垄断公有领域的信息，侵占社会公众的共有财富，"垃圾专利"正是这种侵占行为的典型表现。因此，需要通过专利授权的审查机制以及专利权授权后的复审与审判机制，剔除可能存在的不当获取利益的行为，维系信息公平。

3. 激励理论

激励理论建立于"功利主义"哲学与产权制度的基础之上。根据激励理论的阐释，如果个人的智力创造性成果受到法律的专门保护，这将激发这些智力创造者们进行创造，从而社会将从中受益。**❷** 这一理论以人的"经济理性"为假设前提，通过专利制度的利益驱动机制，以产权制度促进智力成果的创造与创造成果的公开。

激励理论是市场经济条件下的市场竞争规则。古典经济学家认为，激励理论在于挖掘知识创造主体的智力创造潜能，使其创造出更为丰富的知识成果。因为知识产权制度运用法律的形式确认智力成果的创造者对其所创造的智力成果在一定期间内拥有专有权利，使创造者在付出经济成本与劳动力成本的同时，获取收益，以收回其所付出的成本。**❸** 激

---

❶ 梁志文. 论专利公开［M］. 北京：知识产权出版社，2012：39.

❷ 冯晓青. 知识产权法哲学［M］. 北京：中国人民公安大学出版社，2003：192.

❸ 方江宁. 知识产权法基础理论［M］. 北京：知识产权出版社，2014：98.

励理论不仅阐释了通过产权制度对智力创造者创造性劳动与投入的鼓励，同时对专利制度的"利益对价"也给出了解释。创造发明人通过公开其专利技术，换取社会公众对其专利权的尊重，在使用其专利技术时支付相应的费用，以收回智力创造所支出的成本。

以垄断换取利润是专利激励理论的核心所在。在自由竞争的市场中，如果创造者通过技术革新或创造性改进取得了一定的创造性成果，该成果在市场上仅能收获与其研发投入成本相当的收益，那么创造者将缺乏相应的动力去继续开拓与创造。只有通过市场之外的干预，让智力创造者获取其投入之外的额外收益，才能激励创新者不断推陈出新，持续地进行创新投入。这种市场之外的干预就是赋予发明创造者一定期间的垄断权，专利制度的创新激励理论即由此而生。专利制度的激励理论逻辑是通过赋予创造者一定期间的垄断权，对其发明创造拥有排他性的权利，通过专利技术的许可获取超出其投入成本之外的利润，以鼓励发明创造的持续投入。

当然，激励理论也存在其局限性。作为创造主体的人不仅仅具有经济理性，更是一种社会化的存在。❶ 从更广泛意义上来讲，激励理论有其适用空间，在市场经济发展的当代，具有经济效益的专利大都已为具有完全"逐利性"的企业所垄断，但发明创造本身在其经济属性之外，仍然具有一定的人身属性与社会价值要素，尽管相较于著作权等兼具身份属性的知识财产要明显弱化。

激励理论所包括的"激励发明"与"激励创新公开"，立足于"资源的稀缺性"与市场主体的"经济理性"，与经济学上的外部性紧密相关。"外部性理论"是经济学上的基础理论之一。从市场主体的角度来讲，一般的经济活动都具有一定的"外部性"，对其他市场主体存在着有利或不利的影响。发明创造活动对创造者之外的市场主体而言，具有较强的"正外部性"。在缺乏相应的产权规则与法律规制的条件下，极易出现"搭便车"现象，创造性活动的成本为创造者所承受，但最终产生的智力

---

❶ 梁志文.论专利公开［M］.北京：知识产权出版社，2012：39-40.

劳动成果因其具有无形性，可为市场中的任何主体利用。专利制度正是为了阻止"搭便车"现象，通过建立一定的市场竞争规则与产权分配规则，达到创造者与社会公众之间的利益平衡。

二、专利权与专利制度的属性

对专利权性质的认识，在专利法制度设计上十分重要，决定了专利授权审查程序的目标所在，也决定了专利确权、侵权诉讼的程序定位。尽管目前对知识产权性质的探讨层出不穷，所产生的研究成果也可谓汗牛充栋，但专利权是否仅为一项纯粹的私有财产权，其公益面向如何解释，在专利权的授权审查与无效判定中，行政权的介入是否有其合理性基础，专利权能否作为一项绝对性的财产权进行保护，专利制度是否需要国家政策层面的调控等问题，仍处在争论中。对这些问题的解答需要建立在对专利权的权利性质进行分析的基础之上。

（一）专利权的私权属性

首先，我们需要厘清知识产权与民事权利的关系。离开了民事权利体系，知识产权就会成为无源之水、无本之木，无法找到其相应的归属。❶ 关于公权与私权的划分需要回溯至古罗马法。❷ 在古罗马的私权体系中，财产权制度是以"物"为基础的，其对象主要是有体的物质对象（有体物），也包括无体的制度产品（无体物）。❸ 作为无体物的知识产品隶属于民事权利的对象范畴，属于一种个体的财产权。按照马克思主义的观点，权利（包括所有权）实际上是一种人与人之间的社会关系。❹ 私权关系指的是平等主体之间所发生的社会关系。知识产权为平等民事主体所拥有，无论是发明创造本身，还是对发明创造成果的占有，均与公

---

❶ 吴汉东. 知识产权本质的多维度解读［J］. 中国法学，2006（5）：97–106.
❷ 周枏. 罗马法原论［M］. 北京：商务印书馆，1994：99–100.
❸ 陈朝璧. 罗马法原理（上册）［M］. 北京：法律出版社，2006：84.
❹ 马克思，恩格斯. 资本论（第一卷）［M］. 北京：人民出版社，1957：686.

权力无涉，知识产权应当归入民事权利体系无疑。刘春田教授进一步认为："知识产权是与物权属于同一逻辑层次、处于同一位阶的民事财产权，知识产权法是民法不可分割的一部分，民法制度应将知识产权位列财产权利之首。" ❶

其次，我们需要从专利权的权利来源展开分析。从民事权利体系的角度分析，专利权归属于民事财产权利范畴。然而，在专利权的授权过程中，行政机关的审查行为具有举足轻重的地位。从专利权获得的表象来看，权利的取得来自国家专利行政机关的直接授权，这与私权的特性似乎相去甚远。有论者进而提出："如果严格以公私法来划分财产权，那么脱离了物权、债权系统而由国家直接授予的权利只能是公权，如知识产权。" ❷ 针对这一论点，我们不妨从专利权权利来源的角度展开论证。前已述及，从专利制度史考察，我们可以发现，专利权实际上经历了从特权到权利的嬗变。现代意义上的专利权无论以财产权劳动理论为根基，还是以激励理论为基础，都离不开财产权属性上的独占性安排。有别于一般的民事权利，专利权具有更为明显的"外部性"特征，与社会公共利益以及公共政策相关联。专利法律关系实际发生于权利人与社会公众个体之间，而非为权利人与国家公权力机关之间的行政公权力关系。也就是说，行政机关的审查仅为一种历史的"权力惯性"，专利权的授予只需要由维系社会公众利益标准的组织按照相应的标准，对符合专利授予条件的发明创造予以"确认"，而与"确认"机关的性质无关。专利权的权利来源于发明创造者的个人智力劳动与创新创造活动，并非来源于国家机关的授权，审查机关的授权审查仅为"工具"而非"原材料"。

（二）专利制度的公共政策属性

近现代的经济社会发展已经无数次向我们证明，现代国家、企业之间的竞争将以科技的竞争为核心。以人工智能、大数据、生物基因技术、

---

❶ 刘春田.知识产权作为第一财产权利是民法学上的一个发现［J］.知识产权，2015（10）：3-9.

❷ 梅夏英.财产权构造的基础分析［M］.北京：人民法院出版社，2002：71-72.

医疗卫生、新型材料等为代表的高新技术日益成为引领后工业时代发展的不竭动力。创新技术的威力不仅深刻影响着产业结构的发展布局，更渗透于每一个人的工作、学习、生活的细微之处。反科技论者认为，我们已被我们自己所研发的现代前沿科学技术所"绑架"。然而，一个不争的事实是，任何一个现代社会的个体都难以脱离科技发展进步给我们所带来的"便利"。尤其是创新技术从传统的工业领域向现代服务业领域的扩展，更将新技术的"外部性"实时地带入了我们的生活之中。与此历史宏大背景相适应，具有私权本质的专利权同时具备了公共属性。易言之，一般的民事财产权利主要关乎权利人自身的利益，即使如相邻权、债权等权利也只是影响相关联的主体，而包括专利权在内的知识产权则关乎社会公众的利益，潜在地与全体社会个体相关联。因此，作为规制私权的专利制度，不可避免地具有公共政策属性。

第二节　专利权效力判定的对象

专利权为一项具有公共政策属性的私权，对其权利边界的界定关乎专利权效力判定的审查方式。如何为专利权设立合理的边界，既要避免出现专利权保护过宽对公有领域的侵占，又要防止对专利权界定过窄不利于专利权的有效保护。另外，对专利权边界的确定以及对可专利性、专利公开充分性的判断，究竟应当归入事实问题还是法律问题的范畴，决定了专利权效力的判定能否直接通过司法程序予以解决。因此，对专利权效力判定对象的确定及其定性十分必要。

一、专利权的边界确定

（一）专利权边界确定的成本

专利权作为一项无形财产权，与动产、不动产等传统有体财产权的一个重要不同之处在于其边界的模糊性。作为专利权客体的技术信息本身是看不见、摸不着的，尽管作为专利权载体的产品或方法可以一定的形式呈现出来，但作为技术成果的产品并不是专利本身，专利权取得的前提是能够通过一定的语言进行建构与描述。而语言本身的不精确性❶决定了专利权边界的模糊性。语言文字为一套符号系统，从人类发展的文明史来看，在语言符号系统的形成过程中，经历了漫长的发展完善过程，从楔形文字、象形文字到现代的字母、汉字，尽管语言符号的发展已日臻完善，但相比于异彩纷呈的大千世界，语言符号本身难免显得"浅薄"与"粗陋"。通过文字符号所呈现出的世界至多只能算是客观世界简化的二次反映，与客观事物本身之间存在着明显的差距。而且，即使文字表达者、描述者足够精准、详尽，对于阅读语言的接受者而言，仍然存在着不小的误读可能。因此，作为专利权表现形式的专利文件撰写与专利申请文本，要准确界定专利权的边界，存在一定的信息成本。

专利权界定的信息成本包括撰写说明书充分公开发明内容的成本，也包括对说明书的内容进行抽象而撰写权利要求的成本。❷专利授权确权制度本身最为重要的目的，即准确界定专利权的边界，以确定作为财产权利与交易对象的专利权是明确且易于实施的，进而在技术市场上，该项专利权能够充分发挥其效益，并能为权利人及社会公众带来相应的"福利"。专利制度即在于确立这样一种模式："这种模式使得包括专利权人在内的所有社会公众在进入裁判机关之前，就已经能够足够清晰地确

---

❶ 杰弗里·N.利奇.语义学［M］.李瑞华，等译.上海：上海外语教育出版社，1987：1–15.
❷ 陈文煊.专利权的边界：权利要求的文义解释与保护范围的政策调整［M］.北京：知识产权出版社，2014：43.

定什么样的技术方案属于专利权的保护对象。"❶专利权边界确立的信息成本实际上替代了专利权人与社会公众所要付出的另外两重成本。其一，专利权人的权利边界如果是不确定的，那么其他社会公众即使使用了相应的技术方案，权利人也无从主张其权利受到了侵害，也无从向其他潜在的使用人进行许可，以收回必要的成本并获取相应的收益，也就是说，一项边界不确定的专利技术实际上并不能发挥相应的权利效益；其二，社会公众如果无法合理预测专利权人专利权的边界所在，那么同一市场中的主体以及专利技术产品的消费对象更是如身处"地雷阵"，在模糊的专利"丛林"中无从落脚，难以找到合适的授权渠道以利用相应的专利技术，并时刻面临着被起诉的威胁。因此，专利权边界的不确定性将会带来技术市场的紊乱，对专利权人及社会公众而言，都将付出极高的隐性成本。

因此，专利权边界的确定，包括撰写明确清晰的专利文件、明确专利权利要求的保护范围、专利权利申请文件的订正、对已授权专利的确权审查等机制，尽管会支出一定的成本，但从专利制度全局的角度，只要该成本支出在专利制度效益发挥的必要限度内，就应当是合理的。

（二）专利权利要求解释的定性

专利权依赖于语言文字的描述与建构，不可避免地需要对相应的语言文字进行解释，以使其最大程度地"附和"专利技术的"初衷"。对专利权边界的确定，必然需要对作为专利权核心的权利要求进行解释。无论是在专利行政程序中，还是在专利侵权诉讼，抑或专利无效诉讼中，对权利要求的解释都不可避免，而且会决定案件最终的判定结果。因此，专利权利要求解释对于专利权的保护起着至关重要的作用。对专利权利要求解释的定性，也就是将专利权利要求解释定位为法律问题还是事实问题，至少关切以下四个方面：其一，专利权利要求作为事实问题或法律问题的区分，将决定对该事项的证明是需要当事人举证证明，还是由

---

❶ 陈文煊.专利权的边界：权利要求的文义解释与保护范围的政策调整［M］.北京：知识产权出版社，2014：45.

法官自行判定；其二，专利权利要求定位于事实问题或是法律问题，决定了当事人对专利权利要求范围的自认是否需要国务院专利行政部门或司法机关的审查，也就是说，对于当事人的自认或双方的共同承认，法院能否作出不同的认定；其三，事实问题与法律问题的分野决定了该问题能否在上诉审程序中采取变更判决；其四，将专利权利要求解释纳入事实问题或是法律问题的范围，决定了对专利保护范围的界定能否整体纳入司法鉴定的范围，因为司法鉴定应当解决技术事实问题，而法律问题应当交由裁判者或法官判断。❶

1. 法律问题与事实问题的区分

一般认为，对法律问题与事实问题的区分，属于英美法系陪审制的产物。英国爱德华·柯克爵士曾将英美法系中对事实问题与法律问题的区分概述为"法官不回应事实问题，陪审团不回应法律问题"❷。实际上，不论是在英美法系国家还是在大陆法系国家，对法律问题与事实问题的区分都尤为重要，对二者的区分并非英美法系的特有产物。针对法律问题与事实问题的判断，英美法系与大陆法系国家均积累了丰富的实用性、经验性区分标准。❸

在司法审判活动中，对某一案件的判定主要涵盖了两方面的内容：事实问题与法律问题。通过查阅各国的判决书，包括中国法院的司法判决（广义上也包括行政机关的行政决定），尽管在撰写风格、排列顺序、构成要素等方面各不相同，但核心部分归纳起来无非两个方面的问题：一是对事实的判定，二是对法律的适用。例如，我国判决书中最为凸显的两部分内容"本院查明"及"本院认为"部分，分别涵盖了人民法院对事实的认定，包括对举证、质证、调查、鉴定等内容的认证与归纳，以及对所认定事实的法律判定及法律适用。

通常意义而言，事实问题是一种现实，法律问题是一种评价。尽管

---

❶　石必胜.知识产权诉讼中的鉴定范围［J］.人民司法，2013（11）：38-43.

❷　施鹏鹏.撬动中国法治建设的杠杆：人民陪审员制度改革系列谈二［N］.人民法院报，2015-04-27（2）.

❸　陈杭平.论"事实问题"与"法律问题"的区分［J］.中外法学，2011,23（2）：322-336.

从语义上，对二者的定义较易于归纳，但司法实践中对二者的区分则颇为困难，这一难题从国外对该问题的理论研究成果以及司法判例蔚为大观的现状可见一斑。即使如此，对法律问题与事实问题的区分仍然尚无定论，只能依据实际对象具体分析。

2. 专利权边界确定属于法律问题

首先，对专利权边界确定究竟应当归入法律问题还是归入事实问题，需要从权利边界确定的方法与依据进行分析。专利权边界的确定以权利要求的界定为核心。对专利权利要求的解释方法包括文义解释、目的解释、整体解释等。文义解释就是通过对专利权利要求的文字、符号、定义、公式等进行解释，结合行业规范与一般性理解，以确定专利权权利要求的准确含义，确定其保护范围。目的解释则依赖于一定的"语境"，通过发明的目的、效果以及能被本领域技术人员识别的权利人主观愿望，以实现对专利权利要求的解释。一般而言，目的解释在字面上缩小了权利的保护范围，排除了在文字上落入但从技术效果上无法实现发明目的的技术方案。❶整体解释，也可称为逻辑解释，是将权利人的权利要求、说明书、附图、申请资料、审查后期的意见陈述等资料进行整体判断，以对专利权利要求的范围作出体系性的解释。从几类不同的权利要求解释方法可以看到，对专利权边界予以界定的不同方法仅仅在判断的思路、逻辑、路径等方面存在差异，判断的对象则完全一致。易言之，专利权利要求解释，仅为对既定事实的"判明"，而非对原有事实的"恢复"，因此，应归入法律问题而非事实问题。另外，对专利权边界的界定依据主要包括两个方面的资料：其一是专利申请的说明书、附图、申请文件、专利申请人修改资料、向审查机关所作陈述等体现专利申请人"意图"和"想法"的材料；其二是与对象专利相关的行业术语、字典、教科书等参考材料。这些都可以作为对专利权范围及权利要求的理解予以辅助的资料。对这些证据资料的引入，并不意味着所要作出的专利权利要求解释属于某项待证事实，而只是作为对权利边界予以界定的判断

---

❶ 陈文煊. 专利权的边界：权利要求的文义解释与保护范围的政策调整［M］. 北京：知识产权出版社，2014：199–200.

基准。实际上，在专利无效行政程序与专利侵权诉讼程序等进程中，上述资料的提出一般属于当事人举证的范畴，专利行政机关及人民法院也可以依职权引入。权利范围界定参考资料的查证，仅作为依附于专利权利要求解释的辅助判断工具，这些资料本身并不独立构成"证成"某项待证事实的证据，因此，从此意义上讲，专利权范围的界定也应属于法律问题。

其次，将专利权边界范围的界定确定为法律问题，由专利行政机构或人民法院作出判定，实际上还基于专利范围界定的政策导向功能。专利权利要求解释具有自由裁量的空间，对专利保护范围的把握一方面涉及对专利权人的保护强度，另一方面涉及同领域竞争者以及社会公众的公共利益。对专利权人的保护范围过宽，则公有领域的技术可能落入专利权人的独占范围，使得原本可造福于全社会的公共福利为个体所垄断；如果对专利权范围的界定过窄，则不仅不利于专利权的有效保护，还可能对专利权人的创造积极性以及专利权人的研发投入回报造成打击，最终影响社会的创新环境与创新热情，也不利于社会总体技术水平的提升。因此，对专利权范围的界定，具有重要的公共政策属性，以美国为代表的诸多国家均将专利权利要求解释纳入法律问题的范畴❶，由法官作出判定，以更好地实现公共利益与权利人私益之间的平衡。

最后，从我国现行司法实践来看，作为最高司法机关的最高人民法院也通过具体个案的规则宣示，将专利权利要求解释定性为法律问题，人民法院可依职权主动审查。在申请再审人沈其衡与被申请人上海盛懋交通设施工程有限公司侵犯实用新型专利权纠纷案中，涉及一项"汽车地桩锁"专利技术。在专利无效程序中，专利权人主张，其专利技术中"地桩锁与锁具的分离"是一项与现有技术相比具有较大进步的技术特征，应属有效，审查机构据此支持了其专利有效的主张。其后，专利权人就该专利提起专利侵权诉讼。被控侵权技术与涉案专利技术的重要区别是，该被控侵权产品的地桩锁与锁具是结合在一起的，如果按照等

❶　如美国专利诉讼中的"马可曼听证程序"（Markman Hearing），将专利权利要求解释作为专利侵权诉讼的前置程序，委诸法官先行判定。

同侵权原则，被控侵权对象落入专利权保护范围，但最高人民法院认为，"对专利保护范围的界定，以及等同原则与禁止反悔原则的适用，人民法院均可作为法律问题进行主动依职权审查"❶。

二、可专利性的判断

（一）可专利性的判断主体

一项技术是否能够授予专利权，需要符合一定的条件，这就是该技术的可专利性要件。根据我国专利法的规定，发明和实用新型专利权的授予需要具备新颖性、创造性和实用性；外观设计专利权的授予需要具备新颖性，并不得与在先权利相冲突。这些具有原则性的标准仅能作为参考的依据，而确定某一技术能否授予专利权，需要判定主体结合判定对象以及现有技术等进行综合的判断。这里存在一定的矛盾之处，对技术或设计的可专利性判断，必须依赖于"人"的因素，难以避免主观因素的介入，而可专利性本身应属于客观标准，应遵循客观化的判定路径。如此，主客观之间可能产生一定的冲突。如何将专利授权与审查主体"主观化"的判断过程通过"客观化"的方式确定下来就显得尤为重要，一方面会涉及专利制度本身的公平公正问题，另一方面会涉及如何确定专利技术或专利设计的保护标准以合理平衡专利权人与社会公众之间的利益。在可专利性的要件中，最难把握的部分是关于"创造性"的判定。相对而言，新颖性与实用性更易见之于客观，而创造性的判断则较为微妙，一项技术是否呈现出了"智慧的火花"，可谓"仁者见仁，智者见智"，不同的认识主体与不同的判断角度可能得出完全不同甚至相反的结论。为此，专利法上设立了"所属技术领域的技术人员"的标准。

"所属技术领域的技术人员"概念在《专利法》及《专利法实施细则》中均有涉及，但仅有术语的呈现。对"所属技术领域的技术人员"

---

❶ 参见最高人民法院（2009）民申字第 239 号民事裁定书。

详细的解读，则见于《专利审查指南》。《专利审查指南（2021）》专节对"所属技术领域的技术人员"进行了详述。❶ "所属技术领域的技术人员"概念并非我国所自创，实际取自国外的已有经验，美国专利法上对"本领域技术人员"这一拟制主体所应具备的知识与技能，通过不断的判例总结并在《美国专利审查指南》（简称 MPEP）中确定下来。在考虑本领域技术人员的知识和技能时，一般需要考虑五项因素。❷ 上述要素的确定，将抽象的拟制主体具体化了。由此可见，不论专利授权与审查的主体为何人，均应在一定的规则下，按照客观的可专利性标准作出审查结论，只能以"所属技术领域的普通技术人员"这一拟制主体为"立场"展开评判，而判断主体本身应只是一个运用该"立场"者。易言之，对可专利性的判断并不仰赖于具体的主体，理论上与判断主体所掌握的权力、自身知识技能的高低并不直接相关，而取决于对"本领域技术人员"这一拟制立场的把握，但这一拟制立场的判断标准则需要具备相应技术水平的主体来实现。

（二）可专利性的判断程序

某一技术或设计是否具备可专利性应当遵循一定的判断程序。基于专利制度的效率属性，对可专利性的判断实际上起到了一种平衡与调节机制的作用，通过对专利新颖性、创造性和实用性的把握，达到促进技术创新与社会公众利益保护的双重目标。这需要通过可专利性的审查判断程序机制予以实现。如果将专利保护规则视为一个"果篮"，哪些水果能够放入该"果篮"需要有严格的挑选与筛选机制，多少个层级的筛选

---

❶　参见《专利审查指南（2021）》第二部分第四章第 2.4 节规定。"所属技术领域的技术人员，也可称为本领域技术人员，是指一种假设的'人'，假定他知晓申请日或者优先权日之前发明所属技术领域所有的普通技术知识，能够获知该领域中所有的现有技术，并且具有应用该日期之前常规实验手段的能力，但他不具有创造能力。如果所要解决的技术问题能够促使本领域的技术人员在其他技术领域寻找技术手段，他也应具有从该其他技术领域中获知该申请日或优先权日之前的相关现有技术、普通技术知识和常规实验手段的能力"。同时，明确了设定这一概念的目的，"在于统一审查标准，尽量避免审查员主观因素的影响"。

❷　五项因素为：（1）技术问题的类型；（2）现有技术对这些问题的解决方案；（3）创新的速度；（4）技术的复杂性；（5）本领域技术人员的教育程度。参见：石必胜. 专利创造性判断研究［M］. 北京：知识产权出版社，2012：140-141.

对组成一个美观、实用的"果篮"是合适的，只能通过设置合理的程序机制实现。筛选层级过多，会造成效率的低下，同时不利于对创新的保护；筛选的层级过少，则会让很多不符合条件的专利技术进入专有权保护的领域，在侵占社会公共资源的同时，阻碍技术的发展进步。因此，经过专利制度数百年的发展，专利法上对可专利性的判断设置了专利授权审查程序、再审查程序与司法程序三道审查"关口"。

1. 专利授权审查程序

专利授权审查程序无疑是可专利性判断的基础程序。鉴于专利权的垄断特性，某一发明、实用新型或外观设计要获得专利权，必须经过申请—审查—授权的程序。首先，发明人或设计人自己或者通过专业的代理机构，对自己的技术创造成果以规范的格式固定下来，通过书面方式向国家专利行政机关提出专利申请，履行必要的专利申请手续，缴纳专利申请费用。国家专利行政机关在收到申请人的专利申请材料后，进行形式审查❶，对申请文件是否完备以及是否符合《专利法》及《专利法实施细则》进行审查，如果发现存在可以补正的缺陷，包括材料欠缺以及材料撰写、整理等不符合形式要求时，通知专利申请人以补正的方式消除所存在的缺陷；如果专利申请人的申请材料存在难以补正的缺陷，则向申请人发出驳回申请的"审查意见通知书"。在专利申请人提交的申请材料符合形式要求，并按期足额缴纳申请费用后，专利审查机关对发明、实用新型和外观设计进行可专利性的初步审查，包括申请是否符合法律的规定、是否属于《专利法》第25条不可授予专利权的客体等，然后通过专利检索、现有技术与现有设计的比对等，确定是否具备专利的新颖性、实用性、创造性初步条件。实用新型和外观设计专利申请经初步审查合格后即可授予专利权，但发明专利不仅要进行初步审查，还要通过实质审查后，才能授予专利权。对于发明专利而言，在专利申请日后的

---

❶ 申请文件的形式审查，包括专利申请是否包含《专利法》第26条规定的申请文件，以及这些文件格式上是否明显不符合《专利法实施细则》第16条至第19条、第23条的规定，是否符合《专利法实施细则》第2条、第3条、第26条第2款、第119条、第121条的规定。参见《专利审查指南（2021）》第一部分第一章"引言"部分。

三年内，申请人可以请求审查机构对发明专利申请进行实质性审查，经过实质审查后，专利审查机关没有发现存在不应授予专利权的驳回理由的，作出授予专利权的决定，由国务院专利行政部门作出授予专利权的决定，并发放相应的专利权证书，同时予以登记公告。❶ 至此，专利授权审查部门的授权审查程序告一段落。尽管各个国家在专利授权审查的程序、条件等要求上不尽一致，但基本的程序规则大体相近并逐步趋同。

在专利授权审查程序中，对专利审查机关的审查结果，还给予了当事人救济的程序，专利申请人如果对专利审查机关驳回申请的审查结果不服，可以向国务院专利行政部门提起复审程序，这一程序类似于行政法上的行政复议程序，通过国务院专利行政部门的审查，以达到纠正错误或不合理行政决定的目的。当然，对于复审决定，根据司法终局原则，复审申请人可以向人民法院起诉。

2. 再审查程序

专利的再审查程序也被称为"专利无效程序"，该制度的设置是随着专利制度的发展而产生的。典型的如美国，在 1980 年之前，专利授权后的审查均由法院判定，其后才通过设置并完善专利单方再审程序、双方再审程序（已废除）、双方复审程序、授权后复审程序等机制，纳入专利行政机关的再审查程序。我国专利法上的再审查程序也经历了几次变迁：在 1984 年颁行的第一部《专利法》中，对专利权效力争议采取的是授权前异议与无效宣告制度并行的模式；1992 年第一次修订《专利法》时，废除了专利授权前异议制度，改为专利撤销制度与专利无效制度；2000年第二次修订《专利法》时，又废除了专利撤销制度，仅保留了专利无效宣告制度；❷ 到 2008 年《专利法》第三次修订和 2020 年《专利法》第四次修订，则延续了专利无效宣告程序作为专利再审查程序。

专利再审查制度并非在专利法产生之初即已存在，而是一定历史发展背景下的产物。在科技发展的助推下，专利制度被带入"专利爆炸"的时代。当专利权从最初的保护创新、促进创新，更多地转向产业竞争

---

❶ 曹伟. 专利确权及无效诉讼制度研究［M］. 北京：法律出版社，2015：9.
❷ 张鹏. 专利授权确权制度原理与实务［M］. 北京：知识产权出版社，2012：395.

取向时，社会公众对专利权的利益诉求促使专利申请与专利获取成为一个"竞技场"，大量的专利申请涌入审查机关。爆炸式的专利申请量，对专利审查机关提出了较大的挑战，也带来了授权专利质量的参差不齐。专利制度"出现了一定程度上的异化"，要求在专利授权后加入一道"防火墙"以保证授权专利的质量。当然，对专利进行授权后审查属于对既有专利权的挑战，如何设置再审查程序，将再审查的判断权委诸司法机关还是行政机关，需要建立在对再审查程序价值取向的判断基础上。

再审查程序的主要功用在于过滤不符合授权条件但已被授权的专利，也就是对专利授权审查机构"错误"的授权行为予以纠正。其基本功能在于维系专利权的质量及效力稳定性。专利权人要阻止市场上其他主体非法侵入其专利保护范围，前提就是其专利权合法有效，专利保护范围明晰清楚。而"垃圾专利"并非如此，其"徒有专利之名，而无专利之实"。对"垃圾专利"的阻断，如果都进入司法程序中解决，那么将产生巨大的社会成本。而再审查行政程序正是基于程序的费用成本与时间成本优势，日益展现出其相对于司法程序的优势。当然，再审查的行政决定，也要接受司法审查，进入司法程序，这里的相对优势仅仅建立在专利再审查行政程序与专利无效诉讼之间的比较上，如果相关的侵权诉讼司法程序已经启动，遵循司法程序与行政再审查并行的双轨模式是否仍然具有成本优势则存在一定的疑问。

3. 司法程序

我国专利无效程序奉行行政无效程序续接司法机关行政诉讼的模式。也就是说，专利权效力的判定，只能由行政机关作出，司法机关仅对行政决定的合法性进行审查，而不能直接介入专利权是否无效的判定，这与美国、日本所采取的模式均存在实质性差异。多年的司法实践表明，专利权效力判定奉行绝对的行政审查模式，会带来专利权保护效率的低下，对我国专利无效程序的改造也因此被频繁提及。而如何对我国司法程序中的专利权效力判定程序进行改造，存在两个方面的待解决问题：其一，在专利无效行政程序的后续行政诉讼中，司法机关能否对专利权的效力作出直接的判定，以避免出现要求行政机关重作决定后，进入循环诉讼的问题；其二，在专利侵权诉讼程序中，能否直接对专利权的效力作出判定，或是通过对明显不符合专利授权条件的专利以缺乏保护要件驳回侵权请求的方式，实现对专利权效力的间接判定。

对上述两个问题的回答，涉及对专利权效力进行审查判定的行政权与司法权的界限、专利无效程序的定位、专利无效判定结果续审程序的定性、司法机关专利案件管辖权的分设，以及知识产权专门审判机构的设置等一系列问题。对专利权效力判定程序的构建可谓"牵一发而动全身"，后文将展开探讨。

三、专利公开充分性的判定

我国《专利法》第 26 条、第 27 条对一项发明、实用新型或外观设计能够授予专利权提出了关于可实施性条件与公开标准的要求。在对专利权效力的审查中，公开是否充分，能否实施，也是一个重要的判定对象。

（一）专利充分公开的价值

对专利公开充分性的要求，源自专利制度本身所面临的危机："专利商业化程度低；专利权滥用（专利劫持或拒绝许可行为等）；累积创新领域的创新受阻；专利丛林；专利竞赛导致的资源浪费；专利授权质量太差；专利制度的人权困境和发展鸿沟。"❶ 上述的"专利危机"所指向的主要问题在于专利质量与利用效率的低下。专利质量的提升，一方面可以通过对专利创造性标准的合理把握予以部分实现，另一方面在于对专利的"支持条件"，包括相关现有技术或现有设计的充分披露。而专利的利用效率则与专利的公开充分性直接相关，只有公开充分的专利，才能为人类的财富存量作出贡献，能否实施更是一项纸面上的专利财富能否转化为现实中的生产力的关键要素。因此，对专利公开充分性的审查在专

---

❶ 梁志文 . 论专利公开［M］. 北京：知识产权出版社，2012：4-7.

利制度中具有举足轻重的地位，对于专利质量与专利利用效率的提升尤为关键。

其一，专利充分公开有利于专利权边界的清晰界定。专利权边界的确定以权利要求书的内容为依据，以专利说明书及附图为补充。某一技术或设计能够被授予专利权，首要的条件就是该技术或设计是具体明确的，并且能够付诸实施。本领域的普通技术人员对一项专利的理解应当是无障碍的，如此该专利才能称为有价值。专利的充分公开与详细描述对于技术人员的理解起到了基础作用，无论是采取"周边限定主义"，还是采取"中心限定主义"的保护路径，对专利技术保护范围与边界的界定，都依赖于专利申请人所提交的书面文件的内容表述。也就是说，对专利保护范围与保护对象的确定，依赖于作为专利表达基础的专利申请与审查文件，而专利的充分公开只能通过专利申请文件的书面表述体现出来。充分公开的专利文件对专利权的边界确定十分重要。

其二，专利充分公开有利于专利技术的价值实现。专利信息的充分公开在信息共享机制中发挥着重要的作用。"对于竞争者而言，发明信息的公开是得以进行周边设计的重要依据，创新经济学的成果已经表明，人类的创新活动大都属于累积性创新，发明信息的公开使得他人可以在现有发明的基础上作出新的贡献，而这些新的贡献进一步公开，又会进一步推动技术的进步；对于非竞争者而言，发明信息的公开可能是其新思想的重要来源。"❶专利的充分公开会在市场上形成一种良性循环，引领首创者与跟进创新者的发明创造，社会公众也能从中获益。信息的共享形成一种整体福利的累积，正如"众人拾柴火焰高"，在清晰的产权边界条件下，信息的分享不仅不会减损共享者的收益，还会通过一系列的反馈机制让其更大地获益。专利的充分公开从整体上降低了社会的信息沟通成本，也在一定程度上弥合了技术鸿沟，一项权利要素清晰、具备可实施性条件的专利技术将有助于技术信息的传播，最大限度地实现专利技术的价值。

---

❶ 梁志文.论专利公开［M］.北京：知识产权出版社，2012：145.

（二）专利公开充分性的判定主体

专利法上"本领域普通技术人员"的标准是一个关键的判断要素。在对专利权创造性的判断上，为实现判断标准的客观化，需要确定一个相对中立的判断立场，这就是"本领域普通技术人员"标准。我国《专利审查指南》将专利公开充分性的判断主体界定为与专利创造性判断中的"技术人员"标准一致。公开充分性的判断主体客观化实际上预设了一定的客观判断标准，也就是"本领域普通技术人员"标准。

首先，专利公开充分性判断的"本领域普通技术人员"标准与我国专利发展水平相关联。我国近代科技发展的起步较晚，长期处于跟进创新的进程中，很多领域专利技术的突破在近年来才逐步有所体现，诸多领域仍然处于发展的初级阶段。我国专利法对专利技术的保护应当充分考量现实的国情，如果在公开充分性的标准上设定过高水平，将会阻碍技术创新的累积，对于尚处于探索开拓阶段的新技术而言，采用"普通技术人员"的标准将有利于创新技术在该领域的充分发展与推广。

其次，公开充分性判断中的"本领域普通技术人员"标准与发明人标准、审查员标准以及法官标准均不同，采取了更为中性的技术水平要求。普通技术人员的标准通常考量以下因素：现有技术中所公开的方法、所涉技术的复杂性、所属技术领域创新的进度、所属技术领域技术人员的受教育程度等。普通技术人员的标准避免了技术型的专利审查人标准与法律型的法官标准所带来的理解上的偏差，其将现有技术与技术背景的知识限定在本技术领域的范围内，以技术领域的划分确定可以援引与参照的现有技术与现有设计范围，对公开的判断基础予以界定。另外，对于专利技术的可实施性条件，普通技术人员的水平限定了对专利技术的实施要求，如果该专利技术必须借助于专门的技术科研人员才得以实施，那么该专利技术的可实施性条件未达到公开充分性的基本要求。只有在本领域的普通技术人员受教育水平与知识结构的条件下，该专利的实施是无障碍的，才能从整体上考量判定该专利的公开充分性水平达到了专利授权条件的要求。

第三节　专利权效力的行政与司法判定

在现有模式下，专利权的授权由行政机关完成，尽管专利权的本质属性为私权，但对专利权的审查与授予无疑离不开行政权的行使。专利权被授予后，在被撤销前，于社会公众而言"推定有效"。这种推定有效的基础究竟是专利权作为私权的权利本身，还是作为行政行为的公定力，抑或兼而有之，值得深入探讨。而对推定有效的专利权，如何质疑其效力，能否直接通过司法程序作出判定，还是只能由行政程序自行判定，决定了专利权效力判定体系的总体架构。下面将从对行政权与司法权的分析入手展开讨论。

一、行政权与司法权及其分野

（一）行政权及其特征

1. 行政权简述

行政权为国家权力的下位概念，根源于历史上的国家分权理论。分权学说最早可追溯至古希腊时期的亚里士多德，在近代以来由洛克所倡导，并通过孟德斯鸠的学说趋于成熟。纵观资产阶级革命以后的西方国家权力体系，主要遵循分权制衡的模式，包括三权分立与议会至上等形式。行政权与立法权、司法权互为倚重，也互相制约，建构起现代国家的治理体系，也实现了制度的民主化进程。美国是三权分立模式最为典

型的代表。❶

我国是工人阶级领导的，以工农联盟为基础的人民民主专政的社会主义国家，人民代表大会制度是国家的根本政治制度。在国家权力结构体系中，行政权为国家权力的重要组成部分之一，是国家为履行某些职能而将权力授予行政机构及其相关组织的。❷行政权的扩张与公共事务管理活动的拓展无不相关。而"行政是国家权力机关的执行机关依法管理国家事务、社会公共事务和机关内部事务的活动"❸，行政权依此而生。从权力的定位来讲，行政权服务于国家的执行职能，主要功能在于对国家的管理与服务，执行公共政策目标，实现社会的良性运行。从权力的本质来讲，"行政权是通过对社会的公共管理来实现国家意志，是一种执行行为，因而通常都由执行机关来承担这一职责，行使行政权"❹。因此，在国家权力结构体系中，行政执行机关通过行使行政权，以管理社会事务，服务社会公众，实现国家的公共政策目标。

2. 行政权的特征

关于行政权的特征，在学说上有多种见解，归纳起来，主要有以下四个方面：

其一，行政权具有法定性。诚如孟德斯鸠所言："一切有权力的人都容易滥用权力，这是万古不易的一条经验，有权力的人们使用权力一直到遇有界限的地方方休止。"❺在国家权力结构中，由于行政权的适用范围最为广泛，影响面也最宽，由此也存在着最大的滥用"危险"。为制约行政权的不当扩张，防止行政权侵害公民合法权益，对行政权的行使边界，

---

❶　国会掌握立法权，有权建议、批准总统对其所属行政官员的任命，有权批准总统对外缔结的条约，可以发起并受理对总统的弹劾等，体现了对行政权的制约，国会有权建议或批准总统对联邦最高法院大法官的任命，有权弹劾并审判联邦最高法院大法官，体现了对司法权的制约；总统掌控行政权，同时具有立法倡议权、否决法案权和联邦法院大法官的任命建议权，体现了行政权对立法权和司法权的制约；法院则具有司法审查权，可以审查法案的合宪性和行政权的合法性，从而体现出司法权对立法权和行政权的制约。参见：韩大元.比较宪法学［M］.北京：高等教育出版社，2003：66.

❷　王学辉，宋玉波，等.行政权研究［M］.北京：中国检察出版社，2002：119.

❸　夏书章.行政管理学［M］.广州：中山大学出版社，1991：2.

❹　徐晓林，等.行政学原理［M］.武汉：华中理工大学出版社，2000：72.

❺　孟德斯鸠.论法的精神（上册）［M］.张雁琛，译.北京：商务印书馆，1997：154.

通过法律法令规则予以明确并固定下来，将"权力关进制度的笼子里"。从宪政的角度而言，行政权受到立法权的制约，通过行政权的法定性，规制行政权的边界，实现行政权运行的合理张力。

其二，行政权具有主动性。行政权作为一种执行权，意在维护社会公共秩序，推进社会管理的有序展开。要发挥行政权的该项功能，必须在设定、行使行政权力时，积极筹划、主动出击，既做到防患于未然，有序管理社会活动与社会生活，又能及时应变，妥善处置各类突发状况，使社会运行获得一个缓冲空间。❶行政权的行使不以社会公众的请求或推动为动力，而是主动为之，为行政权行使设定目标，蓄势而动。例如，在知识产权行政执法领域，行政机关在发现存在违反知识产权法律法规或是存在破坏知识产权管理秩序的行为时，可以主动依职权采取行政处罚等措施，制止该行为并作出相应的处理。

其三，行政权具有非终局性。尽管行政行为具有公定力、确定力等属性，但从行政权行使的最终效力来讲，则具有非终局性，受到司法权力的制约与审查。当然，在行政机关内部，也存在着上级行政机关对下级行政机关的行政行为进行的审查。对行政权的司法审查与制约，根源于宪政思维中的权力制衡理论。由于行政权具有主动性，往往以一定的公共政策目标为导向，这样难免产生公权力与私权利的冲突可能性。对行政权的审查就是通过引入外部制约机制，防止出现以"多数人利益"为名义的"多数人暴政"，形成以被动性的司法权制衡主动性的行政权的分权格局，同时也扩展了社会公众针对行政权的救济渠道，更好地实现公平正义。

其四，行政权具有公共政策属性。有学者将行政权的公共政策属性称为"公益属性"，认为"公益与私益有时相辅相成，有时又相互对立而无法彼此兼顾，于此情形下行政即应代表国家，于是经充分衡量后，得对私益有所限制，以维护公共利益"❷。实际上尽管行政权具有公共政策属性，但是否必然维护"公共利益"则不尽然，因为行政权服务于国家机

---

❶ 张家洋.行政法概要［M］.台北：五南图书出版公司，1987：13.
❷ 翁岳生.行政法［M］.北京：中国法制出版社，2000：15.

器，尽管现代法治国家的政府都是以社会公共利益为依归，但在具体的行政事务上，有时可能为了某一社会公共目标的达成，限制代表大多数人的公共自由与福利，所以行政权所要实现的是一定阶段的社会公共政策目标。

（二）司法权及其属性

1. 司法权的判断权本质

司法权古已有之，源自人类对公平正义的向往与追求，被称为"人类创立政府之后用以定分止争、惩罚犯罪的手段"❶。在人类文明发展过程中，为实现群体中的个体之间、群体与群体之间的公平，需要引入一项中立的权力以作出裁决，为全体所认可与信服，这便是司法权的源起。尽管司法权是如此的"天然"，易于为社会公众所认识与接受，但要对司法权作出准确的定义却颇为困难。英国学者詹宁斯亦认为："要准确定义司法权究竟是什么，从来都较为不易。"❷从司法权的历史来看，司法源自人们对公平的朴素意识与现实需求。人类建立起社会规则后，需要追求一种有别于自然规则的文明社会，调和个人与群体之间的利益冲突，这便是司法权的雏形。直至国家的出现与国家权力的产生，司法权才作为一项具有公共属性的强制性力量演变为一种常态化的规则基础。在国家权力结构中，司法权被认为是"权利的庇护者"❸,也正是源自其对公平正义的追求与对社会个体的保护目标。只是这种权力随着社会权力的演变、国家以及国家权力的诞生，在司法权的制度化过程中，被当然地进行了法律化和国家化，将本为社会主体所行使的权力演化为国家行使，进而被构建为与现代国家立法权、行政权相并列的国家权力。

司法权对社会公平的追求源于对社会纷争的判断。判断的前提是关于真假、是非、曲直所引发争端的存在。司法判断是针对真与假、是与

---

❶ 中国社会科学院语言研究所编辑室.现代汉语词典（修订本）[Z].北京：商务印书馆，1996：1191.
❷ 詹宁斯.法与宪法 [M].龚瑞祥，译.北京：生活·读书·新知三联书店，1997：165.
❸ 拉德布鲁赫.法学导论 [M].米健，等译.北京：中国大百科全书出版社，1997：101.

非、曲与直等问题，根据特定的证据（事实）与既定的规则（法律），通过一定的程序进行认识。❶ 司法判断属于对特定事物的一种纯粹的认识活动，体现的是司法裁判者的自身意识。而司法权的判断特性也决定了其"中立"的居中地位，对各主体（包括国家和公民个人）的利益实行同等保护，裁判者在审理案件时，不带有任何目的性与偏见，仅仅依据事实和法律作出判断。

司法权是法院审理和裁判案件的一种活动，法官通过庭审过程中的控辩对抗，对纠纷的是非、曲直、真假、正义与邪恶等形成内心认识后的一种判断。❷ 司法权的判断本质也被引申为司法权的裁判权特性。从现代司法权的表现特征来看，其核心在于由司法机关代表国家对各类纠纷所进行的居中裁判，此种裁判对争议双方具有拘束力。❸ 将司法权认定为裁判权的观点是从国家权力分工角度而言，强调作为司法机关的法院所进行的裁判活动。❹ 因此，司法权本质上是一种判断权，这对裁判者提出了审理案件时应公平、公正、公开进行的基本要求。其中"公正"是司法判断权的终极目标。

2. 司法权具有被动性与终局性

司法权是一项中立的判断权，司法权的本质属性就是其判断特性。作为判断权的司法权就要求司法裁判者在裁判案件时，必须不偏不倚、客观中立，以实现公正的终极价值目标。正如古罗马法谚所言："任何人不能成为自己案件的法官。"这也被称为"立场中立原则"。裁判者在司法判断过程中应具有超然的中立立场，不得与所判定的案件具有任何利益或情感上的关联，现代程序法制度上的"回避"规则就是该项原则的一个重要体现。司法权要实现其判断功能，一方面需要具备区别于行政权的被动特征，体现最小危险权力的特点；另一方面，司法权的判断权威必须通过其终局性得以体现，能够实现"定分止争"的效果。这两个

---

❶ 孙笑侠.司法权的本质是判断权：司法权与行政权的十大区别［J］.法学，1998（8）：35-37.

❷ 张泽涛.司法权专业化研究［M］.北京：法律出版社，2006：16.

❸ 王利明.司法改革研究［M］.北京：法律出版社，2000：8.

❹ 胡夏冰.司法权：性质与构成的分析［M］.北京：人民法院出版社，2003：192.

方面正是司法权最为重要的两项特征。

其一，司法权具有被动性。司法权的被动性在法律原则上体现为"不告不理"。具体而言，包含两个方面的取向。一方面，诉讼程序的启动以当事人的起诉为必须。司法权实行不告不理，当事人不主动去法院发起诉讼，司法机关就不能主动提起诉讼程序，遵从被动原则。另一方面，司法机关的判断范围以当事人所要寻求解决的事项范围为界限，简言之，司法机关所作出的裁判不能超出当事人的诉请范围。当然，司法权的被动性也并非意味着司法机关"无所作为"，在对事实的查明方面，对于当事人尽其所能难以完成的事项，以及针对司法机关所要主动释明的对象，乃至于在行政诉讼的审理过程中，司法权也具有一定的"主动性"，但这也应当以司法权启动的"被动"为前提，遵循被动的基本原则，不得超出司法判断的法定范围。

其二，司法权具有终局性。司法权的终局性指的是司法机关的判决一经生效，除法律规定外，任何主体必须遵守，非经法定程序不得推翻。即使在某些情况下，司法机关所作的终局裁决存在着"再审程序"等推翻的可能性，但总体而言不影响司法权的终局性。而且再审程序的启动也应限定在严格的范围内，不得任意为之，否则将严重损害司法权的权威性。司法权所具有的终局性取决于司法权的权威性与社会秩序的现实需求。作为判断权的司法权，肩负着划定规则、确立权力与权利边界的任务。尽管不可能达到每一个裁判结果绝对意义上的公平、公正，但为了维护社会秩序与法律规则的稳固，国家权力必须设定一个权威性的判断规则，一切权力的运行都在规则的制约之下进行，不得"逾矩"，这便是司法权终局性的"现实需求"。

（三）行政权与司法权的关系

1. 行政权与司法权之区别

孙笑侠在将司法权界定为判断权的基础上，总结出司法权与行政权的十大区别。❶ 归纳而言，除了上文所提及的行政权与司法权的执行权特性与判断权特性、主动性与被动性、非终局性与终局性的差别之外，行政权与司法权主要具有以下四个方面的区别：

第一，司法权注重过程的形式性，而行政权更注重结果的实质性。司法权属于判断权，注重形式平等，只有合法的程序才能带来公平正义的结果，因此，司法更为偏重"外观"，通过设立完整、透明、复杂并相互制约的程序机制，保障司法权的运行始终能够获得各方的平等参与，最终实现裁判的结果更易于为各方当事人所接受。而行政权更注重实质结果，其目标性更为明显，程序的设置方面较少考虑行政相对人的参与性，行政行为的关注点更多在于其结果，而对过程本身则较少在意。

第二，司法权行使的公正价值优先，而行政权行使的效率价值优先。司法的核心在于判断，而判断的关键在于公平正义，相对而言，效率只是司法程序中附带考虑的因素。但行政权的目标是实现社会秩序的稳定，提升公共福利，实现社会生活的有序化。行政权的行使，效率是优先考量的价值要素，因为优先的行政资源需要用于解决大量产生的社会问题，在此，对公正价值的考量只能暂居其后。

第三，司法权具有稳定性，而行政权具有政策倾向性，较为易变。司法权为保障能得到正确的行使，需要通过设置严密的程序以实现判断结果不偏不倚，因而司法程序较为严格，同时也具备了相当的稳定性。但行政权随国家政策而变，服务于一定的公共政策目标，更为注重行政管理的实效并且具有较大的自由裁量权空间，极具灵活性，也较为易变。

第四，司法权具有中立性，对个体利益更为偏重；而行政权具有较强的倾向性，代表国家和社会公众立场，更为注重公共利益。司法权的目标在于保障法律的正确实施，保护法律主体的利益得到依法维护，调节恢复被破坏的社会法律关系，因此，在司法权的行使过程中，其地位应当是超脱的，以中立的立场居中判定，最大限度地维护个体利益。但

---

❶ 孙笑侠. 司法权的本质是判断权：司法权与行政权的十大区别 [J]. 法学，1998（8）：35-37.

行政权立足于国家行政机关的立场，其目标在于社会福利的最大化以及社会秩序的有序化，因此对公共利益更为关注。

2. 行政权与司法权之相互渗透与制约

行政权与司法权在宪政国家的权力体系中原本相互独立，各自内生于不同的权力来源，但随着现代社会的不断发展，行政权与司法权也并非永远泾渭分明，在某些方面会存在着相互渗透。司法权的一项重要功能在于定分止争，裁决纠纷，但"随着社会的发展，立法赋予行政机关行使对某些纠纷的裁判权，行政司法行为常被称为'准司法行为'，包括行政复议、行政仲裁、行政机关居间裁决民事纠纷、行政终局裁决等，这些都典型地体现行政权对司法权的渗透"❶。对于某一事项的裁决，也可能体现在行政权的行使过程中，这种行政行为因其与司法权行使的相近似特征，也被称为"准司法行为"，如专利无效行政程序。当然，在司法权行使的某些场合，也呈现出一定的行政权特点。例如，在行政诉讼程序中，司法机关可以直接针对不当行政行为作出变更，表现为司法权对行政权的渗透。因此，从行政权与司法权的现代发展来看，二者之界限并非一成不变，而是呈现出某些方面的相互渗透之势。

当然，尽管司法权与行政权相互渗透，但从权力行使的领域来看，司法权与行政权不可相互僭越。司法权的设置本身可以对行政行为进行合法性审查，但司法权不可以越位代替行政权。也就是说，司法权可以对行政权进行监督，但不能代为行使行政权，如果属于行政机关行政权行使范围，司法机关在行政行为违法的情况下，也不能直接予以变更，而应由行政机关重新作出行政行为。这便是司法权与行政权之间的监督关系。同时，行政权的现代发展使其呈现出某些司法权的特点，在行政居中裁决过程中，司法机关对于该项裁决是否可以作出直接的变更，则存在一定的探讨空间。

---

❶ 林莉红. 行政权与司法权关系定位之我见：以行政诉讼为视角［J］. 现代法学，2000（2）：55–58.

二、专利无效宣告程序的定性

（一）专利无效宣告程序的定性基础

国务院专利行政部门对专利权效力进行审查的程序究竟属于行政程序还是民事纠纷解决程序，存在一定的争议。有意见认为国务院专利行政部门属于行政机关，其对专利权效力进行审查作出决定属于行政行为；另有观点则认为国务院专利行政部门对专利权是否有效的审查判断属于针对作为私权的专利权进行判断的民事争议处理程序。❶ 进一步判断，持"行政行为"观点的意见中，对于国务院专利行政部门的无效审查究竟属于何种行政行为，也有不同看法。有学者认为，知识产权行政授权及确权行为既不是备案行为，也不是行政许可行为，从行为主体、行为内容、行为后果等角度分析，它是行政确认行为，兼具司法行为的特征。❷ 不同学者从不同的角度对专利无效宣告程序的性质进行分析，得出的不同结论皆有理有据。而专利无效宣告究竟属于何种程序性质，似乎可以作出不同的阐释。

对专利无效宣告程序的定性，之所以存在着不同的观点，主要在于专利权制度本身看似矛盾的两个维度。一方面，专利制度所保护的客体专利权，是一项私权，其权利基础源自个体的创造性劳动成果，也就是说一项技术成果应否给予专利权保护，属于私权的判断范畴。但另一方面，专利权具有经济学属性上的较强外部性特征，其权利的辐射与影响波及相关利益主体及社会公众，目前对权利的审查判断由作为公权力的行政权介入，国家作为公权垄断者，通过对公共政策的把握，对专利权授权的标准与边界给出公共利益导向的基准，因此专利权的授权又具有了公权属性。综而观之，专利权作为一项由国家公权力介入审查判断的

---

❶ 董巍，等.无效宣告请求诉讼程序的性质［C］//国家知识产权局调法司.专利法及专利法实施细则第三次修改专题研究报告：中卷.北京：知识产权出版社，2008：804.

❷ 杜颖，王国立.知识产权行政授权及确权行为的性质解析［J］.法学，2011（8）：92-100.

私权，自其产生之初就具有了双重属性。再回到关于专利权无效宣告程序的定性问题，不难发现，对于无效程序的性质判断从不同的角度予以解读皆有其基础，并无孰是孰非之论。

实际上，对于专利无效宣告程序性质的判断，不应囿于现有非此即彼的观念，应从更广的视野进行观察。从历史唯物主义的视角来看，所有概念的界定皆为现实需求而生，同时也是历史的产物，随着历史的发展而变迁。对公权力与私权利、司法权与行政权的关系与边界的判定也不例外。如果从专利权的授权角度而言，专利权效力的审查属于行政程序的范畴；如果从专利权的私权角度而言，专利权效力的审查则属于民事争议的判定范畴。如果从作为行政机关的国务院专利行政部门地位来看，专利无效宣告属于行政行为的行使；而如果从作为国务院专利行政部门居中裁断的审理方式来看，专利无效宣告又属于"准司法程序"。概而言之，专利无效宣告程序具有多重属性，应当结合不同的程序特点，对无效宣告程序予以完善，充分吸收不同程序各自的公平与效率优势。

（二）行政判定的合理性与效率优势

效率与公平是一对法律上的基本概念，体现于法律制度与司法实践的方方面面。从经济学概念上讲，效率一词用来指某种情形下的总成本与总收益之间的关系，公平则指收入分配。易言之，效率指的是蛋糕的大小，公平则涉及如何切分蛋糕。如果收入分配是有成本的，效率和公平之间就可能发生冲突，冲突是否发生取决于追求效率的特定分配结果以及关于什么才是公平收入分配的观念。❶ 在资源稀缺的前提下，效率与公平本身可能产生一定的矛盾与冲突。

就专利无效宣告程序整体而言，目前仍属于行政机关的处理程序。相对于司法程序，专利无效行政判定的程序更具效率优势，在效力争议的处理上，能够通过主动审查、自行引入公知技术以更为有效便捷地解决纠纷。另外，专利行政机关作为专利授权的审查机构，其对于各个技

---

❶　A.米切尔·波林斯基.法和经济学导论［M］.郑戈，译.北京：法律出版社，2009：7.

术领域的人才储备较为丰富，对专业技术问题的判断更为准确深入。同时，专利无效审查部门与专利授权审查部门同样隶属行政机关，在人才的流通、交流上更为便捷、频繁，因此，在专利权效力判定的技术性方面，专利行政机关无疑具有无可比拟的优势。从世界各个国家和地区来看，如日本，即使是专利司法机关处理相关的专利案件，也往往会借助专利行政机构的专业性优势。

三、专利权效力司法判定的定位

（一）司法判定的既有模式

1. 专利权效力争议行政诉讼

奉行公私法二元分立制的国家对专利权的效力争议采取行政诉讼模式。行政诉讼的前提在于，由行政机关对专利权效力争议作出先行处理。无效请求人或专利权人对行政决定不服的，针对无效决定可以向人民法院提起诉讼，人民法院采取行政诉讼模式审理。

行政诉讼发端于司法审查对行政权的制约，同时也立足于司法权的谦抑性。专利无效行政诉讼程序遵循行政诉讼的一般规律，仅对行政行为的合法性进行审查。但合法性审查的局限性对专利无效行政诉讼提出了一定的挑战，因为专利无效行政诉讼程序存在着有别于普通行政诉讼程序的重要差别。

首先，从专利无效行政诉讼的审理对象看，审查的是专利复审行政机关作出的专利无效行政决定。该行政决定因无效请求人的请求启动，并不具有典型的行政决定特点，而更趋近于裁决程序。传统意义上的行政权具有主动性，不同于司法权的被动性，因此行政裁决也被视为行政权对司法权的"渗透"。专利无效行政决定实际上是对专利权人私权的判定，其与司法机关对普通有形财产权以及著作权等无形财产权的权利边界判定具有类同性，皆为针对专利权的边界及专利权能否成立作出的判断。因此，专利无效行政诉讼程序，是对行政机关"审查行为"的再审查，不仅需要对作出专利权是否有效的行政决定进行合法性审查，而且需要对专利权本身是否有效的依据作出判定，存在着突破"合法性审查"之虞。

其次，专利无效行政诉讼程序基于当事人不服行政机关的决定所提起，国务院专利行政部门的地位与审查程序性质决定了当事人所提起诉讼程序的性质。易言之，专利无效诉讼程序采取行政诉讼模式还是民事诉讼模式，取决于国务院专利行政部门的职能定位与程序选择。如果国务院专利行政部门的无效审查定位于民事争议裁决，与劳动仲裁、医疗事故鉴定等程序等同视之，那么对无效决定不服所提起的诉讼程序则可以采取民事诉讼模式。综上所述，专利无效行政诉讼程序立足于现行专利管理及专利纠纷解决的既有框架内，其程序定性依赖于一定的前提，并不具有必然性。

当然，将专利无效诉讼纳入行政诉讼程序范畴，将形成专利侵权民事诉讼程序与专利无效行政程序并行的二元分离格局。为保障处理结果的统一性，在专利侵权民事诉讼程序中，当事人就专利权效力提起无效行政程序时，经当事人申请，可以中止侵权民事诉讼程序的审理，待无效行政程序结果作出后方恢复审理。另外，对于侵权民事诉讼程序中，被控侵权人主张其所使用的技术或设计属于现有技术或现有设计时，可以通过现有技术抗辩或现有设计抗辩程序，将被控侵权技术与现有技术（或现有设计）进行比对，从实质上达到绕开可能不具有新颖性的涉案专利权之目的。

2. 民事诉讼中的效力判定

对于专利权的判定能否直接通过司法机关完成，在不同的法律体系框架内有不同的答案。例如，在以纠纷解决为宗旨的美国，司法权的边界并不拘泥于在先行政判定的结论，通过民事诉讼程序即可对专利权的效力作出判断。而在严格遵循行政诉讼与民事诉讼二元分立的德国，专利权效力的判定只能委之于行政机关，然后通过行政诉讼解决。而走中间道路的日本，则采取了折中的处理方式，在遵循行政诉讼解决专利权效力争议的同时，民事诉讼程序中也能够通过对明显不具有可专利性的已授权专利不予保护的方式，实现实质上的专利权效力个案认定。归纳而言，在民事诉讼程序中，对专利权效力的判定存在两种主要的模式，一是以专利无效之诉对专利权效力作出判定，二是在侵权民事诉讼中作出效力判定。

专利无效之诉模式的立足点在于专利行政机关对专利司法机关判断权的遵从。当事人之间就专利权的有效性提起诉讼，司法机关直接就专利权是否具备可专利性进行审查。审查围绕专利权的新颖性、创造性、实用性展开，实际上在专利无效之诉程序中，专利权并不被推定为当然有效，而应当接受司法机关的审查。这就对司法机关的技术判断能力提出了更高的要求，不仅要查清事实，针对法律问题作出判断，还要对技术问题，包括专利权的边界、技术方案的可实施性等问题作出判定。因此，目前这一模式存在较高的制度成本，难以完全推行。

在专利侵权民事诉讼中对专利权的效力进行附带审查，相对于无效之诉模式而言，更为简单易行，且着眼于一并解决纠纷，也相应更具节约制度成本与提高效率之优势。专利侵权民事诉讼的主张以专利权的有效为前提，作为抗辩事由，被控侵权人往往会提出专利权效力存疑的主张，因为如果专利权被判定为无效，那么侵权诉讼当然失去了主张的基础。司法机关在审理侵权民事诉讼的过程中，对作为侵权纠纷基础的专利权效力纠纷一并处理，一方面可以避免程序分离所可能产生的冲突，另一方面也能节省诉讼成本，提高诉讼效率。

（二）司法判定的利弊分析

专利无效无论是采取行政程序加行政诉讼的模式，还是通过无效之诉或侵权附带审查的民事诉讼模式，最终都归结到司法判定的终局审查。司法终局的要求正是 TRIPs 协议所确立的基准之一。❶ 对于行政机关的终局决定，应当付诸司法机关的审查。上列各种无效程序的分歧点仅在于，司法机关审查的行政决定究竟为专利权授权审查决定还是专利复审决定。对于前者，如果司法机关能够直接对专利行政管理机关的授权审查决定

---

❶ 《TRIPs 协议》第 41 条之 4："对于行政的终局决定，以及（在符合国内法对有关案件重要性的司法管辖规定的前提下）至少对案件是非的初审司法判决中的法律问题，诉讼当事人应有机会提交司法当局复审。"

进行司法审查，那么对行政机关在先授予的专利权，司法机关可以直接进行判定，也就是直接通过专利无效之诉或者民事诉讼中的附带审查予以判定；而对于后者，如果司法机关的审查仅限于国务院专利行政部门的决定，也就是说将专利行政机关的复审作为司法审查的前置程序，那么司法机关实际上仅审查行政机关的复审行政行为的合法性，而非针对已被授权的专利是否具备可专利性本身进行审查。归结到判定对象与判定结论上，司法判定的行政诉讼模式所判定的对象为国务院专利行政部门的行政行为是否合法，判定的结果为驳回原告的请求或是撤销专利行政机关的行政行为；司法判定的民事诉讼模式所判定的对象则为专利权的授予是否符合可专利性的要件，判定的结果为认定专利权有效或无效。司法判定的不同模式，各有其优劣，下面予以展开分析。

其一，从诉讼成本的比较而言，专利无效之诉成本最为高昂，专利无效行政程序次之，专利民事诉讼中的附带审理最为经济。专利无效之诉作为一种挑战专利权效力的专门程序，通过司法机关对已授权专利的可专利性进行全面审查，对专利机关的授权进行"复盘"与"检验"，最终作出判定结论。这一程序涉及技术事实的查明、法律适用等审理阶段，于当事人而言付出的成本极为高昂，以美国专利无效之诉为例，当事人一项专利无效之诉的成本支出动辄达到上百万美元。而无效行政诉讼，通过将大量的专利权效力争议纳入行政程序的解决渠道，以高效的行政程序解决专利无效争议，仅有部分争议进入无效行政诉讼程序中，通过这一"筛选"机制，"过滤"了大部分的专利无效争议，达到降低总体专利无效成本的目的。但同时，专利无效行政程序会对专利侵权诉讼带来负面影响。当事人启动专利无效行政程序后，由于专利权处于效力不确定的状态，与该专利权相关的专利侵权诉讼为等待行政程序结论的作出，须中止程序以待结果，因此对专利侵权诉讼当事人而言，存在额外支出的时间与费用成本，该项成本与行政程序的成本相加，实际上在部分延宕甚久的案件中，也使得当事人付出了不合理的较高成本。将专利无效纳入侵权民事诉讼的审理进程中，则可以有效降低当事人的成本支出，在审理侵权诉讼的同时，由司法机关对专利权的效力作出判断，以同一程序合并解决纷争。然而，在侵权程序中解决专利权效力争议问题，如果仅仅是将无效之诉的审理进程合并到侵权诉讼中，那么成本的支出仍然高昂，如果仅仅作为个案审查，对专利权的效力采个案标准而非对世标准，将能降低当事人的诉讼成本支出，也可避免司法权对行政权的直接冲击，但同时也会出现不同侵权案件中对同一专利权作出不同判断的隐忧。因此，不同的专利权效力司法判定模式，在诉讼成本上的计算并不能一概而论，相同的审查模式采取不同的程序机制，将形成不同的诉讼成本，故选择何种程序机制在诉讼成本的控制上极为重要。

其二，从判定程序的协调性角度而言，行政诉讼模式产生判定结果冲突的可能性更小。专利无效行政诉讼建立在国务院专利行政部门对专利权先行审查的基础上，由国务院专利行政部门统一审查，同时，无效行政诉讼案件的管辖也集中于专利行政机关所在地，较易于形成专业化的审判组织，对专利无效的判定由同一"渠道"作出判定结论，相对而言，判定的标准较为一致，能够形成较为稳定的判定结果。而且，专利无效行政诉讼与民事诉讼程序相互独立，民事诉讼程序的审理以行政机关决定或行政诉讼的判决结果为依据，在专利侵权诉讼中也无须对专利权效力作出判定，对专利权的判定不依赖于当事人的举证，审理结果具有较高的稳定性。而如果采取在民事诉讼中对专利权效力作出认定的模式，一方面，不同的法院对同一案件的管辖，可能产生不同的判定结论；另一方面，在不同的侵权诉讼中，可能基于不同的举证策略与举证能力，产生不同的判定结果。在行政程序中通过行政机关的职权审查，以依申请原则为基础，以职权主义原则为补充，受当事人举证能力与举证意愿的影响相对较小。故而，在民事诉讼程序中对专利权效力作出判定，可能带来"择地管辖"的问题，并影响专利权效力的稳定性，带来不同程序判定结果之间的潜在冲突可能性。

（三）专利无效司法程序与行政程序之冲突与协调

1. 司法裁判的既判力

在专利无效司法程序与行政程序判断结果的关系方面，对专利权效力司法裁判的既判力应否予以认定，在何种程度上予以认可，直接关系对矛盾裁判的处理。按照民事诉讼的既判力原理，既判力是指确定的终局判决所具有的拘束力❶，其效力来源于国家审判权。司法裁判的既判力既是国家司法权威的体现，也是维护法律体系稳定性的必然要求。从更深层次而言，国家法律体系所维护的法律秩序与社会秩序，必然要求对社会冲突的判断诉诸"终局权威"，而司法权正是在这一要求之下应运而生。如果既判力效力堪忧，司法裁判得不到社会的遵守，国家秩序规则将"形同虚设"。因此，司法裁判的既判力具有重要的秩序维护功能。

按照民事诉讼的既判力理论，司法裁判的既判力范围包括主观范围与客观范围，主观范围即既判力所拘束的主体，客观范围则指司法裁判中的哪些判断事项具有确定力。❷一般而言，判决的既判力基于判决主文而产生，仅对当事人发生效力，也就是说，只有为判决主文所确定的判断事项才具有对案件当事人在后案中发生确定力的效力。当事人在后续的诉讼中，对于前诉判决主文已经确定的事项，无须举证证明，属于免证事项。既判力的价值被认为主要体现在三个方面：其一，既判力是程序公正的必然要求；其二，既判力是诉讼效益的保证；其三，既判力是程序安定的直接体现。❸

在专利诉讼中，尤其是涉及专利权效力判定的案件，存在再审的情形较为常见，而再审程序启动的任意性无疑会极大地损害司法权威，进而影响专利权效力的稳定性，增加专利法律关系的不确定性，也带来了社会成本的付出。对专利诉讼既判力影响最为客观的体现，是专利无效程序与专利侵权程序之间的冲突。一般而言，专利侵权诉讼以专利权的有效存在为前提，除了少数可对专利权效力直接通过无效之诉予以审查的国家外，司法机关在专利侵权诉讼或其他民事诉讼中对专利权效力推定为合法有效。一旦通过比对，认定为被控侵权技术落入专利权保护范围，侵权即告成立，停止侵权与判赔在所难免。但随后，专利权如果通

❶ 叶自强.论既判力的本质［J］.法学研究，1995（5）：23-30.
❷ 江伟，肖建国.论既判力的客观范围［J］.法学研究，1996（4）：37-48.
❸ 耿博，杨波.既判力理论在知识产权审判中的适用［J］.知识产权，2008（1）：56-60.

过无效行政程序及行政诉讼程序被认定为无效，那么作为专利侵权诉讼的基础权利，即侵犯专利权的请求因丧失了权利基础而面临被判定为"错案"的风险，原有侵权判决的既判力即被推翻。实际上，反观两者裁判的冲突，并不存在任何一个程序的事实认定或法律适用的"错误"，因此，应当说专利侵权判决与专利无效判决均有既判力，仅仅在程序的协调上存在着错位与冲突。

在司法裁判的既判力问题上，现在已经逐步扩展到"争点效"的法律效力。从各国立法来看，事实争点的法律效力表现形式有两种：一种是以英美法系国家为代表的"间接禁反言"或"争点禁反言"效力，赋予争点以确定的法律效力，不允许后诉当事人提出不同的主张；另一种是大陆法系国家的"公文书"的证明力，即将前判对于争点的判断作为效力较高的证据使用，但是允许当事人对前判事实认定的结论提出异议。❶ 如果将专利权效力司法判定纳入民事诉讼审理程序中，在判决主文中对专利权效力作出认定，将使得民事判决的既判力与行政机关授予专利权的效力之间产生冲突；如果通过判决意见的形式，在判决主文之外，对专利权的效力作出认定，那么"争点效"可在民事诉讼程序中取得"间接禁反言"的法律效果，同时也能有效避免司法程序与行政决定之间的冲突，不失为一种可行之选。

2. 行政行为公定力

行政行为的公定力属于行政法学中的基础问题之一。要理解行政行为的公定力，需要了解行政法上的推定。当行政行为作出后，其合法、公正性存在疑问，即引起行政纠纷时，行政行为是否具有确定力、拘束力和执行力有待审查，而在此期间，由行政行为所设定的权利义务关系将处于不稳定的状态，易言之，当事人的权利能否行使，义务是否应予以履行不确定，需要相应的解决机制，即法律推定。❷ 授予专利权，可看作专利行政机关对专利权的公开"宣示"，其赋予了专利权一定范围内的

---

❶ 纪格非."争点"法律效力的西方样本与中国路径［J］.中国法学，2013（3）：109-120.

❷ 叶必丰.论行政行为的公定力［J］.法学研究，1997（5）：87-92.

独占权，强制要求社会公众对其予以认可。即使社会公众对该专利权是否具有可专利性存在疑问，也并不影响专利权于公众而言所具有的推定效力。当然，对于专利行政机关的授权行为，是否属于行政行为，本身存在可商榷探讨的空间。在我国专利法上，认可了专利授权所具有的行政行为公定力。根据专利法及司法解释的规定，司法机关在审理专利侵权案件时，如果被控侵权人对专利权的效力提出异议，那么法院经审查后一般会中止侵权诉讼案件的审理，等待国务院专利行政部门及行政审判机构作出专利权效力争议的结论后，再恢复侵权案件的审理，这一规定"完全承认了行政行为的公定力"❶。然而，这一程序机制受到了诸多诟病，且在司法实践中产生了增加诉讼成本、加重司法机关审理负担等不利影响。

在专利权效力争议的层面，也存在对国务院专利行政部门无效决定的公定力认识问题。专利无效请求提起后，国务院专利行政部门对无效请求予以审查，所进行的专利行政判定行为是否属于行政行为，是否具有公定力，对此存在不同意见。立足于不同的视角，对专利行政程序存在不同的定性。按照我国现阶段的程序架构，专利无效行政程序属于国务院专利行政部门行使行政权力的范畴，尽管国务院专利行政部门更多地处于居中裁断的角色，所为之审查判断却并不以请求人及专利权人的请求为"藩篱"，仍可依职权主动引入佐证材料，进行请求范围之外的审查，进而作出专利权是否有效的决定，依此特征判断，专利无效审查行为性质无疑应定性为行政行为。在无效决定被依法撤销前，于社会公众而言，具有行政行为的公定力。

3. 二者之冲突与协调

行政行为的公定力与司法裁判的既判力之间可能就相同的事实与法律问题的认定产生冲突。典型的如专利侵权诉讼中，人民法院根据当前有效的专利权，据以比对后认定被控侵权技术落入了专利权的保护范围，侵权成立，而在后的专利无效行政程序则认定专利应属无效。这样，侵

---

❶ 杜强强．从恭敬到不从命：在知识产权审判中法院对待行政行为公定力的态度变迁［J］．行政法学研究，2006（4）：55–61.

权诉讼中所依据的专利权被推定有效就与专利行政程序中专利权被认定为无效产生了冲突。但在我国专利侵权诉讼进程中，人民法院并不直接对专利权的效力作出判定，至少在判决主文中不会对专利权的效力作出认定，因此，从既判力的角度来讲，二者之间并不会产生直接的冲突，只是在对专利权效力认定的事实判定上，也就是在判决意见中，可能将专利权视为有效，会与在后的行政决定产生冲突。

根据国家司法权与行政权的配置原则，行政权的行使需要接受最终的司法审查，也就是说，对于行政决定而言，并不具有终局性效力。尽管行政决定存在一定的公定力，但可以通过司法程序对其效力作出否认。因此，总体而言，行政行为的公定力实际上最终会受限于司法裁判的既判力。

本章小结

专利权的产生有其历史渊源与理论基础。从专利制度史考察，专利权经历了从特权到权利的嬗变。根据财产权劳动理论、阿罗信息悖论、激励理论的阐释，专利权不仅属于人的劳动产物，更是经济社会发展的推动要素。从本质上来讲，专利权属于私权，归属于民事财产权利的范畴，虽然专利权的取得需要专利行政机关的审查授权，但无法改变其私权本质，专利权来源于发明创造者的个人智力劳动与创新创造活动，而非来源于国家机关的授权确权行为。当然，不可忽视的是，专利制度本身具有一定的公共政策属性。

专利权效力判定主要包括专利权边界的确定、可专利性的判断与专利公开充分性的判定。专利权边界的确定存在一定的信息成本，也存在边界之内的垄断权益，为专利权有效所必须。对专利权边界的解释应当归入法律问题的范畴，可由司法机关作出判定。专利法为可专利性以及专利公开充分性的判断设定了客观的"本领域普通技术人员标准"以及相应的判定程序。"本领域普通技术人员标准"这一拟制立场实际上也要通过具备相应技术水平的人来实现，这也对司法机关判定专利权的效力提出了较高的要求。

　　专利效力判定包括行政判定与司法判定两种路径。以发展的眼光来看行政权与司法权的关系，二者存在着相互的渗透与制约，不应拘泥于既有"藩篱"。专利无效行政程序实际上具有"准司法程序"的性质，但其同时具有效率与专业化的优势。专利效力司法判定程序则包括行政诉讼与民事诉讼两种可能路径，相对而言，行政诉讼模式更为稳妥，但在民事诉讼中，在判决主文之外，仍然能够实现对专利权效力的间接判定。

第二章

专利权效力司法判定程序的中国模式

我国专利权效力判定实行"行政审查+行政诉讼"的模式，在专利侵权民事诉讼程序中，人民法院无权对专利权效力进行直接判定。有研究者称之为我国专利无效判断上的"双轨制构造"❶。实际上，从专利权的行政保护与司法保护的角度，以及从专利权效力判定的行政程序与司法程序角度，对于"双轨制"的含义存在着区分。从专利权行政保护与司法保护的角度而言，我国实行的是行政保护与司法保护并行的"双轨制"；但从专利权效力判定的角度而言，相比较于美国可以通过行政程序以及诉讼程序直接判定的"双轨制模式"❷，我国实行的是以行政程序及其后续行政诉讼程序为单线的"单轨制模式"，但可称之为"二元分立体制"❸。因此，在我国现行法律制度框架下，对专利权效力提出挑战，只能诉诸专利行政程序，在专利侵权诉讼中出现无效判定请求时，尚不能直接进行审查，由此导致了专利侵权诉讼与专利无效判定之间直接的程序冲突。我国现行的专利权效力判定模式立足于我国专利机关及专利法相关制度的发展，但在实践中存在着诸多的问题，下面将以此为思路展开，通过全面深入地分析我国专利机关及专利法规范，探讨我国专利无效行政诉讼及其不足之处，进而梳理归纳我国专利权效力行政及司法判定程序的现行模式及其问题所在。

第一节　我国专利机关及专利法规范

专利权授权与确权离不开专利行政与司法机关的审查判断。对专利

---

❶　张鹏.我国专利无效判断上"双轨制构造"的弊端及其克服：以专利侵权诉讼中无效抗辩制度的继受为中心［J］.政治与法律，2014（12）：126–135.

❷　左萌，孙方涛，郭风顺.浅析美国专利无效的双轨制［J］.知识产权，2013（12）：92–97.

❸　朱理.专利民事侵权程序与行政无效程序二元分立体制的修正［J］.知识产权，2014（3）：37–43.

权效力判定程序的研究，需要首先从我国专利行政机关与专利司法机关的架构、历史沿革、功能定位展开分析。同样，根据萨维尼的观点，法律制度是"自发地、缓慢地和逐步成长的，而不是立法者有意识地、任意地制造的"❶。专利法规范有其发展变化的历史过程，从中也可以探寻我国专利法规则，包括专利权效力判定程序规则的发展变迁过程，进而判断可能的发展方向。

一、专利行政与司法机关

中国近现代意义上的专利法及专利行政与司法机关，始于清末及民国时期的"西法东渐"。中国近现代以来专利制度的发展则呈现为从"逼我所用"到"为我所用"。❷清朝末年，随着西方列强对中国的入侵，我国开启了半殖民地半封建的统治格局，西方专利制度及其思想开始传入中国。1898 年，清政府总理衙门颁布《振兴工艺给奖章程》，该文件为中国近代史上第一个与专利有关的法律文件。1944 年，国民政府颁布《专利法》，并随后于 1947 年颁布《专利法实施细则》。国民政府时期的专利执法与专利司法已分归独立的法院系统与专利行政机关，但该专利制度未能施行展开。新中国成立后，中央人民政府政务院于 1950 年通过了《保障发明权与专利权暂行条例》及施行细则，至 1963 年国务院废止该条例及细则，代之以《发明奖励条例》与《技术改进＋奖励条例》，实行发明奖励制度。❸由于此后中国正常的政治经济生活均受到一定程度的冲击，该时期的专利法被郑成思教授称为"一部奖励发明创造同时宣布被奖励的发明属于国家的发明奖励条例"❹，专利制度发展停滞不前。直至实行改革开放基本国策，中国的专利法制建设才步入现代化的

---

❶　弗里德里希·卡尔·冯·萨维尼.论立法与法学的当代使命［M］.许章润，译.北京：中国法制出版社，2001：128.
❷　吴汉东.知识产权法律构造与移植的文化解释［J］.中国法学，2007（6）：49-61.
❸　汤宗舜.专利法教程［M］.北京：法律出版社，2003：19.
❹　郑成思.知识产权与国际关系［M］.北京：北京出版社，1996：237.

通道。❶1980 年 1 月，中国专利局经国务院批准正式成立，1984 年 3 月
12 日，第六届全国人大常委会第四次会议通过了《中华人民共和国专利
法》，1985 年颁布《专利法实施细则》。在 1998 年的国务院机构改革过
程中，中国专利局更名为国家知识产权局，主管专利行政工作并协调统
筹与知识产权相关的涉外事宜。而随着专利法等一系列法律法规的实施，
知识产权司法审判工作也逐渐步入正轨，并在改革开放进程中取得了长
足发展。

（一）专利行政机关

我国专利行政机关包括国家层面的国家知识产权局，以及省、自治
区、直辖市知识产权行政管理机关。其中国家知识产权局最主要的两个
机构为专利局以及专利局复审和无效审理部。地方知识产权局则或独立
或与科技局市场监督管理局合署办公。在中央与地方专利行政管理机关
的行政权配置上，全国专利权的审查与授权以及专利授权与无效的审查
均由国家知识产权局下设的专利局及专利局复审和无效审理部集中进行，
地方专利行政机关则主要负责专利行政事务的行政管理以及行政执法
职能。

1. 中央知识产权行政管理机关

国家知识产权局为我国中央层面主管专利及商标事务的行政机关，
包括负责专利审查工作的专利局及其内设审查业务部门，负责知识产权
管理协调工作的国际合作司等内设职能部门，及其他直属单位和社会团
体（见图 2-1）。

---

❶ 1978 年，国家重新印发《技术改进条例》，1979 年颁布《自然科学奖励条例》，正式开
始受理发明奖励申请。

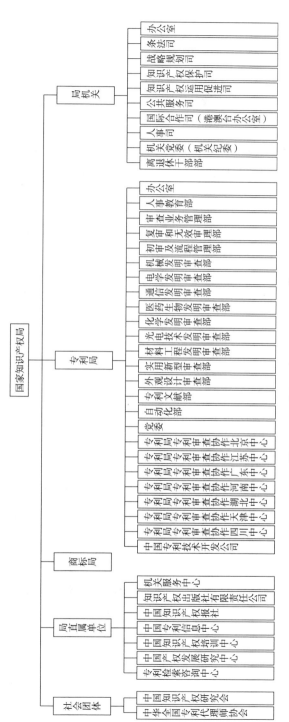

图 2-1　国家知识产权局机构设置 ●

❶ 中华人民共和国国家知识产权局网站［EB/OL］．［2023-05-10］．https://www.cnipa.gov.cn/col/col2172/index.html.

（1）国家知识产权局专利局

全国专利申请的审查与授权由专利局各审查部门分工负责，同时国家知识产权局专利局在北京、江苏、广东、河南、湖北、天津、四川分别设有专利局专利审查协作中心，受国家知识产权局专利局的委托，处理发明专利申请的实质审查、PCT 国际申请的国际检索和国际初步审查等事项。目前，各专利审查协作中心发展迅速，例如，国家知识产权局专利局专利审查协作湖北中心设 12 个处级内设机构。专利局的发展将呈现一核多翼的结构，大大提高专利审查的水平、效率，通过地域上的就近审查，也节约发明人成本，助推科技发展进步。

（2）专利局复审和无效审理部

1985 年 4 月 5 日，中国专利局专利复审委员会成立，为中国专利局内设机构。1998 年，更名为国家知识产权局专利局专利复审委员会。2001 年，更名为国家知识产权局专利复审委员会。2003 年底，经批准成为具有独立法人资格的国家知识产权局直属事业单位。2019 年，知识产权机构改革，更名为国家知识产权局专利局复审和无效审理部（以下简称"复审和无效审理部"），为国家知识产权局专利局内设机构。复审和无效审理部主要的职能是对不服国家知识产权局驳回专利申请及集成电路布图设计登记申请决定提出的复审请求进行审查；对宣告专利权无效的请求及集成电路布图设计专有权撤销案件进行审理；承担行政诉讼被告的应诉工作；参与专利、集成电路布图设计确权和侵权技术判定的研究工作；接受人民法院和管理专利的部门委托，对专利确权和专利侵权案件的处理提供咨询意见。

复审和无效审理部最为主要的两项职能是"复审"与"无效"，包括对不服专利局的专利申请审查等决定提起的复审请求及对专利无效请求进行的审查，另外还负责专利侵权与专利确权的委托咨询工作。从我国现行体制来讲，对专利权效力的争议程序，只能通过复审和无效审理部的无效途径解决，司法机关不得直接作出判断。对复审和无效审理部的审查决定不服的，无效请求人可以复审和无效审理部为被告，向人民法院提起行政诉讼，请求撤销无效审查决定。

2. 地方专利行政机关

在最高专利行政机关国家知识产权局之下，我国各省、自治区、直辖市及下设的市、部分区县设立了独立的知识产权局或与科技部门、市场监督管理部门合署设立了知识产权机构。地方各省市知识产权局在行政关系上隶属于各级地方政府，在业务上受国家知识产权局或上级知识产权部门的指导。地方知识产权局的行政职能主要包括两个方面：一是专利行政管理职能，二是专利行政执法职能。我国知识产权局的行政执法职能应当说具有一定的"中国特色"，在行政管理职能之外，延伸出直接行政执法的职能，这一体系模式有其历史基础。自 20 世纪 80 年代始，我国专利法律制度处于初创时期，相关知识产权的司法机构及法律规则尚未健全，面对专利争议及纠纷，司法机关难当其任，同时基于社会大众不愿诉诸司法的"厌讼"历史惯性，知识产权行政机关在很大程度上充当了纠纷解决者的角色，在专利行政管理职能之外，还需要直接展开行政执法，针对专利侵权、专利权属争议等纠纷担当起定分止争的职能。在我国改革开放进程中，专利行政机关以其"高效、迅速"的行政执法，在专利保护进程中发挥着十分重要的作用。随着我国知识产权司法机构的不断发展，逐步形成了专利领域行政保护与司法保护的"双轨制"。由于专利执法机关行使行政权作出决定或裁决，毕竟不是专利纠纷解决的终局之道，根据 TRIPs 协议等国际公约的基本要求，对行政机关的执法措施，行政相对人可以提起行政诉讼，对行政机关的专利审查与授权行为，专利申请人同样可以诉诸司法，如此，行政与司法的两条路径最终又汇聚至司法途径。就我国专利行政机关的设置及行政权的配置而言，我国专利行政执法与专利司法体现出并行不悖又相互交织的格局。

（二）专利司法机关

1. 知识产权审判庭

我国知识产权司法审判机构的发展起步较晚。尽管从 20 世纪 80 年代到 90 年代初期，我国立法层面的《商标法》《专利法》《著作权法》均已颁布施行，但一直没有专门的知识产权审判组织，涉知识产权类的案件仍然分别由民事审判庭、行政审判庭与刑事审判庭审理，在知识产权保护方面受到了较大的国际压力。随着中国对外开放力度的逐步加大以及国际压力的不断累积，1992 年成为我国知识产权保护的一个重要转折点，当年 1 月 17 日，中国与美国签署《关于保护知识产权的谅解备忘录》，7 月 8 日，中国与瑞士也签订了《关于保护知识产权的谅解备忘录》。在保护知识产权的国际推动力下，我国知识产权司法保护的改革也由此启动。1993 年，北京市中级人民法院❶成立知识产权庭，统一审理著作权纠纷民事案件，专利、商标纠纷民事案件，以及行政审判庭受理的以专利复审委员会、商标评审委员会为被告的行政纠纷案件，但以专利局、商标局为被告的专利行政纠纷案件仍由行政审判庭审理。❷

1994 年，最高人民法院《关于进一步加强知识产权司法保护的通知》第 1 条明确要求具备条件的地方高级、中级人民法院可以设立知识产权庭，集中审理知识产权案件。❸1996 年 11 月，经全国人大常委会批准，最高人民法院设立知识产权审判庭，至 2000 年 10 月为建立大民事审判庭格局，最高人民法院将原知识产权庭改名为"民事审判第三庭"。2006 年 4 月，我国启动大知识产权审判改革，最高人民法院"民事审判第三庭"同时称为"知识产权审判庭"，同年 6 月，最高人民法院通知各地法院依此更名。至 2008 年 6 月 5 日，以颁布《国家知识产权战略纲要》为

---

❶ 1995 年，经北京市人大常委会批准，北京市中级人民法院分立为北京市第一中级人民法院与北京市第二中级人民法院，其中知识产权庭设立于北京市第一中级人民法院。

❷ 徐雁 . 知识产权 "三合一" 诉讼制度研究：以平行程序和技术问题为切入点 [M]. 厦门：厦门大学出版社，2014：13.

❸ 最高人民法院《关于进一步加强知识产权司法保护的通知》第 1 条："进一步充实审判力量，健全审判机构。知识产权诉讼具有较强的专业性、技术性，且涉外案件较多，承担知识产权案件审判任务的人民法院，应当选配适当数量的有一定审判经验的审判人员，特别要注意选配学过理工和懂得外语的人员参加知识产权审判工作，并应根据需要组成专门审理知识产权案件的合议庭；知识产权案件较多的大中城市的中级法院及其高级法院，具备条件的，可以设立知识产权审判庭，集中审理知识产权案件，保障知识产权案件得到及时、公正的处理。"该阶段集中审理的知识产权案件主要为民事案件，行政案件与刑事案件仍然由行政审判庭与刑事审判庭审理。

契机，我国知识产权民事、行政、刑事审判"三合一"模式开始快速向前推进。2009 年 3 月，最高人民法院印发《关于人民法院设置统一受理知识产权民事、行政、刑事案件的专门知识产权法庭的实施意见》，各地法院知识产权庭开始集中审理知识产权民事、行政、刑事"三类"案件。知识产权审判庭的专业化审判改革进程以"三合一"改革为主要方向，迅速向前推进。北京、广州、上海、海南自由贸易港知识产权法院，以及各地知识产权专门法庭的渐次设立，为知识产权审判工作翻开了新的篇章。

2. 知识产权法院

我国知识产权专业审判机构的起步较晚。20 世纪 90 年代至 21 世纪初叶的十余年间，知识产权审判组织的专业化视野主要局限于人民法院内部业务审判庭的专业化组织，主要的变革重点在于与"大民事审判"格局的融入与分离，主要的问题点针对的是知识产权民事审判的专业化以及民事审判与行政审判、刑事审判的集中化。关于知识产权法院的设立主要限于学者的探讨，仅在政协委员提案中有所涉及。[1] 尽管吴伯明委员的提案提出了四个有利于，即设立知识产权法院有利于提高我国知识产权保护国际形象，有利于审判标准的统一并遏制地方保护主义，有利于精简机构及节约人力资源并提高审判水平，有利于节约程序、提高审判效率，但关于设立知识产权法院的提案并未能付诸立法，甚至在很长时间内并未引起重视。直到 2008 年国务院颁布的《国家知识产权战略纲要》[2]，将知识产权庭与知识产权法院同时提出作为提高知识产权执法与司法水平的重要举措，知识产权法院的设立才开始纳入立法规划进程。特别是随着党的十八届三中、四中全会关于"全面推进依法治国"，"深化司法体制改革"的顶层设计逐步落地，北京、广州、上海知识产权法院的设立逐步成为可能，知识产权案件司法审判的统一化与专业化逐渐从

---

[1]　吴伯明.关于在我国设立知识产权法院的建议［J］.知识产权，2001（3）：3-4.

[2]　《国家知识产权战略纲要》提出"完善知识产权审判体制，优化审判资源配置，简化救济程序；研究设置统一受理知识产权民事、行政和刑事案件的专门知识产权法庭；研究适当集中专利等技术性较强案件的审理管辖权问题，探索建立知识产权上诉法院；进一步健全知识产权审判机构，充实知识产权司法队伍，提高审判和执行能力"。

纸面探讨走向司法实践,并被引向深入。

2014 年 8 月 31 日,第十二届全国人民代表大会常务委员会第十次会议通过《全国人民代表大会常务委员会关于在北京、上海、广州设立知识产权法院的决定》,北京知识产权法院、广州知识产权法院、上海知识产权法院依次组建、挂牌 ❶。知识产权法院的设立实现了我国知识产权审判的跨越发展,对我国知识产权审判乃至知识产权制度均具有里程碑式的意义。2020 年 12 月 31 日,海南自由贸易港知识产权法院正式揭牌办公。海南成为继北京、上海、广东之后,全国第四个拥有专门知识产权法院的省份。海南自由贸易港知识产权法院推行知识产权民事、行政、刑事案件"三合一"审判模式和立案、审判、执行"三合一"全流程办理。渐次成立的四家知识产权法院,在民事侵权诉讼中的审理范围并未拓展至专利权效力的审查判断。当然,基于知识产权法院发展的阶段性以及目前的运行模式,当前的知识产权法院仍然存在较大的发展完善空间,知识产权法院的知识产权案件管辖有待于进一步的拓展。尽管根据《最高人民法院关于北京、上海、广州知识产权法院案件管辖的规定》❷,北京、上海、广州知识产权法院同时管辖民事与行政案件,但"不服国务院部门作出的有关专利、商标、植物新品种、集成电路布图设计等知识产权的授权确权裁定或者决定的"行政案件,仍由北京知识产权法院专属管辖。

在设立中级人民法院层面的知识产权法院的同时,经党中央批准,根据全国人民代表大会常务委员会《关于专利等知识产权案件诉讼程序若干问题的决定》和最高人民法院《关于知识产权法庭若干问题的规定》,最高人民法院设立了知识产权法庭并于 2019 年 1 月 1 日挂牌办公,国家层面知识产权案件上诉审理机制开始运行。知识产权法庭是最高人民法院派出的常设审判机构,设在北京市,主要审理全国范围内的专利

---

❶ 2014 年 11 月 6 日,北京知识产权法院正式挂牌成立;2014 年 12 月 16 日,广州知识产权法院正式挂牌成立;2014 年 12 月 28 日,上海知识产权法院正式挂牌成立。

❷ 《最高人民法院关于北京、上海、广州知识产权法院案件管辖的规定》(法释〔2014〕12 号),于 2014 年 10 月 27 日由最高人民法院审判委员会第 1628 次会议通过,自 2014 年 11 月 3 日起施行。

等技术类知识产权上诉案件和垄断上诉案件。至 2023 年，全国形成了"1+4+N"❶的知识产权审判机构格局。

二、现行法律与司法解释梳理

（一）法律及行政法规规定

我国《专利法》关于专利授权后审查的规定较为简略，只在第 45 条、第 46 条、第 47 条对无效宣告程序进行了概略的构建。根据《专利法》第 45 条，提起专利权无效宣告请求的时间为"自专利被公告授权之日始"；提起专利权无效宣告请求的主体包括"任何单位或个人"；请求的理由则涵盖颇为宽泛，即"认为专利权的授予不符合本法有关规定"。根据《专利法》关于提起专利无效宣告请求的条件的规定，只要任何单位或个人认为已被授权公告的专利权缺乏专利授权条件中关于"新颖性、创造性、实用性"的任何一个方面，都可以提出无效宣告。由是观之，我国专利权无效宣告的请求条件相较于其他国家或地区而言是十分宽泛的。

《专利法》第 46 条是关于专利权无效宣告的程序性规定。该条款确定了，国务院专利行政部门作出的无效决定，应通知无效请求人和专利权人，由国务院专利行政部门登记和公告，并且可在 3 个月内就无效决定向人民法院起诉。该条第 2 款的后半段对专利无效诉讼的架构作出了规定，对国务院专利行政部门的无效审查决定不服的，无效请求人及专利权人均可以国务院专利行政部门为被告向人民法院起诉，而人民法院"应当通知"无效宣告请求程序的对方当事人作为第三人参加诉讼。此款规定实际上将对专利无效审查决定不服所提起的诉讼界定为行政诉讼，以国务院专利行政部门为被告。

关于专利权被宣告无效后的处理，规定于《专利法》第 47 条，"宣

---

❶ 最高人民法院知识产权法庭，北京、广州、上海、海南自由贸易港知识产权法院，以及各地设立的知识产权专门审判法庭。

告无效的专利权视为自始即不存在"，同时，对于已经生效的判决、调解书及已经履行的专利许可、转让合同不具有溯及力，但存在两个方面的例外，其一是"专利权人的恶意"，其二是"明显违反公平原则"，在此二者条件下，被宣告无效的原专利权人应当给予他人赔偿以及全部或部分返还侵权赔偿金、专利许可使用费、专利转让费。

我国《专利法实施细则》(以下简称《实施细则》)对专利权无效宣告程序作出了更为具体的规定，条文主要分布于第65条至第72条。无效宣告请求人请求宣告专利权无效或部分无效的，应向国务院专利行政部门提交请求书及相应的证据，请求书中应具体列明无效宣告请求理由。《实施细则》第65条第2款对无效宣告请求的理由进行了详细列举，包括《专利法》第2条（发明、实用新型、外观设计的定义）、第5条（违反法律、社会公德、妨害公共利益、违法获取遗传资源）、第9条（同一专利的后申请者）、第20条第1款（违反国内专利的保密审查）、第22条（不符合发明和使用新型专利的新颖性、创造性、实用性条件）、第23条（不符合外观设计专利的新颖性要件）、第25条（属于智力活动规则等不可专利类型）、第26条第3款及第4款（发明与实用新型专利说明书与权利要求书不符合专利条件）、第27条第2款（外观设计附图不符合专利条件）、第33条（专利申请人的修改超出原专利申请范围），《实施细则》第20条第2款（独立权利要求未能从整体上反映发明或实用新型的技术方案，记载相关必要技术特征）、第43条第1款（分案申请不符合优先权日要求）。

《实施细则》第66条规定了三种无效宣告请求不予受理的情形，包括无效请求不符合形式要件、无效宣告的"一事不再理"、外观设计在先权利人的主张无证据支撑。对于请求书不符合规定格式的，请求人应当按照要求在限期内补正。第67条规定，请求人可以在提出无效宣告请求之日起1个月内增加理由或是补充证据。

无效宣告请求程序类似于民事诉讼程序，在国务院专利行政部门受理无效请求后，应将申请人所提交的申请书、证据副本等提交给专利权人，要求专利权人在指定的期限内陈述意见。无效宣告请求审查过程中，专利权人可以在原专利申请范围内修改权利要求书，但不得修改专利说明书和附图。目前，专利权无效宣告程序一般采取"口头审理"模式，以便于请求人与专利权人之间的当面交锋，更好地查明相关请求及理由，避免"偏听则信"。

《专利法》及《实施细则》关于专利授权后效力审查的规定，同时涵盖了实体法规则与程序法规则。当然，关于专利无效审查及专利无效诉讼以及相关衔接机制的具体程序规则还需要结合《专利审查指南》《民事诉讼法》《行政诉讼法》的程序性规定。由于专利无效程序往往与专利侵权诉讼程序相关联，按照目前我国司法实践中所采取的做法，为防止程序结果之间的冲突，一般须中止民事诉讼程序。民事诉讼中止程序也是专利无效程序架构中的重要一环。

（二）部委规章及司法解释的规定

关于专利无效程序的实体规则主要见于国家知识产权局颁行的部委规章，当然其中也有相当比重的程序性规定，而关于程序协调机制的规定则主要见于最高人民法院的司法解释。

复审与无效审理部据以开展专利无效复审活动的主要依据为《专利审查指南》。《专利复审指南》根据《专利法》及其实施细则所制定，其中第四部分为"复审与无效请求的审查"，详尽地规定了具体的专利复审及无效请求与审查标准、程序。

专利诉讼制度主要准用我国民事诉讼法、行政诉讼法及其司法解释的相关规定。在专利无效程序中，有一项重要程序性制度即"诉讼中止制度"，该制度主要在于规范、协调专利无效行政程序与司法程序（包括专利无效行政诉讼与专利无效侵权民事诉讼）。诉讼中止制度主要见于《最高人民法院关于审理专利纠纷案件适用法律问题的若干规定》[1]（以下简称《专利适用规定》）第4条至第8条。这些规定主要涉及民事诉讼

---

[1]　2001年6月19日最高人民法院审判委员会第1180次会议通过，2013年、2015年两次修正，2020年12月23日最高人民法院审判委员会第1823次会议第三次修正，自2021年1月1日起施行。

过程中出现被控侵权人向复审和无效审理部提出无效申请时，人民法院应否中止诉讼的审查判断。该《最高人民法院关于审理专利纠纷案件适用法律问题的若干规定》的前身，即1992年12月29日发布的《最高人民法院关于审理专利纠纷案件若干问题的解答》。《最高人民法院关于审理专利纠纷案件若干问题的解答》将是否中止诉讼的考量因素主要分为两类：一是提出时间，即原则上在答辩期内提出无效请求，人民法院应中止民事诉讼；二是专利类型，即对于发明专利和经国务院专利行政部门审查维持的实用新型专利，侵权诉讼被告即使在答辩期内提出无效请求，一般也不应中止民事诉讼。《最高人民法院关于审理专利纠纷案件适用法律问题的若干规定》在《最高人民法院关于审理专利纠纷案件若干问题的解答》的基础上，结合《专利法》实用新型专利检索报告制度，在第8条对诉讼中止规则作出了更为灵活的规定❶，借助专利检索报告制度试图尽量维系实用新型专利权的稳定性，要求实用新型专利侵权诉讼的原告在起诉时应出具国务院专利行政部门作出的检索报告，但该条的规定意在引导与鼓励当事人参加诉讼，并非硬性地将专利检索报告作为原告起诉的条件。对于实用新型专利及外观设计专利侵权纠纷民事诉讼，如果被告在答辩期内提起专利无效请求，原则上人民法院应中止民事诉讼，但为避免诉讼的不当迟延，该条同时规定了几种例外条件下可以不中止诉讼的情形。对第一种情形，主要适用于实用新型专利侵权，国家知识产权局的专利检索报告主要通过检索大量的现有技术文献，但对检索对象并不作肯定性评价，如果检索报告对专利权未作否定性评价，则说明专利权具有一定程度的稳定性，故人民法院可无须中止诉讼程序。第二种情形则涉及现有技术抗辩的成立问题，如果被告提供的证据足以证明其所使用的技术为公知技术，则其现有技术抗辩成立，人民法院可以直接判定被告不侵权，因此也没有必要中止诉讼。至于第三种情形，被告所提起的无效宣告请求明显无证据理由支持，则其存在意欲通过无效程序延缓侵权诉讼的可能，因此，人民法院也可综合判定后不中止诉

---

❶ 奚晓明.解读最高人民法院司法解释、指导案例（知识产权卷）[M].北京：人民法院出版社，2014：277.

讼程序。另外，对于答辩期外被告才提出无效宣告请求的，人民法院原则上不中止诉讼程序，特定情况下可选择中止；延续了《最高人民法院关于审理专利纠纷案件若干问题的解答》所规定的涉及发明专利及经无效宣告程序维持的实用新型发明专利，被告即使在答辩期内提出无效宣告请求，人民法院也可以不中止诉讼程序。

第二节　专利无效行政诉讼及其困境

我国专利权效力司法判定程序仅指专利无效行政诉讼。专利无效行政诉讼实行集中管辖，一审管辖隶属于北京知识产权法院，二审专利无效案件飞跃上诉于最高人民法院知识产权法庭。从程序制度的衔接上来讲，专利无效行政诉讼程序后置于专利无效审查行政程序。无效行政诉讼的审理对象仅为国务院专利行政部门无效决定的合法性，而非专利权效力的存在与否问题。专利无效行政诉讼判决的结果，即为对国务院专利行政部门的无效决定是否合法作出判定。从当事人提起无效审查到最终作出无效行政判决，经历了无效审查、行政诉讼一审、行政诉讼二审三个程序环节，而且最终的判定结果对专利权的效力不作认定。专利无效行政诉讼的程序制度体现出复杂化的基本态势。

一、我国专利无效行政程序

我国现行专利无效实行的是仅由行政机关先行审查的"单轨制"。根据我国《专利法》，国务院专利行政部门为专利无效请求的处理部门。在2001年《专利法》修订之前，国务院专利行政部门对实用新型、外观设计专利的无效审查决定具有"终局性"，请求人对决定不服的，不可向人民法院提起行政诉讼以获得救济。2001年《专利法》修订后，对所有无效决定

不服均可向人民法院提起诉讼。专利无效行政诉讼也呈现出爆炸式增长。❶

无效宣告请求审查程序是国务院专利行政部门在综合考虑无效宣告请求人和专利权人提交的意见陈述和证据的基础上，对涉案专利权的有效性重新认定的一种专利确权程序，其工作流程如图 2-2 所示。

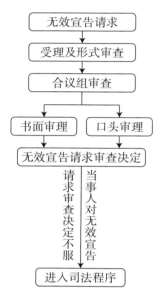

图 2-2　无效宣告请求审查程序工作流程

（一）国务院专利行政部门的审查原则

国务院专利行政部门的审查主要遵循以下原则：请求原则与依职权审查原则相结合、公开原则与保密原则相结合、一事不再理原则。这些原则相互依存，互为制约。

1. 请求原则与依职权审查原则相结合

国务院专利行政部门的审查以请求原则为基础，以职权审查为补

---

❶　李隽，等. 专利无效宣告请求诉讼程序的性质［M］∥国家知识产权局条法司.《专利法》及《专利法实施细则》第三次修改专题研究报告. 北京：知识产权出版社，2006：747.

充。❶ 根据《专利审查指南》❷，国务院专利行政部门审查专利无效案件，遵循请求原则，即无效宣告案件依据当事人的请求而启动，同时国务院专利行政部门遵照依职权审查原则，可以对所审查的案件依职权进行，不受当事人请求的范围以及提出的证据及理由限制。

专利无效程序中，一方面要遵循请求原则，另一方面也要遵照依职权审查原则，这种结合主要基于专利无效案件的特殊性。首先，由于专利制度既关乎私权，又涉及公益，专利权的效力同时影响着当事人的私益和社会公众的公共利益。专利无效程序的启动以申请人的申请为基础，但也不能囿于申请范围，专利权效力判定应当跨出私权的范畴，通过职权探知进行主动性审查。其次，专利制度具有较强的专业性，往往涉及复杂的专业技术问题，但根据《专利法》及其实施细则等相关法律法规、司法解释的规定，专利无效申请主体为社会公众，除了与专利权人属同一技术领域的同业竞争者外，其他公众对涉案的专利权并不熟悉，专利无效审查程序中的依职权审查原则之部分功能即意在弥补当事人的技术盲点。同时，无效申请人即使对技术规则较为熟悉，却不可能对无效行政程序复杂的法律规则及审查规范也烂熟于心，因此难免挂一漏万，而无效审查的职权主义可以通过程序引导以及对参加人的充分释明，使参与各方得以有序地在程序轨道中运行。

当然，基于专利权的私权本质，在专利无效程序中，当事人处置原则应当居于主导地位。《专利审查指南》对当事人处置原则有着详细的界定。请求人在无效审理程序中可以放弃其全部或部分无效宣告请求的范围、理由与证据，请求人作出放弃声明后，国务院专利行政部门将不再审查，不可将职权之手伸入请求人的私权范围。在无效宣告程序中，无效请求人与当事人可以自行和解，国务院专利行政部门对于有和解意向的当事人也应当给予双方和解的时间与空间。在无效宣告程序中，专利

---

❶　王丽颖.浅议无效程序审查范围及依职权审查［J］.中国发明与专利，2014（4）：74-78.

❷　参见 2020 年 12 月 11 日国家知识产权局关于修改《专利审查指南》的公告（第 391 号），修改后《专利审查指南》第 4 部分，第 2 章《总则》第 2.3 条、第 2.4 条。

权人如果针对无效申请人的主张主动缩小专利权保护范围且提出修改文本并被国务院专利行政部门接受的，视为专利权人作出了自认，自认该部分专利权利要求不符合授予专利权条件，从而免除了无效请求人相应的举证责任。

2. 公开原则与保密原则相结合

专利无效审查程序准用司法程序的相关规则，在无效审查程序的开放度上，以公开为原则，以不公开为例外。根据《专利审查指南》第4部分第1章总则第2.6条规定，除根据国家法律法规等需要保密的案件外，其他各类案件的口头审理均应当公开进行，审查决定亦应公开出版发行。这一原则与我国诉讼程序中的司法公开原则"异曲同工"。专利无效口头审理程序属于无效申请人与专利权人就专利权的效力进行的公开对抗，与诉讼程序中的开庭审理程序一样，公开口头审理不仅有利于程序公正的实现，而且有利于社会公众的监督及了解，对于具有高度外部性的专利权来讲也殊为必要。

尽管专利无效口头审理遵循公开原则，但专利权的技术特点决定其公开应存有一定的限度。专利无效宣告程序同样应遵循保密原则，对于不宜公开的内容应注意保密。此保密原则主要包含两个方面的内容：一方面，对于专利无效宣告程序中，各方主体所接触到的尚未公开的技术信息应当保密，不得对外宣扬并予以公开；另一方面，国务院专利行政部门审理专利无效的合议组成员应对审理过程中的各成员主体观点保密，不得将合议组评议信息向外公开。

3. 一事不再理原则

公平与效率作为一项基本程序原则，在专利无效宣告程序中同样适用。无效宣告程序的设置目的在于从整体上维护专利权的质量，同时避免公有领域技术为某一主体所垄断，挤压社会公众的公共利益范围。但作为一项财产性权利，专利权的稳定性同样不容忽视。专利权的效益实现有赖于专利权效力的稳定，对于一项效力处于不稳定状态中的权利，权利人将无法充分获取专利授权、运用、转让的稳定收益，从专利权人的角度来讲，是对其私益的减损；从社会整体的角度来讲，更是对社会资源的浪费，甚至会影响社会经济进步发展。因此，从多面观之，专利无效宣告程序在通过授权后程序对专利质量进行把关的同时，应当注意专利权的稳定性，在二者之间达致平衡的界点。

《专利审查指南》规定了专利无效宣告的一事不再理原则，即对于某一项专利权，如果已经有在先的无效宣告案件作出了审查决定，那么对于以同样的理由和证据再次提出无效宣告程序的，不予受理和审理。但对于无效请求理由和证据于在先无效案件中已经提出而未被考虑的，则不属于不予受理及审理的一事不再理范围。针对同一专利权二次提起的专利无效宣告请求之"一事不再理原则"，有一点需要注意，此处的专利无效"一事不再理"所界定的"一事"与诉讼程序中的"一事"❶存在差异，专利无效程序所界定的范围为针对同一专利权所提之"理由和证据"，而并非针对"请求"，相对诉讼程序之"一事不再理"更窄，易言之，针对同一专利的无效请求，是可以多次提起的，只要事实和理由不同，则不受前述程序的"遮断"，仍然可以再次启动程序。

（二）国务院专利行政部门的审查程序

1. 无效宣告请求人

《专利法》及其实施细则关于专利无效宣告请求人的规定较为宽泛，界定为"任何单位或个人"，《专利审查指南》则对无效宣告请求人的资格作出了除外规定。首先，专利无效宣告请求人须具备民事诉讼主体资格，无效宣告请求人不具备民事诉讼主体资格的，请求将不予受理。《民事诉讼法》第51条规定了"公民、法人和其他组织可以作为民事诉讼当事人"，即具有独立诉讼主体资格者均可为民事诉讼之当事人，其是否具有实体法上的权利义务则在所不问。其次，针对外观设计提起无效宣告请求的在先权利人，如果不能证明其在先权利人及利害关系人身份的，请求将不予受理。外观设计在先权利人要提起无效宣告请求，需要具有在先利益，包括在先的人身权、有形财产权、著作权、商标权等民事权

❶　诉讼程序中的"一事不再理"所针对的是同一诉讼标的不得二次审理判断，以免产生冲突，也就是说，对于"一事"的界定是以诉讼标的为判断基准。

利，以及相应的利害关系。最后，为确认自己所持有专利的权利稳定性，专利权人针对自身的专利权提起无效宣告请求的，必须是全体专利权共有人共同提起，而且所提交的证据应为公开出版物，否则请求将不予受理。

2. 无效宣告请求的审查程序

（1）无效宣告请求的受理

针对专利无效宣告请求，国务院专利行政部门首先进行形式审查，审查请求人所提交的审查材料是否齐全以及是否符合格式要求与形式要件，对于不符合形式要件的，可以限期要求补正。其次，无效宣告请求的请求书中应明确请求范围，即明确属于请求全部无效或是部分无效，以及请求宣告无效的权利要求范围。无效请求的理由应限于《专利法实施细则》第 65 条所列明的理由，不属于该范围的，不予受理。无效宣告请求"经审查符合专利法、专利法实施细则及专利审查指南有关形式要件的，国务院专利行政部门应向请求人及专利权人发出无效宣告请求受理通知书，并且将无效宣告请求书和有关的文件、证据副本送达给专利权人或其代理人，要求专利权人在 1 个月的时限内作出答复"。如果该无效宣告请求涉及专利侵权案件的，"国务院专利行政部门可以应人民法院、地方知识产权管理机构或当事人的请求"，向审理专利侵权案件的人民法院或处理专利侵权行政投诉的地方专利行政机关发出无效宣告请求案件的审查状态通知书❶。

（2）无效宣告请求的合议审查

无效宣告程序中的审查一般采取当事人请求原则，即国务院专利行政部门"仅针对请求人所提出的无效宣告请求申请范围、请求理由以及提交的证据进行审查，不承担全面审查专利有效性的义务"。无效宣告请求审查的范围以当事人的明示为依据，也就是说，当事人在书面申请及说明中进行了具体明确说明的范围及理由属于审查范围，对于当事人在申请中未明确列明的事项，或者自提出请求之日起 1 个月内未补充提交

---

❶ 《专利审查指南》第 4 部分第 3 章第 3.7 条。

的事项，国务院专利行政部门将不予审查。当然，作为当事人请求原则的重要补充，在特定情况下，国务院专利行政部门可以依职权进行审查。国务院专利行政部门依职权审查的事项主要包括：其一，请求人所提出的无效请求理由与其所提交的证据材料明显不相对应，国务院专利行政部门应向申请人作出告知，敦促其变更相应的无效理由或者国务院专利行政部门依职权对请求人的无效理由予以变更；其二，专利无效请求人在其请求事项中，未提及所请求无效专利存在的明显不属于专利保护客体的缺陷，或存在明显不具有可专利性的缺陷，或存在专利权利要求及说明书附图等明显不清晰的，国务院专利行政部门可以依职权引入相关的无效宣告请求理由；其三，无效请求人针对某一权利要求提起无效请求，而该权利要求与其他权利要求之间存在引用关系，请求人未以同样的理由针对相关权利要求请求无效，国务院专利行政部门如果不依职权引入该无效理由将导致得出不合理的审查结论的；其四，无效请求人以专利权人的修改超出了原请求范围为由请求宣告专利无效的，如果请求人未提交原申请文件，国务院专利行政部门可以依职权引入该专利的原申请文件；其五，国务院专利行政部门可以依职权引入技术词典、技术手册、教科书等所属领域中的公知常识性证据，并可依职权认定某一技术手段是否为公知常识。

（3）无效请求的证据规则

无效请求人在提出无效宣告之日起1个月内补充证据的，"应当结合该证据具体说明相关的无效宣告理由"[1]。

专利权人应在国务院专利行政部门指定的期限内提交证据，但对于上述公知常识证据，专利权人可在口头审理辩论终结前予以补充。当事人如果有充足的理由表明其由于无法克服的困难在法定或指定期限内提交证据的，可以向国务院专利行政部门提出书面的延期申请，国务院专

---

[1] 如果请求人提出无效宣告请求之日起1个月后补充证据的，国务院专利行政部门一般不予考虑，除非请求人是针对专利权人以合并方式修改的权利要求或提交的反证，请求人在国务院专利行政部门指定的期限内提交的补充证据，或者请求人在口头审理辩论终结前所提交的公知常识性证据及为完善证据法定形式所提交的公证文书等补正性证据。

利行政部门经审查认为延期提交证据理由充分的，应予准许。❶

（4）无效宣告程序中专利文件的修改

在专利无效宣告请求程序中，专利权人可以要求对相关专利文件进行修改。❷专利权利要求的修改方式则仅限于权利要求的删除、合并和技术方案的删除，当然，"考虑到权利要求书具有模糊性，我国专利代理水平较低，我国知识产权司法政策的导向，应当允许专利权人修改有缺陷的单个技术特征"❸。

（5）无效宣告程序的中止

与专利侵权民事诉讼类似，在专利无效宣告程序中，也可能存在先决问题有待先行解决的情形。在专利侵权民事诉讼中，由于专利权是否有效是专利侵权成立与否的先决问题，为防止侵权诉讼与无效程序结果的冲突，在民事诉讼程序中纳入了诉讼中止程序❹；在无效宣告程序中，同样存在以专利权的归属作为先决问题的情形，因为如果专利权的归属尚未落定，对专利权是否有效的判断则无以依附，因此，在专利无效宣告程序中，如果知识产权行政管理部门或人民法院受理、正在处理有关权属争议，或是专利权被人民法院采取财产保全措施，则可审查后中止无效宣告程序。无效宣告程序审理终结后，国务院专利行政部门应作出审查决定并送达当事人，并由国家知识产权局专利局登记和公告。

3. 无效宣告请求的口头审理

目前，我国专利无效宣告程序一般纳入口头审理模式。现阶段我国将口头审理定位为"行政听证程序"，目的在于由审查机构查清有关事

---

❶ 《专利审查指南》第 4 部分第 3 章第 4.3.1 条、第 4.3.2 条、第 4.3.3 条。

❷ 发明和实用新型专利文件的修改仅限于权利要求书，不得对说明书和附图进行修改。对权利要求书的修改要遵循以下原则：其一，不得改变原专利权利要求主题名称；其二，不得扩大原专利权的权利要求保护范围；其三，不得超出原专利说明书及权利要求所记载的范围；其四，一般不得增加已授权权利要求书之外的技术特征。参见《专利审查指南》第 4 部分第 3 章第 4.6.1 条。

❸ 石必胜. 论无效程序中权利要求书修改的最小单元［J］. 知识产权，2015（1）：37—44.

❹ 专利无效宣告程序中的中止，是指"当地方知识产权管理部门或者人民法院受理了专利申请权（或专利权）权属纠纷，或者人民法院裁定对专利申请权（或专利权）采取财产保全措施时，专利局根据权属纠纷的当事人的请求或者人民法院的要求中止有关程序的行为"。参见《专利审查指南》第 5 部分第 7 章第 7 节。

实，并给予程序参与人当面陈述意见的机会。❶口头审理的启动可以依无效请求人或专利权人的申请，也可以依合议组的职权决定。在口头审理程序开始前，国务院专利行政部门审理案件的合议组应向双方当事人发出口头审理通知书，告知口头审理的时间、地点等事项，申请人无正当理由不参加口头审理的，其申请视为撤回，专利权人无正当理由不参与口头审理的，合议组可以进行缺席审理。

口头审理的开展与民事诉讼程序类似，分为多个阶段。口头审理在合议组组长的主持下进行。首先，合议组核实口头审理参加人的身份，告知参加人有关权利义务并询问是否要求审查人回避；其次，进入口头审理的调查阶段，合议组成员介绍案情并开始口头审理调查；再次，进入口头审理的辩论阶段，参与双方就有关事实证据陈述意见，相互辩驳，并作出终结陈述；最后，合议组根据口头审理的调查及辩论情况进行休庭合议，并宣布审查决定。

（三）国务院专利行政部门的定位与无效宣告程序的定性

1. 国务院专利行政部门的定位

从国务院专利行政部门的成立与发展不难看出，国务院专利行政部门的机构设置与职能变迁始终受到外部国际环境的推动。最初成立的专利局专利复审委员会为专利局的下设机构，审查程序作为专利授权的延续，所作决定具有终局性。随着中国加入 WTO，为与 TRIPs 协议❷相协调，通过国务院的机构改革以及专利法的修订，专利复审委员会成为国家知识产权局下与专利局平行的机构，主要职能在于解决专利授权后的无效问题，其决定也不再具有终局性，而是可向司法机关起诉，受到司法机关的审查。2019 年，知识产权机构改革，专利复审委员会更名为国家知识产权局专利局复审和无效审理部，为国家知识产权局专利局内设

---

❶　参见《专利审查指南》第 4 部分第 4 章第 1 条。

❷　TRIPs 协议第 41 条之 4：诉讼各方应有机会让司法当局对最终行政决定，及根据一成员方法律中关于一案件重要程度的司法规定，对至少一案中的实质司法裁决的法律方面进行审查。

机构。

近年来，我国专利申请量持续居于世界第一，相应地专利权保有量也出现爆发式增长。国务院专利行政部门在大量的复审、无效与行政诉讼案件面前疲于应付，而且国务院专利行政部门在此类案件中的被告身份也造成诸多的不良后果：其一，国务院专利行政部门事实上在此类案件中并非直接的利益关联方，相对于无效请求人与专利权人，国务院专利行政部门具有更为中立的地位，将国务院专利行政部门作为此类案件的被告似有定位不妥之嫌；其二，专利无效行政诉讼中通过设置原告、被告、第三人的诉讼架构，实际上增加了此类案件的复杂性，并不利于案件的及时审结；其三，案件审理的结果如果是国务院专利行政部门败诉，由于国务院专利行政部门属于国家行政机关的下设机构，相应的诉讼费、鉴定费等费用要由国家承担，徒增国家财政负担。❶

鉴于上述困境，针对国务院专利行政部门的定位问题产生了较大争议，一种意见认为，仍然应将之视为行政机构；另一种意见则认为应将国务院专利行政部门定性改造为"准司法机构"。从我国立法现状看，目前我国对国务院专利行政部门的定位为行政机构，其为国家知识产权局的下设机构，属于行政机构序列。目前国务院专利行政部门的行政机构定位所凸显出的问题日益显现，推动国务院专利行政部门向"准司法机构"的渐进改革，日趋成为一项十分必要且紧迫的事项。

2. 专利无效程序的定性

根据我国《专利法》《专利法实施细则》《专利审查指南》的相关规定，专利复审程序定性为一项行政程序。《专利审查指南》直接将专利无效宣告程序中口头审理界定为"根据专利法实施细则第六十三条、第七十条的规定而设置的行政听证程序，其目的在于查清事实，给当事人当庭陈述意见的机会"❷。

与对国务院专利行政部门定位的争议类似，专利无效程序也面临着

---

❶ 中国社会科学院知识产权研究中心.中国知识产权保护体系改革研究［M］.北京：知识产权出版社，2008：163.

❷ 《专利审查指南》第4部分第4章第1条。

较大的争议。现行立法中将专利无效程序定性为行政程序带来了专利无效程序的不当延迟，存在着程序冗长、循环往复问题，严重阻滞了专利制度的效益。而对专利无效程序定性的变革，主流观点是将其定位为"准司法程序"，甚至更激进者建议将其定位为一级"司法程序"❶。

我国专利无效程序的设置与民事诉讼程序颇为类似，不仅遵循请求原则、公开原则与一事不再理原则，同时在诉答程序、证据提交、口头审理等机制上更为充分借鉴了民事诉讼程序规则。另外，从程序设置的实效性角度而言，专利无效宣告程序的行政一审与司法两审带来了程序的冗长繁复，如果将无效宣告程序视为准司法程序或司法程序，那么可以缩短无效程序进程，提高纠纷解决效率，也可以将国务院专利行政部门从行政诉讼的"泥淖"中解脱出来，可谓"一石二鸟"。当然，专利无效程序与民事诉讼程序相比，一个较为明显的差别是，专利无效程序有较强的职权主义特点，国务院专利行政部门在"居中裁断"之外，依职权进行判断，引入、纠正当事人忽略、错漏，甚至主张不准确的事实与理由，而并非采取纯粹当事人主义模式。无效程序与司法程序之间的"鸿沟"显而易见，从程序衔接以及程序连贯性的角度而言，似乎简单地将专利无效程序视为准司法程序或司法程序并非解决问题之良策。目前，对于专利无效程序如何改造以合理发挥其效益尚无定论，这也是本书所要讨论研究的主要问题之一。

二、我国专利无效诉讼程序

（一）专利无效诉讼的管辖

我国专利无效采取行政诉讼模式，相应的无效行政诉讼案件实行集中管辖。在1993年北京市中级人民法院成立知识产权庭之前，以国务院知识产权行政部门为被告的行政纠纷案件由北京市中级人民法院行政审判庭审理，知识产权民事案件则分由民事审判庭及经济审判庭审理。

---

❶ 何伦健.专利无效诉讼程序性质的法理分析［J］.知识产权，2006（4）：74–77.

1993 年，北京市中级人民法院知识产权庭成立，统一审理知识产权民事纠纷案件，以专利复审委员会、商标评审委员会为被告的行政纠纷案件。而以专利局、商标局为被告的行政纠纷案件仍由行政审判庭审理。❶ 1995 年，北京市中级人民法院分立为北京市第一中级人民法院与北京市第二中级人民法院，其中知识产权庭设立于北京市第一中级人民法院，统一审理专利民事、行政纠纷案件，第二审由北京市高级人民法院管辖。

到 2014 年 11 月 6 日，北京知识产权法院挂牌成立，根据最高人民法院《关于北京、上海、广州知识产权法院案件管辖的规定》，北京、上海、广州知识产权法院同时管辖知识产权民事与行政案件，但"不服国务院部门作出的有关专利、商标、植物新品种、集成电路布图设计等知识产权的授权确权裁定或者决定的案件第一审行政案件由北京知识产权法院管辖"。也就是说，原属北京市第一中级人民法院管辖的知识产权无效行政纠纷案件均改由北京知识产权法院管辖受理，上诉审仍由北京市高级人民法院管辖。2019 年最高人民法院知识产权法庭成立，知识产权法院的一审技术类案件"飞跃"上诉至最高人民法院知识产权法庭。

（二）专利无效诉讼的定性之争

根据我国《专利法》及司法解释的规定，在我国司法实践中，专利无效诉讼目前所采取的是行政诉讼模式，由人民法院按照行政诉讼程序审理。这是专利无效诉讼的实然模式。而对于专利无效诉讼的应然模式，则存在着行政诉讼与民事诉讼之争。

对专利无效诉讼究竟属于行政诉讼还是民事诉讼的定性之争，实质上指向的是对专利权效力行政及司法判定体系的定位问题。如果将国务院专利行政部门的无效程序定位为行政程序，作出的无效决定为行政决定，那么，对该决定不服所提起的程序必然为无效行政诉讼程序，相应地，国务院专利行政部门在无效行政诉讼程序中应作为被告行政机关应诉，专利权人与无效请求人则分别为行政诉讼的原告及第三人；如果将

---

❶ 徐雁.知识产权"三合一"诉讼制度研究：以平行程序和技术问题为切入点［M］.厦门：厦门大学出版社，2014：13.

国务院专利行政部门的无效程序定位为准司法程序或是居中裁决，作出的无效决定为准司法判定，那么，对该决定不服所提起的诉讼程序则为民事诉讼程序，应分别以专利权人及无效请求人为原、被告。

目前我国专利无效诉讼依民事诉讼程序审理的模式，根植于我国公私法划分及行政权与司法权分野的既有理论体系及宪政框架。国务院专利行政部门为隶属于国家知识产权局的二级机构，相应地，专利权的授权及确权行为也在行政权的框架下运行。作为民事权利的专利权本属私权范畴，但由于其审查需要由专利机关进行，又存在着公权机关的审查。从司法机关的角度，我国行政诉讼与民事诉讼分属行政审判庭与民事审判庭审理，但根据知识产权诉讼"三合一"的改革方案以及知识产权法院的管辖规定，专利民事诉讼与行政诉讼一般皆由知识产权庭或知识产权法院审理，逐步改变了以往分属行政审判庭与民事审判庭审理的格局。然而，知识产权审判庭或知识产权法院合一审理专利诉讼案件的模式并不意味着民事与行政两大类专利诉讼的审理程序存在同一性，也就是说，专利无效诉讼与专利侵权等民事纠纷案件分别依照行政诉讼程序与民事诉讼程序审理。

目前我国专利无效诉讼采取的行政诉讼模式受到了较多诟病。一方面，专利无效诉讼定性为行政诉讼会加重国务院专利行政部门的负担。行政诉讼中要以作出行政行为的行政机关为被告，在专利无效行政诉讼中，无效决定由国务院专利行政部门作出，国务院专利行政部门为专利无效行政诉讼程序的当然被告。随着专利无效请求的爆炸式增长，国务院专利行政部门也频繁地作为被告在人民法院应诉，如此一来，国务院专利行政部门因案件积压而"不堪重负，权利人的知识产权长期处于不稳定的状态，难以充分发挥效用，恶意利用程序的现象无法有效甄别并予以制止"[1]。这一负累也会影响国务院专利行政部门审查职能的充分发挥。另一方面，专利无效行政诉讼定性为行政诉讼也间接带来了诉讼的不当迟延。根据行政诉讼基本原理，在行政诉讼中司法机关审理的对象

---

[1] 中国社会科学院知识产权研究中心.中国知识产权保护体系改革研究［M］.北京：知识产权出版社，2008：93.

为行政行为的合法性，即仅对行政机关所作行政行为的合法性进行审查。如果人民法院认为行政机关的行政行为合法则驳回原告诉讼请求，如果认为行政行为违法，则判决撤销或部分撤销行政行为，并可判令重作行政行为。国务院专利行政部门重新作出的审查决定实体决定可能与原决定相同，当事人会再次提起行政诉讼，如此将会形成循环往复，极大地浪费司法资源。

（三）法院无权直接判定专利权效力

根据我国现行行政诉讼法及专利法的规定，专利权的授权与无效判定均属专利行政机关的事务范围，人民法院仅对行政机关的行政决定进行合法性审查。人民法院在专利无效行政诉讼中的"合法性"审查范围是否能够直接进入专利权效力的认定领域，在司法实践中产生了一定的争议。下面从一则典型案例入手，探讨目前我国司法实践中对于专利权效力判定所采取的态度。

1. 爱吉科公司与专利复审委员会行政纠纷案

关于司法机关能否在专利无效行政诉讼中直接对专利权效力作出认定，爱吉科公司与专利复审委员会行政纠纷一案 ❶ 无疑较为典型。

如皋市爱吉科纺织机械有限公司（以下简称"爱吉科公司"）与专利复审委员会及第三人王某山专利无效行政纠纷一案，针对的是第98248629.4 号实用新型专利权（以下简称"982 号专利"）的效力争议。王某山为 982 号专利的专利权人，爱吉科公司针对该专利向国务院专利行政部门提起无效宣告请求。国务院专利行政部门经审查后作出审查决定，宣告 982 号专利的权利要求 1—9 无效，维持权利要求 10 有效。爱吉科公司向北京市第一中级人民法院起诉称，应宣告 982 号专利的所有权利要求无效。北京市第一中级人民法院经审理后认为，原告所提交证据7、证据 9 的"发明目的与 982 号专利的发明目的不同，本领域普通技术人员在证据 7、证据 9 的启示下，不经创造性劳动不能得到 982 号专利

---

❶ 参见北京市第一中级人民法院（2003）中行初字第 522 号一审行政判决书。

的技术方案，因此，982 号专利的权利要求 10 符合《专利法》第 22 条第 3 款的规定，具有创造性"。一审判决作出后，当事人提起上诉，二审北京市高级人民法院依照《行政诉讼法（1990）》第 61 条第（3）项、《最高人民法院关于执行〈中华人民共和国行政诉讼法〉若干问题的解释》第 70 条之规定，于 2004 年 9 月 29 日作出判决，宣告第 982 号专利权无效。❶ 随后，当事人向最高人民法院申请再审，最高人民法院经再审后认为，北京市高级人民法院对专利权效力"直接予以审查认定，超出了行政诉讼司法审查范围，属于违反法定程序"❷。

2. 司法机关不得直接宣告专利权无效

最高人民法院在该案的再审判决中对司法机关的司法权边界进行了严格的界定。司法机关在审理专利无效行政诉讼的过程中，即使经过审查认定国务院专利行政部门的审查决定存在实质性错误，根据我国行政诉讼法的相关规定，人民法院也不得对该审查决定直接予以变更，只能依法判决撤销该审查决定并要求重作决定。2015 年，我国《行政诉讼法》进行了重大修订，但修订后的行政诉讼法依然要求司法机关奉行合法性审查原则，司法机关对行政决定予以变更的范围仅限于"行政处罚或其他行政行为涉及款额的确定与认定"。因此，从行政诉讼法的立场而言，行政权与司法权"泾渭分明"，不可逾越。

但在专利司法实践中，如果在专利无效行政诉讼中撤销了国务院专利行政部门的决定，而经过审查又发现专利权明显应当被维持有效、部分有效或者宣告无效的，人民法院能否在判决主文中直接对涉案专利权的效力作出判断，仍然颇具争议。如果人民法院完全不介入专利权效力的认定，那么实际上司法审查的作用无法有效发挥，专利无效审查退回到无效行政审查，不仅易造成循环诉讼，而且不利于司法效率的提升。与专利无效相关联的侵权民事诉讼更是在无效程序之外被无限期地拖延。正是基于司法实践中大量出现的专利诉讼迟延问题，北京市高级人民法院和北京市第一中级人民法院在仅判决撤销国务院专利行政部门的决定

---

❶　参见北京市高级人民法院（2004）高行终字第 95 号二审行政判决书。

❷　参见最高人民法院（2007）行提字第 3 号再审行政判决书。

或者附加判决国务院专利行政部门重新作出行政决定的做法之外，尝试对这类案件所涉专利的效力直接予以认定。❶但最高人民法院在"爱吉科案"中对该尝试予以了否定。尽管赋予法院以司法变更权有其合理性与必要性，但在法律和司法解释未作出相应修正或者规定之前，地方法院仍应按照现行法律规定进行裁判。然而，司法机关对专利权的效力审查是否完全无权介入则并非定论。从最高人民法院在"爱吉科案"中的表述，人民法院不得在"判决主文中直接对涉案专利权的效力作出宣告"，而最高人民法院对于司法机关在判决理由中对专利权效力的认定则并未予以否定。这也为专利无效行政诉讼程序中司法机关的判定预留了讨论空间。

第三节　专利侵权诉讼中的效力判定问题

我国专利侵权诉讼为民事诉讼，人民法院在诉讼进程中无权对专利权效力进行审查判断。在专利侵权诉讼中，如果被控侵权人认为专利权效力存疑，其应当向国务院专利行政部门提起专利无效请求，由国务院专利行政部门作出审查决定，当事人对审查决定不服的，可以向人民法院提起行政诉讼。因此，从我国现行体制来看，专利权效力判定与专利侵权诉讼属于两个独立的"运行体系"，严格划定了人民法院司法判定的边界。如前文分析，该种分立模式存在一定的历史背景与现实基础，但其是否合理则有待探讨。笔者将在下文对我国专利侵权诉讼的司法运行现状及相关法院司法实践数据展开统计分析，并对专利侵权诉讼中的诉讼中止规则、现有技术抗辩规则展开讨论，在多角度考察的基础上，厘

---

❶　如北京市高级人民法院（2003）高行终字第60号案和（2003）高行终字第61号案，2004年9月9日，北京市高级人民法院《关于规范专利无效行政案件裁判文书主文的意见（试行）》。

清可能存在的问题。

一、专利侵权诉讼司法实践的统计分析

（一）司法实践数据

笔者对中部省份某省会城市中级人民法院（以下简称"W 市法院"）自 2015 年 1 月至 2022 年 12 月的全部专利侵权民事诉讼案件进行了统计分析，分析的对象包括发明、实用新型、外观设计专利侵权诉讼案件。W 市法院自 2015 年 1 月至 2022 年 12 月共受理专利诉讼案件 1800 件，其中发明专利案件 353 件，实用新型专利案件 682 件，外观设计专利案件 765 件；自 2015 年 1 月至 2022 年 12 月共结案专利诉讼案件 1543 件，其中发明专利案件 268 件，实用新型专利案件 618 件，外观设计专利案件 657 件。近年来，专利侵权案件数量呈现快速增长的趋势，其中因受疫情影响，2020 年度结案数 233 件，远高于收案数 120 件，结案数达到收案数的 2 倍，随后的 2021 年度和 2022 年度，专利纠纷案件呈现快速井喷态势。

从结案方式看，审理结案的 1543 件专利侵权纠纷案件中，判决结案 527 件，调解结案 51 件，撤诉结案 921，共计 1499 件，另有 44 件因管辖争议进行了移送。已结案件的调解撤诉率为 64.8%（见表 2-1、图 2-3）。

表 2-1　2015—2022 年度 W 市法院专利侵权收结案数

单位：件

年度	专利侵权纠纷收案数			专利侵权纠纷结案数					
	发明	实用新型	外观设计	发明	实用新型	外观设计	判决	调解	撤诉
2015	15	23	61	9	39	50	12	23	58
2016	10	7	8	12	5	24	16	3	21
2017	13	33	36	12	23	10	25	2	18
2018	17	131	101	21	121	104	90	1	146

续表

年度	专利侵权纠纷收案数			专利侵权纠纷结案数					
	发明	实用新型	外观设计	发明	实用新型	外观设计	判决	调解	撤诉
2019	38	223	138	12	175	81	91	4	169
2020	34	37	49	38	84	111	87	6	136
2021	118	98	165	73	72	97	85	5	141
2022	108	130	207	91	99	180	121	7	232

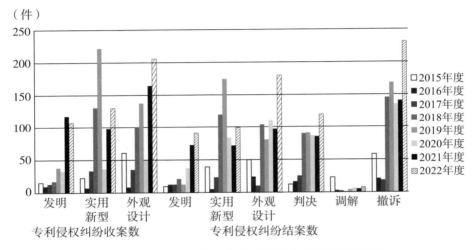

图 2-3　2015—2022 年度 W 市法院专利侵权收结案数

从审理时长（天数）来看，发明专利案件与实用新型专利案件、外观设计专利案件审理时长基本相当，并无明显差别，但发明专利案件因被提起无效而诉讼中止的案件明显少于实用新型与外观设计专利案件，因此，发明专利案件被诉讼中止后的审理时长明显长于实用新型与外观设计专利案件。所有诉讼中止案件平均审理时间接近已结案平均审理时间的 2 倍（见表 2-2、图 2-4）。

表 2-2 2015—2022 年度 W 市法院专利侵权平均审理时间统计

单位：天

年度	已结案平均审理时间			诉讼中止案件平均审理时间		
	发明	实用新型	外观设计	发明	实用新型	外观设计
2015	88	125	118	142	261	221
2016	109	118	132	211	241	265
2017	197	126	91	364	234	168
2018	105	119	126	226	208	226
2019	122	139	126	288	245	241
2020	164	139	127	341	233	243
2021	172	131	147	332	221	246
2022	164	141	148	358	256	266

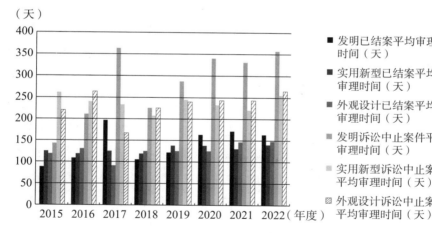

图 2-4 2015—2022 年度 W 市法院专利侵权平均审理时间

（二）司法统计数据分析

通过对 W 市法院 2015—2022 年度专利侵权案件的数据进行全样本统计分析可以发现，自该院知识产权审判庭于 2017 年成立后，集中管辖全省技术类纠纷案件，专利诉讼呈现出逐年增长态势。同时，最高人民法院于 2019 年挂牌最高人民法院知识产权法庭，专利案件的一审、二审管辖也出现了变化，一审由中级人民法院知识产权庭审理，二审"飞跃上诉"，由最高人民法院知识产权法庭审理。通过对上述司法统计数据的分析，现阶段专利侵权民事诉讼案件审理存在着以下特点。

首先，专利侵权案件数量呈现出不断增长的趋势，而且审理的难度不断加大。W 市法院近年来每年的知识产权案件整体收案量不断攀升（除 2020 年受疫情影响因素外），相对而言，专利案件（包括专利侵权纠纷案件）在所有收案数中所占比例并不高，但专利权纠纷案件审理占据了审判人员较大的工作量。专利侵权纠纷案件的复杂化与其技术性较强密切相关，但同时也与因提起无效请求而中止诉讼程序所带来的程序冗长具有不可分割的关系。随着专利案件的社会纠纷不断增多，如何简化、理顺专利侵权纠纷案件的审理程序，成为当务之急。

其次，专利侵权纠纷案件的审理时间较长，严重影响专利权效益的发挥，成为专利权人的负累。从统计数据可以看到，专利侵权纠纷案件尤其存在诉讼中止的案件，审理时限均较长，而这还只是其中民事侵权案件一审的审理时限，如果算上民事二审、国务院专利行政部门无效审理、行政诉讼一审、行政诉讼二审、国务院专利行政部门重作无效决定等程序，总体所耗时间是惊人的，对于专利权人而言成为"不能承受之重"。按照我国民事诉讼法的规定，民事纠纷案件的一审审理时限为 6 个月，也就是约 184 天，绝大部分的案件都在此时限内结案，但专利侵权民事案件的审理时间往往数倍于民事诉讼法所规定的时限要求，这与民事诉讼程序因无效请求而中止具有很大的关联性。从另一个侧面反映，专利侵权纠纷类案件的调解撤诉率高于普通知识产权类案件的一个重要原因就是，当事人在逾期审理的程序面前，往往会因诉讼成本高昂而作出妥协，避免进一步投入而耗费更多的时间、精力与费用。这于专利权人而言属于一种不正当的折损。另外，专利权有其市场生命周期，专利技术或设计在经过了较长的审查周期被授予专利权后，如果在一定的期间内一直处于权利效力不稳定的状态，将会减损其市场价值，也难以在市场上通过许可、转让获取应有的收益。反过来讲，针对部分不具有创新性的"垃圾专利",其通过诉讼对竞争对手的阻击以抢占市场,也能形成一种负面的"劣币驱逐良币"效应。

最后,从专利侵权民事诉讼与专利无效请求之间的关系来看,对于部分案件,专利无效抗辩请求人的目的就是阻碍侵权诉讼的进程,被控侵权人实际上具有明显的恶意,但为维护专利权的稳定性,程序也不得不中止。另外,某些明显不具有可保护特征的所谓专利权,也只能等待专利无效行政程序及无效行政诉讼的结果以继续审理。这些都给专利侵权案件的审理法院及当事人造成了沉重的负担。

二、诉讼中止：程序迟延的主因

（一）专利民事诉讼中止规则简述

民事诉讼中止,是指在诉讼进行中,由于某种法定事由的出现,使诉讼无法继续进行,由人民法院裁定暂时停止诉讼程序,待引起中止的原因消除后再恢复诉讼程序的制度。[1]知识产权诉讼中止主要包括以下三种情形:其一,知识产权权属未定的;其二,知识产权的效力产生争议的;其三,诉讼所依据的重要事实尚无结论的。[2]也有学者将知识产权民事诉讼中止分为四种类型:一是因知识产权权利归属产生的诉讼中止;二是因知识产权权利效力引起的诉讼中止;三是因不同知识产权之间的权利冲突引起的诉讼中止;四是因知识产权保护的方式不同引起的诉讼中止。[3]知识产权民事诉讼中止按照司法审判与行政程序交叉、司法审判的内部交叉可以分为基于知识产权行政确权的诉讼中止和基于知识产权诉讼交叉的诉讼中止。基于知识产权行政确权的诉讼中止主要分为专利权效力争议引起的诉讼中止、商标权效力争议引起的诉讼中止和其他知识产权确权争议引起的诉讼中止。而基于知识产权诉讼交叉的民事诉讼

---

❶　江伟.民事诉讼法学［M］.上海：复旦大学出版社,2005：351.
❷　张广良.知识产权实务及案例探析［M］.北京：法律出版社,1999：19.
❸　马东晓,吴世珍.知识产权诉讼的中止程序［J］.知识产权,2002（1）：34-38.

中止主要分为知识产权民事诉讼与刑事诉讼交叉引起的民事诉讼中止和知识产权民事诉讼与行政诉讼交叉引起的民事诉讼中止。相较于一般的民事诉讼中止规则，专利民事诉讼中止规则的特殊性包括：诉讼中止的事由较多、中止的期间较长、中止的情形常见、是否中止一般需要审判机关的审查判断等。

首先，诉讼中止的事由较多。专利民事诉讼中止除一般民事诉讼中所存在的事由外，更为常见的中止事由包括民事与行政、刑事诉讼交叉，民事诉讼与专利无效程序交叉等情形。其次，专利民事诉讼中止的期间较长。专利侵权民事诉讼一般要让位于无效行政程序与行政诉讼程序，待后续程序结果作出后方可恢复，中止的期间一般较长。法院中止期间有赖于无效宣告审查的时间和结果，无效宣告审查又因案多人少，造成案件大量积压，效率不高。❶民事诉讼中止期间因无效行政程序及诉讼程序的冗长而一般周期较长。最后，专利民事诉讼是否中止一般需要审判机关的审查判断。在一般的民事诉讼中，出现法定情形时即中止诉讼，但专利民事诉讼在很多情况下是否中止则需要审判人员作出裁断。

专利民事诉讼中止制度在专利司法保护中具有举足轻重的地位。由于整合知识产权审判力量，提高司法效率和司法权威是知识产权审判机制改革的方向❷，专利民事诉讼中止制度不仅影响专利民事诉讼效益的实现，而且关涉专利司法保护机制及司法保护与行政保护衔接机制等相关制度的协调。一方面，知识产权民事诉讼中止制度与知识产权保护的效率息息相关。《知识产权强国建设纲要（2021—2035 年）》提出了"进一步提高知识产权保护水平和保护效率"的要求。专利民事诉讼中止规则显然与该要求相悖，根据诉讼中止规则，民事诉讼会暂时停止，相应的诉讼进程也会向后推延，这无疑将增加诉讼进程所

---

❶ 姚兵兵 . 再谈专利侵权诉讼中止问题：以南京中院为实例［C］// 国家知识产权局条法司 . 专利法研究（2006）. 知识产权出版社，2007：335-343.

❷ 广东省高级人民法院民三庭 . 当前知识产权审判热点问题透视 第九届全国部分省市知识产权审判研讨会侧记［J］. 法律适用，2008（Z1）：180-182.

耗的时间，提高司法保护的成本。诉讼中止适用事由的合理确定，将决定诉讼中止出现的频率。诉讼中止在何时恢复审理，将决定中止所需的期间。这些都与专利司法保护效率的实现相关联。另一方面，专利民事诉讼中止规则与专利诉讼管辖、民事诉讼与行政程序之间的协调等息息相关。诉讼中止规则实际上关涉整个专利司法保护与无效程序的架构及其改造问题。

（二）我国专利民事诉讼中止规则存在的问题

我国专利领域实行侵权诉讼与无效程序绝对分立的模式。而专利权作为一种私权，同时需要国家机关对权利予以审查、授权，私权与公权的"碰撞"是诉讼中止适用较为频繁的主因。综合考察，我国现行专利民事诉讼中止规则，存在着中止规则适用条件模糊不清，中止期间过长，同一诉讼适用次数多等问题。

1. 基于专利行政确权的民事诉讼中止规则模糊

关于专利纠纷诉讼中止的主要适用依据是《最高人民法院关于审理专利纠纷案件适用法律问题的若干规定》第 4 条至第 8 条。这 5 项条款分别规定了申请诉讼中止的条件、可以不中止诉讼的情形、不应中止诉讼的情形，以及中止诉讼时的附带临时强制措施。归纳起来，对诉讼中止申请的处理主要分为三类。❶ 单纯从司法解释的规定来看，涉及行政确权时，不予诉讼中止的情形非常多，还规定了一个兜底条款"人民法院认为不应当"的情形。但是，司法解释规定存在着仅将诉讼中止的情形限定于知识产权侵权纠纷案件的"空白地带"，"理由明显不充分"的

---

❶ 首先，应当中止诉讼的情形：人民法院受理的侵犯实用新型、外观设计专利权纠纷案件，被告在答辩期间内请求宣告该项专利权无效的，除非存在特定情况。其次，可以不中止诉讼的情形：被告在答辩期间内请求宣告实用新型专利权无效，但原告出具的检索报告（修订后的《专利法》规定为"评价报告"）未发现导致实用新型专利丧失新颖性、创造性的技术文献的；被告提供的证据足以证明其使用的技术已经公知的；被告请求宣告该项专利权无效所提供的证据或者依据的理由明显不充分的；人民法院受理的侵犯发明专利权纠纷案件或者经国务院专利行政部门员会审查维持专利权的侵犯实用新型、外观设计专利权纠纷案件。最后，不应当中止诉讼的情形：人民法院受理的侵犯实用新型、外观设计专利权纠纷案件，被告在答辩期间届满后请求宣告该项专利权无效的；人民法院认为不应当中止诉讼的其他情形。

"模糊地带"等，并且存在多处需要"人民法院认为"的情形，导致了人民法院对于知识产权效力的稳定性判断往往"难于把握"，且易落于主观。如此导致了在专利司法实践中，诉讼中止规则的适用依然较难以把握。

2. 专利民事诉讼中止期间过长

民事诉讼中止是暂时停止案件的审理，待中止审理的原因消失后再恢复审理，为一项诉讼中的阶段性规则。诉讼中止设立的目的显然只是"暂时"停止诉讼，如果诉讼中止的期间过长，将有违民事诉讼中止制度之目的的实现。然而，在司法实践中，专利侵权诉讼中止的期间往往非常长，如中国航空工业总公司宏图飞机制造厂与江苏省常州新华昌国际集装箱有限公司专利纠纷一案❶，中止的期间高达 6 年，如果不是以调解方式结案，中止的期间可能会更长。专利侵权诉讼中止期间过长已成为一种常态，为当事人所诟病，不仅使权利受到损害的当事人对民事司法救助望而却步，而且易使不法侵害人利用程序空间拖延诉讼，获取不正当利益。

从规则适用的司法实践考量，专利侵权诉讼中止期间较长的原因可追溯于以下两项事由：一是专利侵权诉讼中止事由繁杂；二是专利侵权诉讼中止后恢复审理机制的缺失。首先，基于行政确权与诉讼交叉的专利侵权诉讼中止，需要等到行政确权最终决定和刑事、行政相关判决的作出。我国知识产权行政确权实行司法终局。国家专利行政机关对专利权的有效性或可撤销性的审查期间，一般在半年以上。国家知识产权行政机关审查完毕以后，当事人不服无效决定的，还可向人民法院起诉，人民法院经由两级审理后可判决维持或是由知识产权行政机关重作决定，

---

❶ 中国航空工业总公司宏图飞机制造厂与江苏省常州新华昌国际集装箱有限公司专利纠纷一案，经过一审判决后，当事人不服一审判决上诉至湖北省高级人民法院。在湖北省高级人民法院进行二审的期间，国家知识产权局应案外人的请求于 1996 年 9 月 19 日发出了撤销专利权请求的审查通知书。有鉴于此，湖北省高级人民法院于 1997 年 4 月 25 日裁定中止诉讼。而国家知识产权局的这一撤销审查，给当事人带来的就是 6 年的等待。国家知识产权局经过近 6 年的审理方才作出撤销涉案实用新型专利权的决定。决定作出后，江苏省常州新华昌国际集装箱有限公司不服该决定，随即向国务院专利行政部门请求复审。该案最终于 2003 年 10 月 20 日调解结案，前后历时达 7 年。

如此进入一个循环。这种循环机制使专利无效审查的期间被无限拖长，也导致诉讼中止可能无休止地持续下去。其次，我国专利侵权诉讼中止的恢复审理未有明确的规则。根据《最高人民法院关于适用〈中华人民共和国民事诉讼法〉的解释》第246条，恢复诉讼程序时，不必撤销原裁定，从人民法院通知或者准许当事人双方继续进行诉讼时起，诉讼中止的裁定即失去效力。我国立法及司法解释未赋予当事人申请已中止的诉讼恢复审理的权利，而是由人民法院通知或准许继续诉讼，其显然不利于诉讼的及时恢复。在知识产权民事诉讼中，很多情形下是否中止诉讼有赖于人民法院的裁断，亦即中止诉讼的情形是否已经消失并不是一个"非黑即白"的状况。如果不赋予当事人申请恢复诉讼程序的请求权，难以保护当事人的诉讼权利，也难以调动作为中立裁判者的人民法院恢复审理的积极性，在并无十分明显的已可恢复审理的情形时，诉讼可能仍然被搁置，导致诉讼中止期间过长。

3. 同一诉讼中出现多次中止

在我国专利侵权诉讼中止规则中，未限定同一案件中专利侵权诉讼中止的次数。在司法实践中，知识产权民事诉讼可能因诉讼交叉中止诉讼，也可能因行政确权中止诉讼。在专利侵权诉讼中止事由中，行政确权与民事诉讼的程序冲突会出现多次。当事人可以专利有效性要件缺乏为由申请专利无效，也可以专利权与在先权利冲突为由申请专利效力存疑。如果只要出现与本案相关的行政确权程序即中止民事诉讼程序的进行，将不可避免地会于同一民事诉讼中出现多次诉讼中止。

各级司法机关当前已认识到司法实践中出现的诉讼中止适用频率过高的问题。"关于专利审判的中止诉讼问题，要严格掌握，尽量缩短审理期限。对于被告在答辩期满后提出无效宣告请求的，一般不中止诉讼；对于发明专利纠纷案件，一般不中止诉讼；对于可以出不侵权结论的，无须等待国务院专利行政部门的无效宣告决定，不中止诉讼；对于已经做出无效宣告决定而一方当事人又提起行政诉讼的，应当根据涉案专利的稳定性，适时恢复审理，但不宜以尚未生效的决定作为裁判依据；在涉案专利的稳定性难以判断的情况下，权利人愿意提供有效担保的，可以不中止诉讼。"❶ 对知识产权诉讼中止规则的适用，需要更为审慎适用，这一方面说明了在现阶段的知识产权审判实务中，诉讼中止适用的频率已经影响了纠纷解决效率的实现，甚至违背了知识产权保护的初衷；另一方面也说明，知识产权诉讼中止制度适用频率的降低，尚需通过理论研究的不断深入，从司法体制、立法与司法解释各个层面予以完善。

（三）专利诉讼中止规则不足之原因分析

我国专利无效中止规则主要包括两个方面的不足之处，一是现行专利立法中主要通过司法解释等"补漏型"的方式确立规则，二是将专利无效诉讼与专利侵权诉讼割裂开来，未能实现程序规则之间的有序结合。

1. 补漏型立法带来的中止规则粗陋

我国现行法律（狭义的法律）中并无专利诉讼中止的相关规则，只在司法解释中有所体现，在立法方面较为粗疏。首先，专利侵权诉讼中止规则未能在法律中体现出来，特别是在知识产权专门立法中无任何条文规定。专利侵权诉讼中止作为一项专门制度，不仅应在民事诉讼中作出梗概性的规定，更应在知识产权专门立法中作出可操作性的具体规定。然而，在我国《专利法》2009 年、2020 年的全面修订中，并未涉及专利行政确权与专利司法救济并存时的诉讼中止适用规则，遇此情况时仍只能适用《最高人民法院关于审理专利纠纷案件适用法律问题的若干规定》第 4 条至第 8 条的规定。对于将专利侵权诉讼中止规则规定于知识产权专门立法中，可能存在以下疑问，即知识产权各专门立法为实体法的范畴，而诉讼中止属于程序事项，两者会不会冲突？这一疑问大可不必，因为专利侵权诉讼中止制度并非一项纯粹的程序制度，众所周知，其与专利无效制度有着不可分割的关系，同时其属于专利保护的一项基本制度，在专门立法中作出规定并无不妥。因此，应在知识产权专门立法中

---

❶ 陶凯元. 进一步加强知识产权审判工作努力建立公正高效权威的知识产权审判制度：在全省法院知识产权审判工作会议上的讲话［G］//曹建明. 知识产权审判指导（2007 年·第 2 辑）. 北京：人民法院出版社，2007：39.

对诉讼中止作出详尽规定。其次，现有关于专利侵权诉讼中止的司法解释过于简略，侵权诉讼是否中止往往依赖人民法院在个案中的自行判定。

2. 专利无效程序与侵权诉讼的割裂

基于专利权效力争议引起的诉讼中止最为普遍。司法实践中，对于诉讼中出现需要行政确权的情况下，是否应中止诉讼，在何种情况下适用或不适用诉讼中止，一直就是一个十分难于权衡的问题。例如，在专利侵权诉讼中，如果在国务院专利行政部门的裁决生效之前作出侵权认定，有可能错误地追究被控侵权人的法律责任；但要等到国务院专利行政部门的裁决生效之后，再就是否侵权的问题作出判决，又不利于及时维护专利权人的合法权益。这里实质涉及纠纷解决效率与裁判安定性之间的冲突问题。而这些问题主要由专利无效行政程序与专利侵权民事诉讼的割裂所引发。

在司法审判的过程中，一旦出现诉讼所涉专利权因效力争议须由行政机关予以审查时，诉讼即告中止。这也是导致专利侵权诉讼中止频率高的缘由之一。专利权的取得，须由行政机关予以授权。行政机关的决定或裁定就成为知识产权效力稳定性的一个依据。在现代国家权力体系中，行政权与司法权分立，司法机关不可任意推翻行政机关所作的决定。而在我国，知识产权行政确权程序与民事司法审判程序无论在程序上还是在国家机关的管辖上，都缺乏衔接机制。当事人以专利侵权或是其他纠纷提起民事诉讼，是在部分中级人民法院提起，对判决结果不服的，向最高人民法院知识产权法庭上诉。对专利权效力存疑或是认为存有可撤销理由时，则是向国家专利行政管理机关提起无效请求，由内设于行政机关的国务院专利行政部门进行无效审查。对审查决定不服的，当事人向北京知识产权法院提起行政诉讼，进而上诉到最高人民法院知识产权法庭。

（四）专利诉讼中止规则的不利影响

我国专利侵权诉讼中止制度存在诸多的弊端，这些问题源于我国专利行政确权、司法保护体制本身以及这些制度间衔接机制的不完善。法律是维系社会运行的规则，法律制度上的不完善必将带来社会活动中的一系列不良后果。我国现行专利侵权诉讼中止适用的事由不明确、中止期间过长、适用的频率过高等带来与专利相关的市场竞争秩序紊乱、专利资源效益低下、公众对专利司法保护不信任、当事人和国家机关纠纷解决成本的上升等。

1. 增加当事人权利实现的成本

法律制度的效率价值包含对诉讼效益即"成本收益"的分析。法律的经济分析通过对法律规则（Doctrine）进行成本和收益分析及经济效率分析，使我们可以就法律实施的结果得出结论，并对特定法律安排的社会价值作出评价。❶尽管法律制度并不像经济制度一样能够有一个量化的支出与收益分析模式，但诉讼中的成本支出还是能通过一些标准予以计量的。

棚濑孝雄将"生产正义的成本"分为国家负担的"审理成本"和当事人负担的"诉讼成本"。❷当事人所负担的"诉讼成本"包括经济支出如诉讼费用、律师代理费、差旅费用等，时间支出如因诉讼所耗费的时间，以及人力成本支出。当然还有隐性成本的支出，如专利资源效益的有限发挥。我国专利民事诉讼因频繁和过长的诉讼中止提高了当事人为保护权利所支出的成本。国外有一些关于诉讼成本转嫁的做法，如《德国联邦律师收费规则》对律师的收费作了具体规定，在胜诉或部分胜诉的案件里，胜诉方可以请求败诉方对必要的诉讼费用进行补偿，包括律师费。❸在我国，律师费一般由权利被侵害的一方自行承担，使权利实现的成本徒增。

2. 增添国家机关的负担

诉讼不仅是一项耗费当事人资源，需要由当事人支出成本的活动，对于国家机关而言，亦是一种负担。因为权利是昂贵的，救济也是昂贵

---

❶ 罗宾·保罗·麦乐怡. 法与经济学［M］. 孙潮，译. 杭州：浙江人民出版社，1999：2.

❷ 棚濑孝雄. 纠纷的解决与审判制度［M］. 王亚新，译. 北京：中国政法大学出版社，1994：102–186.

❸ 米夏埃尔·施蒂尔纳. 德国民事诉讼法学文萃［M］. 赵秀举，译. 北京：中国政法大学出版社，2005：780.

的，实施权利有花费，特别是统一而公平地实施。几乎每一项权利都蕴含着相应的政府义务。❶ 国家机关为维持社会的有序运转，需要对社会成员之间的纠纷进行妥当解决。解决纠纷的需要使当事人不得不为之耗费巨大的资源。同时，司法资源也是一种有限的资源。部分当事人对司法资源的过度占用将挤占其他主体对司法资源的利用，即堵塞了其他社会主体寻求司法救济的途径。资源的占用使得国家机关要投入巨大的成本。"成本不仅是机会和选择联系在一起的，而且是一个用机会和选择才能得到说明的东西。"❷ 诉讼的拖延对司法资源的占用，不仅使其他社会主体利用司法资源的机会降低（如诉讼排期会因此受到影响），而且使当事人的选择成本上升。

专利侵权诉讼中止规则的过度司法适用，带来的不仅是国家司法机关负担的加重，也是国家专利行政机关负担的加重。专利民事诉讼与行政确权之间衔接机制的缺乏，使得当事人可能会为拖延诉讼而恶意地向专利行政机关提出权利效力的异议。另外，专利行政机关对专利权利效力进行审查后，在行政诉讼中会进行再次审查，降低行政机关的效率。专利行政确权与司法审判的脱节不仅增添了国家司法机关的负担，而且加大了行政机关的工作量。

3. 破坏社会对专利司法保护的信任

专利侵权诉讼中止制度的缺陷导致专利民事诉讼的拖沓。意大利学者卡佩莱蒂认为"久长的裁判是恶的裁判。诉讼过分迟延等同于拒绝裁判"❸。这一论断与"迟来的正义非正义"有异曲同工之妙。两者均表达了拖沓的诉讼程序实质是对司法保护机制效用的破坏。专利权利人在权利遭受损害后通过民事司法途径向人民法院寻求救济之道，在诉讼的进程中诉讼被长时间地中止，即使最后判决支持了其诉讼请求，权利人的权利也未能得到切实的保护，且不论诉讼中时间成本及经济成本的支出，

---

❶ 史蒂芬·霍尔姆斯. 权利的成本：为什么自由依赖于税［M］. 毕竞悦，译. 北京：北京大学出版社，2004：26.

❷ 张军. 走近经济学［M］. 北京：生活·读书·新知三联书店，2001：39.

❸ 莫诺·卡佩莱蒂. 当事人基本程序保障与未来的民事诉讼［M］. 徐昕，译. 北京：法律出版社，2000：40.

单是漫长等待中的精神折磨足以使当事人对司法保护丧失信心。

在专利民事诉讼中，相较于其他类型的民事案件，一个显著的特点是调撤率较高。专利诉讼是一种技术性较强的案件，诉讼当事人之间一般为非社会交往集群的市场主体，而且专利案件所涉的标的额一般高于普通民事案件。为何专利民事诉讼的调撤率如此之高呢？这与专利诉讼中止较为频繁密不可分。以中国航空工业总公司宏图飞机制造厂与江苏省常州新华昌国际集装箱有限公司专利纠纷一案为例，当事人在经过了6年的诉讼等待之后，双方以调解结案。因为如果双方不同意妥协，将进入国务院专利行政部门的程序，甚至对国务院专利行政部门的决定不服，可向北京市第一中级人民法院提起行政诉讼，对一审判决不服，还可上诉到北京市高级人民法院，诉讼将无休止地被延宕。在诉讼中止拉锯战的战略权衡中，原告知道一旦被告向专利行政部门请求确认专利权无效，其就有可能彻底丧失权利，即使没有丧失权利，也将经历漫长的等待。在这种情况下，原告必定投鼠忌器，只有选择接受调解或是撤诉以达成妥协。这种不自愿的行为将导致当事人对专利司法保护丧失信心，同时社会公众也会失去对司法机关的信任。

4. 阻碍专利资源效益的发挥

专利是一项资源，其资源效益的发挥一方面来自其自身科技含量及智慧成果的品质高低，另一方面需要依靠一个完备的保护机制。现行专利民事诉讼及行政确权机制缺乏合理的衔接，一旦当事人提起专利权效力异议，专利权利将处于不稳定状态。一项不稳定的权利是难以发挥其经济效益的。该项不稳定的专利不仅在转让、授权等方面存在困难，而且在企业与他方合作的过程中将降低其参与的筹码。专利民事司法保护的拖沓也会降低专利资源效益本身的发挥。专利的权利效力具有时间性，如专利发明的保护期为20年。我国司法实践中的专利侵权诉讼中止动辄长达数年，使原本期限并不长的专利权利难以有效发挥其经济效益。

5. 扰乱正常的市场竞争秩序

21世纪是知识经济的竞争，无形财产权占据着巨大的市场，专利对于科技含量高的企业可谓举足轻重、关乎存亡。自专利制度建立以来，专利法律规则起着规制专利正常的市场竞争秩序的作用。专利制度的运行依靠专利实体法律制度的作用，专利的保护则依赖于程序法律制度的规制。我国现阶段专利侵权诉讼中止规则的不完善使专利司法保护未能发挥其应有的效用，从一定程度上纵容了扰乱正常市场竞争秩序的行为。

现阶段下的专利侵权诉讼中止过长过频的适用，使专利民事诉讼的周期普遍较长，一旦当事人利用程序权利使诉讼中止后，权利人所寻求的权利救济将变得遥遥无期。侵权人往往利用这一程序机制施行不正当的竞争行为。权利人针对侵权人的行为提起民事赔偿时，侵权人无论是否有得以成立的理由，为拖延诉讼的进程，会向国家专利行政机关提请专利权利效力的异议，国家行政机关一旦启动审查程序，在现行专利诉讼中止制度规则下，人民法院不得不因等待行政机关结论的作出而中止诉讼。侵权人的侵权行为无法通过司法程序对其予以迅速惩处，使其侵犯专利的行为难以付出较大的现实成本，正常的市场竞争秩序无以维护。

第四节　专利侵权诉讼与无效程序之冲突

如前述及，专利诉讼的拖沓与冗长，一方面源于专利本身的专业性与复杂性，另一方面源于专利诉讼中各程序之间潜在的冲突。程序冲突从诉讼程序规则上所体现出的典型特点是诉讼中止的高频度适用。专利侵权诉讼与专利效力判定程序的分立，使得两者之间的程序冲突存在着多种可能性，既包括侵权诉讼与无效行政程序之间的冲突，也包括侵权诉讼与无效行政诉讼之间的冲突，如此不一而足，下文将从两个司法实践典型案例入手展开讨论。

一、典型案例介绍

（一）"防电磁污染服"专利纠纷案

该案所涉为"防电磁污染服"实用新型专利权，专利号 ZL200420091540.7（以下简称"防电磁污染服专利"）❶。原告认为两被告生产、销售的"防电磁污染服"侵犯了其专利权，故向人民法院起诉请求停止侵权并赔偿。本案的核心争议在于对"防电磁污染服专利"中"导磁率高"的理解问题。

在该案中，被告抗辩认为原告所称技术不应被授予专利权。成都市中级人民法院审理认为，原告的"防电磁污染服"专利权依法应受法律保护，因为"专利的授予系行政程序，不属于法院审查范围，故对添香公司关于柏某清不应被授予涉案专利的辩称不予审查"。一审法院经比对认为，"原告所举证据材料不足以证明被控侵权产品落入其专利保护范围"，并对添香公司是否享有先用权、是否使用了现有技术及其赔偿责任问题以及双方当事人为证明上述问题所举的证据材料不再审查认定。最终一审法院据此驳回了原告的诉讼请求。

原告不服，向四川省高级人民法院提起上诉，认为被告产品构成侵权。被告则认为，原告的防辐射技术在 1999 年已大规模使用于服装，该所谓的"专利技术"实际上属于现有技术，故被告不构成侵权。二审法院审查认为，上诉审的焦点集中在"两被告生产、销售的被控侵权产品是否侵犯了原告专利权"，涉案专利文件中的"导磁率高"是否具有确切含义并可予保护。二审法院认为，涉案专利的权利要求 1 对其所要保护的"防电磁污染服"所采用的金属材料限定为"导磁率高"的材料，该术语的含义具有不确定性，且在其权利要求书的其他部分以及说明书中均未对"导磁率高"的具体数值范围进行限定，"也未对影响导磁率的其它参数进行限定"❷，因此，原告的侵权主张不能成立。最终二审法院驳回

---

❶ 参见四川省成都市中级人民法院（2010）成民初字第 597 号民事判决书。
❷ 参见四川省高级人民法院（2011）川民终字第 391 号民事判决书。

上诉，维持原判。

其后，原告向最高人民法院申请再审。补充提交了相关证据材料以"证明本领域中'高导磁率'系频繁使用的技术术语，本领域技术人员能够理解其含义"。最高人民法院经审查后认为，对"高导磁率"的含义或范围并不能作出一致性的认定，最终驳回了原告的再审申请。❶

（二）"静电式烟雾净化设备"专利纠纷案

尤某与佛山市顺德区永冠环保实业发展有限公司（以下简称"永冠环保公司"）及广州市四海印花有限公司（以下简称"四海公司"）侵害实用新型专利权纠纷一案，经过了民事一审、二审、再审❷；同时经历了专利无效行政程序、无效行政诉讼一审、无效行政诉讼二审等程序。❸ 最终因民事二审结果与行政二审结果相左，启动了最高人民法院的民事诉讼再审程序。

2009年12月，尤某在广东省佛山市中级人民法院起诉永冠环保公司、四海公司生产、销售的产品侵犯其"静电式烟雾净化设备"实用新型专利（以下简称"烟雾净化专利"）。永冠环保公司（生产商）提出了专利权无效的答辩，认为专利权丧失新颖性，并指出永冠环保公司已经就涉案专利向国家知识产权局专利复审委员会提出了请求宣告涉案专利权无效的请求。永冠环保公司认为，由于无效请求已被国家知识产权局专利复审委员会受理，故提出了中止该专利侵权诉讼案件审理的申请。另外，永冠环保公司还认为，原告尤某的"烟雾净化专利"缺乏新颖性，依法不应授权，并提出现有技术抗辩，抗辩主张永冠环保公司的被控侵权产品，采用的是现有技术。

---

❶ 参见最高人民法院（2012）民申字第1544民事裁定书。
❷ 参见：广东省佛山市中级人民法院（2009）佛中法民知初字第252号民事判决书；广东省高级人民法院（2011）粤高法民三终字第20号民事判决书；最高人民法院（2011）民申字第923号民事裁定书、（2011）民申字第923-1号民事裁定书；（2014）民提字第47号民事裁定书。
❸ 参见：国家知识产权局专利复审委员会第16639号实用新型专利无效宣告请求审查决定；北京市第一中级人民法院（2011）一中知行字第2230号行政判决书；北京市高级人民法院（2012）高行终字第678号行政判决书。

佛山市中级人民法院经审理，首先驳回了永冠环保公司提出的中止审理请求。佛山市中级人民法院驳回永冠环保公司中止审理申请的原因是根据《最高人民法院关于审理专利纠纷案件适用法律问题的若干规定（2001）》第10条，由于永冠环保公司是在答辩期间届满后方请求涉案专利权无效，故不予中止侵权诉讼案件的审理。其次，关于永冠环保公司认为尤某的专利权丧失新颖性，依法不应授权的问题，佛山市中级人民法院认为，专利权是否具备新颖性的问题不属于人民法院进行评价的职权范畴，并且原告尤某在起诉时提交了涉案实用新型专利检索报告，该检索报告初步认定原告专利的五项权利要求均符合专利法关于新颖性和创造性的相关规定，在该专利权被行政机关依法宣告无效前，其专利权依法应受保护。最后，佛山市中级人民法院也驳回了被告的现有技术抗辩。永冠环保公司在该案中提出了一份现有技术对比文献。法院经审查认为，被告永冠环保公司所提交的现有技术比对文献未证明文献的来源，也没有提供比对文献的形成时间是否早于涉案专利申请时间，并且经比对没有发现原告专利中的相关必要技术特征。最终，佛山市中级人民法院判定，永冠环保公司的被控侵权产品侵犯了原告的专利权，被告应承担停止侵权并赔偿原告损失12万元。

佛山市中级人民法院的一审判决作出后，被告永冠环保公司不服该一审判决，向广东省高级人民法院提出了上诉。二审人民法院经审理认为，一审法院依据《最高人民法院关于审理专利纠纷案件适用法律问题的若干规定》第10条，对该案不中止审理的处理是正确的。对于一审法院认为，永冠环保公司提出的涉案专利缺乏新颖性，不应授予专利权的主张，由于对专利权效力的评价不属于法院的职权范畴，依法不予认可。二审法院经技术比对，认为永冠环保公司和四海公司的被控侵权产品落入原告专利的保护范围，并且被告永冠环保公司的现有技术抗辩主张不能成立。综合上述判定，二审法院驳回了永冠环保公司的上诉，维持原判。

2011年5月24日，国家知识产权局专利复审委员会作出了第16639号专利无效审查决定书，认定尤某的"烟雾净化专利"五项权利要求全部无效。永冠环保公司据此向最高人民法院申请对广东省高级人民法院的终审生效判决提起再审申请，请求依法撤销一审与二审作出的侵权判决。针对永冠环保公司的再审请求，被申请人尤某提出答辩意见认为，对于申请人所提交的国家知识产权局专利复审委员会第 16639 号专利无效审查决定书，被申请人尤某已经向北京市第一中级人民法院提起行政诉讼，该决定并未产生法律效力，不足以推翻原审已生效判决。最高人民法院经审查后再次作出裁定，中止该实用新型专利权侵权纠纷案件的再审审查，并中止原生效判决的执行。其后，北京市第一中级人民法院作出（2011）一中知行字第 2230 号行政判决，维持了国家知识产权局专利复审委员会第 16639 号无效审查决定。尤某对北京市第一中级人民法院的行政一审判决不服，上诉至北京市高级人民法院。2012 年 12 月 14日，北京市高级人民法院经审理作出（2012）高行终字第 677 号二审行政判决，驳回上诉人尤某的上诉请求，维持一审判决。

2013 年 8 月 2 日，永冠环保公司申请对专利侵权案件恢复再审审查。2013 年 11 月 5 日，最高人民法院作出（2011）民申字第 923-1 号民事裁定书，裁定再审审查终结，并提审该案，启动民事再审程序。最高人民法院经再审审理后认定，原告在原专利侵权诉讼中所诉请主张的专利权已被宣告无效，根据《专利法》第 47 条之规定，"被宣告无效的专利权视为自始即不存在"，故原告尤某自始不享有涉案专利权，其起诉不符合民事诉讼法的规定，应当予以驳回，故裁定撤销佛山市中级人民法院、广东省高级人民法院侵权民事判决并驳回尤某的起诉。该案至此才尘埃落定。

二、程序冲突的类型归纳

（一）侵权诉讼与行政无效程序之冲突

我国实行专利权效力的行政判定模式，也就是对于专利权效力的判定，只能通过专利无效行政程序及无效行政诉讼的路径，而不能直接在专利民事侵权诉讼中进行认定。这种"单轨制"的专利权效力判定模式，形成了专利侵权诉讼与专利行政无效程序及专利无效行政诉讼程序结果冲突的可能性。

首先，人民法院在审理专利侵权纠纷案件的过程中，能否对明显不具有可保护性的专利权作出不予保护的认定。正如"防电磁污染服"案件中最高人民法院所指出的："准确界定专利权的保护范围，是认定被诉侵权技术方案是否构成侵权的前提条件。"从专利授权的角度来讲，一项保护范围不清晰的专利技术或设计是不符合专利授权条件的。也就是说，对于保护范围不清晰的专利权，实质上属于一项应认定为"无效"的专利权。按照专利无效的程序，该专利应经由专利行政机关判定为无效。但在专利侵权诉讼中，如果遇到可能属于无效的专利权，将侵权诉讼中止以待专利行政机关的无效决定再恢复审理，那么专利权保护的效率将难以实现。而针对"保护范围不清"的专利权人的侵权指控，通过因无法确定保护范围而不认定为侵权，则可以"绕开"对专利权效力的判定，直接在侵权诉讼中作出不予保护的认定，不对专利权效力作出直接认定，"既能发挥法院在个案中的纠纷解决职能，又可将复杂的效力判断委诸行政无效程序"❶，便能有效化解可能存在的程序上的冲突。

其次，在专利侵权诉讼中，被控侵权人在提出专利权应属无效的抗辩时，往往会向国务院专利行政部门提起无效请求，这样国务院专利行政部门的无效行政程序与人民法院的专利侵权诉讼程序就会产生冲突。在现行专利法及民事诉讼法的框架下，专利侵权诉讼往往会中止审理以待专利无效结果，以免冲突的产生，但同时也会带来诉讼迟延的不利后果。

（二）侵权诉讼与无效行政诉讼之冲突

专利侵权诉讼与专利无效行政诉讼分属不同审理法院审理的模式容易带来审理结果的冲突。一方面，不同的审理法院对相同或相似的事实

---

❶ 朱理. 专利民事侵权程序与行政无效程序二元分立体制的修正［J］. 知识产权，2014（3）：37-43.

以及法律问题可能有不同的认识；另一方面，由于专利侵权诉讼采取的是民事诉讼审理模式，而专利无效则采取的是行政诉讼模式，二者在当事人主体地位、举证责任、审理对象等方面均存在着较大的差异，审理结果上的差异也就在所难免。

专利侵权民事诉讼与专利无效行政诉讼的冲突主要在于，在专利侵权诉讼中如果被控侵权人提起了专利无效请求，那么人民法院可能中止民事诉讼程序，也可能经审查后认为不应中止民事诉讼。如果人民法院没有中止民事诉讼程序，那么侵权诉讼中以专利权的有效性推定为前提，审理后可能得出专利侵权的结论，而专利无效行政程序及行政诉讼经过对专利权效力的审查，最终可能认定专利权应属无效，这样两者之间就产生了冲突，"烟雾净化设备"专利纠纷案即为一例。如果人民院中止了民事诉讼程序，但由于专利无效行政程序与无效行政诉讼一审与无效行政诉讼二审均需要较长的时间，民事诉讼不可能无休止地中止下去，一般审理专利侵权纠纷的人民法院在国务院专利行政部门作出无效决定后，会恢复侵权诉讼的审理，根据国务院专利行政部门的无效决定作出是否侵权以及应否驳回起诉的判定。而在后的专利无效行政诉讼可能撤销国务院专利行政部门作出的无效决定，这样也会产生侵权诉讼裁判与无效行政诉讼裁判结果之间的冲突。

对于专利侵权民事诉讼裁判与专利无效行政诉讼裁判结果之间的冲突，应否针对其中某一生效裁判结果启动再审程序，对哪一裁判结果启动再审程序，均存在不一致的认识。从裁判的既判力上来看，侵权民事诉讼的生效裁判与无效行政诉讼的生效裁判，均具有既判力，一般而言，侵权民事诉讼的判定结论在前，但侵权民事诉讼所针对的仅为涉案专利是否侵权问题，也就是说，专利侵权民事诉讼的裁判仅仅限定于专利权的侵权比对是否成立，而对于专利权的效力则推定为有效。一旦无效行政诉讼的生效裁判最终认定国务院专利行政部门的无效认定合法，那么专利权的效力即被推翻，侵权诉讼的判定结论之前设条件"专利权推定有效"也被推翻，对于专利侵权纠纷而言存在"错案风险"，根据现行民事诉讼法的规定，可以被启动再审程序。当然，从另一个角度而言，如果当事人认为无效行政程序的生效裁判对于国务院专利行政部门的无效决定合法性认定错误，其也可以依据行政诉讼法的规定申请启动对无效行政诉讼裁判结论的再审。这样，孰是孰非实际上难于确认，司法机关将陷入两难境地。

本章小结

我国专利法发展的起步较晚，但近年来发展极为迅速，专利制度及专利机关的架构正不断完善并朝着专业化方向发展，尤其知识产权法院的设立翻开了我国专利事业发展的新篇章。当然，目前我国专利制度仍然存在诸多不足之处亟待完善。

在专利无效行政程序方面，我国现行专利无效实行的是由国务院专利行政部门审查的"单轨制"，人民法院仅能审查专利行政决定的合法性，不能在行政诉讼程序中直接对专利权的效力作出认定，更不能在民事侵权诉讼中对专利权效力作出判定。对于国务院专利行政部门的无效审查程序，依据其对作为专利权的私权作出"居中裁断"的属性，应当定性为"准司法程序"更为妥当，也更具效率。在我国专利无效行政诉讼中，对专利权的效力不能直接作出认定，但仅针对"判决主文"，因此，司法机关对专利权效力的判定实际上存在一定的探讨空间。

在专利无效司法程序方面，通过对我国侵权诉讼司法实践统计数据的分析可以发现，专利侵权案件数量呈现出不断增长的趋势，而且审理的难度不断加大。专利侵权纠纷案件的审理时间过长，大量被中止，严重影响到专利权效益的发挥，成为专利权人的负累。而从专利侵权民事诉讼与专利无效请求之间的关系来看，对于部分案件，被控侵权人存在恶意通过专利无效抗辩阻碍侵权诉讼进程的意图，但为维护专利权的稳定性，程序也不得不中止。而我国目前的专利诉讼中止制度存在诸多缺陷，专利无效抗辩也难以达到实际效果，应予改进、完善。

在司法实践中，专利侵权诉讼与专利无效行政程序及专利无效行政诉讼程序均存在着潜在的冲突可能性。程序冲突的类型主要包括专利侵权诉讼与专利无效行政程序之冲突，以及专利侵权诉讼与专利无效行政诉讼之冲突。侵权诉讼与行政程序之间的绝对分离是造成程序冲突的主因，而程序的冲突往往会降低人民法院的审判效率，也影响当事人权利的稳定性，违背专利制度保护的初衷。对专利无效制度的完善应当立足于程序改造以协调或减少程序冲突的可能性，实现专利制度的高效运行。

第三章

专利权效力司法判定程序的比较考察

专利权效力的再审查与再判断是专利法上非常重要的制度之一，世界各国各法域均有相应的法律规定与制度设计。但囿于不同法系、不同国家法律传统及司法体系的差异，各国在专利权效力司法判定的程序机制设定上，均存在或多或少的差异。世界上较具有代表性的典型国家包括美国及日本，两国在创新科技发展上均处于世界较为领先的地位，在创新保护包括专利司法体系方面，具有较为完备的制度设计。我国专利法及专利行政管理与司法审判体系在党的十八大后进行了一系列深入的改革，在专利管理与司法审判质效方面均取得了长足的发展进步。通过对不同国家和地区专利权效力司法判定程序的比较考察，对我国进一步完善相关法律制度及行政管理与司法体系改革具有重要的借鉴意义。

第一节　美国专利权效力判定体系

美国存在着联邦法与州法并行的两套制度体系，与之相应也存在着平行的联邦法院与州法院系统。美国联邦法院拥有专利诉讼民事案件的独占管辖权（Exclusive federal patent jurisdiction）。专利侵权、专利权无效、专利权属纠纷等一系列相关专利诉讼案件，均由当事人向美国联邦地区法院起诉，上诉审法院为联邦巡回上诉法院（CAFC）。同时，对专利权效力的再审查或无效请求，也可由专利权人或第三人向联邦专利商标局（PTO）、专利审理与上诉委员会（PTAB）❶提起，对 PTO、PTAB 的决定不服的，可以上诉至联邦巡回上诉法院。简言之，对专利权效力的挑战同时存在着司法机关专利无效请求确认诉讼（包括专利侵权诉讼中的无效反诉及无效抗辩）与行政机关专利再审查与无效请求的"双轨

---

❶　2011 年的《美国创新法案》（AIA 法案）将"专利申诉与抵触委员会"（BPAI）变更为"专利审理与上诉委员会"（PTAB）。

制"❶，美国联邦巡回上诉法院和美国联邦最高法院作出一系列重要判决，明确指出美国专利商标局专利审理和上诉委员会程序的基本性质是行政确权❷。

一、美国专利无效诉讼制度

美国专利无效诉讼制度具有悠久的历史，始见于美国建国后第一部专利法，被告可就诉争专利提出无效抗辩。❸虽然美国法上的专利无效制度延续至今，但在 1988 年曾因 Constant 诉 Advanced Micro-Devices 公司一案❹产生过是否违反美国宪法的争议，美国最高法院最终维护了专利无效诉讼的合宪性，并得以不断发展完善。

（一）联邦专利法院系统的设置与改革

美国属于联邦制国家，联邦与各州之间的司法管辖权依据争议所涉的法律规范由何者制定而确定，根据《美国联邦宪法》第 1 条第 8 款第 8 项，专利相关规则由美国国会立法，所以专利诉讼案件均由联邦法院专属管辖，联邦地区法院对专利一审案件均有管辖权，二审由联邦巡回上诉法院管辖。第三审则为美国联邦最高法院。其中，二审法院的司法管辖权，以 1982 年为分水岭，经历了一次较大的变革。1982 年之前，美国当时的 12 个联邦上诉法院❺均拥有对专利二审案件的管辖权，按照区域分别受理联邦地区法院的上诉案件。这种与一般诉讼案件管辖无异的模式，形成了联邦各上诉法院对同类案件差异化的判断。由于专利权为无

---

❶ 左萌，孙方涛，郭风顺.浅析美国专利无效的双轨制［J］.知识产权，2013（12）：92-97.

❷ 刘洋，刘铭.判例视野下美国专利确权程序的性质研究：兼议我国专利无效程序的改革［J］.知识产权，2019（5）：95-108.

❸ Sean T. Carnathan. Patent Priority Disputes—A proposed Re-Definition of First-to-Invent［J］. Alabama Law Review, 1998（Spring）：755-815.

❹ Constant v. Advanced Micro-Devices, Inc. 848 F.2d 1560（Fed. Cir. 1988），cert. denied, 488 U.S. 892（1988）.

❺ 包括美国联邦第一至第十一上诉法院，以及美国哥伦比亚特区巡回上诉法院。

形财产权，其侵权行为实施地、侵权结果发生地等管辖系属地可能为多个地方，而且针对同一专利权的侵权行为也可能同时在多个区域范围内发生，当事人出于诉讼利益最大化的考量，形成了"选择法院"❶的不利局面，对专利案件的管辖均衡造成了冲击。为弥合择地起诉对专利司法管辖造成的冲突，同时为整合司法资源，美国国会成立了"联邦上诉制度修正委员会"，并委托以哈佛大学弗洛伊德（Freud）教授为负责人的团队开展上诉制度改革的研究。在经历过数轮的提议、修改、论证后，1982 年，里根总统签发了《美国联邦专利改革法案》（The Federal Court Improvement Act）。《美国联邦专利改革法案》无疑在美国专利制度史上留有"浓墨重彩"的一笔。根据该法案，国会将"赔偿法院"（Courts of Claims）与"关税与专利上诉法院"（Court of Customs and Patent Appeals，CCPA）合并成立了一个集中受理专利等上诉案件的联邦巡回上诉法院，设于华盛顿特区，由该院独占享有各个联邦地区法院专利等诉讼上诉案件以及不服联邦专利商标局决定的上诉审管辖权。联邦巡回上诉法院的设立旨在解决美国 12 个联邦上诉法院在类似案件上所存在的迥异判决结果❷，以及由此所导致的当事人"择地起诉"问题。当然，联邦巡回上诉法院成立后的司法实践证明，其"带来了专利审判的统一性与专业化"❸，也有效弥合了不同地区法院以及相对应的巡回上诉法院之间的审判尺度差异。

美国联邦法院实行三审终审的金字塔型（或称圆锥形）审判系统。❹在美国联邦法院系统中，巡回上诉法院属于中间层级，受理来自联邦地区法院的上诉案件，对巡回上诉法院判决不服的案件，可以上诉至联邦最高法院。由于美国联邦最高法院实行"调卷令"（Writ of Certiorari）制

---

❶ Kevin A. Meehan. Shopping for Expedient, Inexpensive & Predictable Patent Litigation［J］. Intellectual Property & Technology Forum at Boston College Law School, 2008: 1–15.

❷ 孔译珞. 专利专门性法院的先驱者：美国联邦巡回上诉法院的发展［J］. 知识产权，2014（4）：84–88.

❸ Emmette F. Hale. The 'Arising under' Jurisdiction of the Federal Circuit: An Opportunity for Uniformity in Patent Law［J］. Florida State University Law Review. Summer, 1986: 230–265. Paul R. Gugliuzza: Patent Law Federalism［J］, Wisconsin Law Review, 2014: 11–77.

❹ 章武生. 我国民事审级制度之重塑［J］. 中国法学，2002（6）：83–98.

度，对于申请上诉至联邦最高法院的案件，联邦最高法院有权审查是否予以受理并审理，可以让作为终审法院的联邦最高法院保持很小规模并实行集体主义决策机制，这一制度安排使得联邦最高法院每年仅审理极少数具有重大法律规则形成或法律指引功能的案件。由此，联邦巡回上诉法院成为事实上专利案件的终审法院。联邦巡回上诉法院的 12 名法官由美国总统根据参议院的建议予以任命，考虑到专利案件的特殊性，联邦巡回上诉法院的法官是否具备专业技术背景也可能作为任命的参考因素之一。当然，随着科技的迅猛发展，新技术革新的速度与广度远非 12 名法官的专业知识所能涵盖，而且法官的主要任务在于判断法律问题，专业技术知识只是参酌考量因素之一，联邦巡回上诉法院为法官配备了法官助理，并设置了资深律师及技术助理对案件审理过程中的相关专业技术问题予以协助。

美国为判例法国家，在联邦巡回上诉法院成立后，如何遵循先例也成为一个十分重要的问题。为保持专利案件审判法律规范的一致性，联邦巡回上诉法院依循联邦最高法院以及"赔偿法院"与"关税与专利上诉法院"关于专利实体问题的先例判决，但在程序性问题上，则可依循各联邦上诉法院的程序性规则。❶联邦巡回上诉法院成立后，本院有关专利问题的判决，以及联邦最高法院的判决就成为有关专利实体法问题的先例来源，具有了稳定性与一致性，这也是联邦巡回上诉法院成立后，对美国专利法之一体化发展起到至关重要作用的缘由所在。

（二）美国专利无效诉讼主体

美国专利诉讼制度中，对专利无效诉讼的主张方式十分宽泛，既可以在专利侵权等诉讼中提起专利无效的抗辩、反诉，也可以提起专利无效的确认之诉。相应地，对于提起专利无效诉讼的主体范围，美国专利法原则上亦无限制，但对于专利权的被授权人、出让人、受让人是否受限则经历了一番曲折。

---

❶　Solarex Corp. v. Arco Solar, Inc., 870 F.2d 642, 643（Fed. Cir. 1989）.

1. 专利被授权人

专利权为一项财产性权利，为促进专利利用的效益最大化，通过市场机制由专利权人将专利实施权等授予第三方为较常见的方式。对于专利权的被授权人而言，其通过实施专利权人授予的专利权获取利益，并支付相应的专利许可费用。基于英美法上的"契约精神"原则，在美国普通法上，存在着被授权人的禁反言规则（Licensee Estoppel），但联邦最高法院对于系列案件的判决，在此原则的判断上出现了转向，肯定了专利被授权人的无效诉讼主体资格。

Adkins 与 Lear 公司一案为被授权人禁反言规则受到挑战的较为典型的案件。正是在该案中，联邦最高法院推翻了被授权人禁反言规则，认为专利被授权人在专利侵权诉讼或合同之诉中，可以就专利无效提出抗辩，对被授权专利的效力提出挑战。❶ 该案被告 Lear 公司（上诉人）与原告 Adkins（被上诉人）签订了专利授权合同，合同签订时原告正在向美国专利商标局申请合同所涉专利。双方专利授权合同中约定，如果原告未能取得美国专利商标局批准的该项专利，或者专利在授权后被无效的，被告有权终止双方签订的授权许可合同。双方签订合同后，在美国专利商标局尚未批准合同所涉专利的情况下，被告 Lear 公司即已着手商业化应用该项技术，但一年多后，被告通知原告，因认为该项技术不具有可专利性，被告不再向原告支付专利许可授权费用。然而，三年后，原告 Adkins 经美国专利商标局授予了专利权，并核发了专利证书。随后，Adkins 起诉 Lear 公司，请求被告支付专利授权费用，但被告 Lear 公司在诉讼中提出了涉案专利无效的抗辩，主张原告的专利技术虽经美国专利商标局授权，但因缺乏专利的新颖性要件，应为无效专利。❷ 此案上诉到美国联邦最高法院。美国联邦最高法院在该案中对普通法上的契约原则、专利政策及公共利益原则进行了权衡。美国联邦最高法院认为，被授权人禁反言规则来自普通法上关于契约法的一般性原则，契约精神要求平等主体之间自愿签订合同的双方应当遵守基于意思自治所签订合同的内

---

❶ Lear, Inc. v. Adkins, 395 U.S. 653（1969）.

❷ Adkins v. Lear, Inc., 67 Cal. 2d 882, 891（1967）.

容，不得因自身的原因而撤销履约，亦即其承诺具有相对不可撤销性。然而，根据联邦宪法所设置的专利法规则，要求在保护科学技术发展成果的同时，需要保障社会公众对公有领域资源的自由利用。联邦最高法院基于对契约法则与专利法公共政策的衡量，认为美国专利商标局对某项技术授予专利权，仅仅源于申请人的单方申请。美国专利商标局经审查后认为可授予作为某项技术垄断权的，即授予专利权，缺乏相关公众对该项利益的争议程序。专利权人享有专利被推定有效的默认利益，被授权人对专利权效力的挑战应当说是公平的，也兼顾了社会公众的利益，因为相比于社会公众，被授权人对专利权效力的挑战有着最高的利益驱动。[1] 反而观之，如果不允许专利被授权人挑战专利权的有效性，则相当于让公众接受一项本不应被授予专利权的"专利技术"的制约，于社会公益而言是不利的。因此，联邦最高法院认为，Lear 公司只要可以提供证据证明 Adkins 的专利权是无效的，就可以拒绝支付相关的专利许可费用。

在 Adkins 诉 Lear 公司案后，对于专利许可合同双方在授权合同中约定被授权方不得挑战专利权人的专利权效力之条款，又产生了一系列的争讼[2]，但根据 Adkins 诉 Lear 公司案所确定的原则，均认定该类约定属无效条款。

Adkins 诉 Lear 公司等案件所解决的问题是，专利被授权人在专利侵权及专利合同诉讼中，被授权人作为抗辩或反诉提出专利无效的主张应被允许。但尚未解决的问题是，如果专利被授权人提起独立的专利无效确认之诉，应否准许。美国联邦最高法院在 2007 年审理的 Medimmune 公司诉 Genentech 公司案[3] 中作出了回应。根据美国宪法及联邦诉讼规则，要提起确认之诉，必须存在"实质性争议"（actual controversy）。该案中，原告 Medimmune 公司为药品生产制造商，其通过与被告 Genentech 公司

---

[1]　Lear, Inc. v. Adkins, 395 U.S. at 668–670（1969）.

[2]　Bendix Corp. v. Balax, Inc. 421 F.2d 809（7th Cir. 1970）；Panther Pumps & Equipment Co. v. Hydrocraft, Inc. 68 F.2d 225（7th Cir. 1972）.

[3]　Medimmune, Inc. v. Genentech, Inc. 549 U.S. 118（2007）.

签订技术许可合同，取得了利用该项技术生产制造相关药品的授权。同样，在双方签订许可合同之时，被告的技术尚未取得专利，至 2001 年被告取得该项技术的专利权后，被告 Genentech 公司即要求原告支付相关专利许可费用。原告认为，被告的该项技术并不具备可专利性要件，不应被授予专利权，其取得的涉案专利属于无效专利，但依据双方签订的合同，如果原告不支付相关许可费用，被告可提出原告售卖该项药品所获利润三倍的赔偿，那将是一笔巨额款项，故经过权衡，原告还是向被告支付了依照合同应支付的专利许可授权费用。随后，原告向法院提起了确认专利无效之诉。联邦地区法院与联邦巡回上诉法院均驳回了原告的诉请，认为既然原告已如约向被告支付了专利授权许可费用，那么双方之间并不存在实质性争议，不符合《美国联邦宪法》第 3 条及《美国联邦民事诉讼规则》第 2201 条所确定的专利无效确认之诉管辖权。❶ 原告就此向联邦最高法院提起了上诉。联邦最高法院受理后认为，被授权人提起专利无效确认之诉，并不以双方违反专利许可合同为基础。对于本案，原告如果不支付相关的授权许可费用，将面临合同所约定的巨额赔偿风险，要求原告冒着可能支付巨额赔偿费用的风险取得确认无效之诉的"实质性争议"基础是不合理的。况且，原告支付了专利授权许可费用也并不意味着其在不得已的情况下丧失了请求索回该笔费用的请求权，在普通法基本原则下，并不排斥原告既享有合同相关权益，又基于确认之诉主张涉案专利权无效。因此，尽管本案中原告已向被告依约支付了专利授权许可费用，但并不丧失请求确认专利权无效的基础。该案的判决进一步确认了被授权人在履行合同的过程中亦可针对所授权专利单独提起专利无效确认之诉。

2. 受让人与出让人

前已述及，专利权为一项财产性权利，可以让与他人。那么，专利权的受让人与出让人可否主张专利权无效，亦是值得探究的问题。

对受让人而言，其通过与出让人签订专利转让协议并办理相关转让

---

❶　U.S. Const. Art. Ⅲ. 28 U.S.C. § 2201（2007）.

手续，已经取得了该专利权。专利无效诉讼制度设立之初衷在于通过利害关系人及社会公众的挑战，避免不应被授予专利权的技术被授权后侵占公有领域，损害公众利益，而受让人在取得专利权后，并不存在为社会公众考量的空间，如果相关利害关系人或者社会公众认为出让人取得的专利权应属无效，自可提出专利无效抗辩、反诉或确认之诉，如果受让人自己认为专利权存在权利效力稳定性的瑕疵，其可通过"再颁专利"程序进行。专利权受让人如果意欲通过专利无效诉讼不支付或索回专利转让费对价，则属不诚信行为，更不应被允许。❶故专利受让人不应成为专利无效诉讼的主体。

出让人与受让人在专利诉讼中的地位不同。出让人作为原专利申请权或专利权人，其将涉案技术的专利申请权或专利权转让给受让人后，不再享有目标技术的专利权，从权利人转变为社会公众的角色。出让人与受让人最为核心的区别在于，出让人可能成为专利侵权人，故其存在主张目标专利无效的利益驱动和外在诱因。当然，出让人与一般的社会公众仍然存在着重要的区别，出让人是曾经的发明人或专利权人，其既有的角色决定了在某一阶段，出让人是专利权被授权的推动力，根据作为法律基础的"诚实信用原则"，其不应在不同的阶段有着截然相反的主张，也就是说，在其作为发明人或专利权人的阶段极力主张目标技术应授予专利权或专利权有效；而将该项专利申请权或专利权让与后，作为使用人又极力主张同一技术不具备可授予专利权的条件，或是该被授予的专利权应为无效。因此，出让人的多重身份决定了在认定其是否具备专利无效主张主体资格的问题上较为棘手。

在美国专利法传统上，基于出让人禁反言原则，司法实务中出让人嗣后不得提出专利权无效的主张。但1990年联邦巡回上诉法院所决之Shamrock科技公司诉Medical Sterilization公司等一案❷则引申出几个新的问题。该案中，被告之一的Luniewski（以下简称"被告L"）先前任职于

---

❶　Sybron Transition Corp. v. Nixon, Hargrave, Devans & Doyle, 70 F. Supp. 803, 810–811（W.D. N.Y. 1991）.

❷　Shamrock Technologies, Inc. v. Medical Sterilization, Inc. 903 F.2d 789（Fed. Cir. 1990）.

原告 Shamrock 科技公司，被告 L 与原告通过协议约定，其在工作中所作出的有关发明均须转让给原告。其后，被告 L 与另一案外人 Neuburg（也是原告 Shamrock 科技公司职员）共同发明本案涉案专利技术。两发明人于 1982 年协议将涉案专利技术申请权转让给原告 Shamrock 科技公司，并签署了"发明人声明"（Inventor Declaration），由原告向美国专利商标局申请专利。次年，被告 L 离开原告 Shamrock 科技公司，转而入职本案另一被告 Medical Sterilization 公司。被告 L 入职 Medical Sterilization 公司后，开始生产本案被控侵权商品。1988 年，原告 Shamrock 科技公司就涉案专利技术取得两项专利权，在取得专利权后马上起诉被告 L 与被告 Medical Sterilization 公司共同侵犯其专利权并请求赔偿。两被告在诉讼中提出了确认专利无效的反诉请求，但联邦地区法院根据"出让人禁反言"规则驳回了被告的确认无效反诉请求。两被告进而向联邦巡回上诉法院提起上诉。联邦巡回上诉法院受案后，对本案中的几个关键问题进行了审查。其一，本案中的"出让人禁反言"除了对涉案专利的出让人（即被告 L）有约束力之外，对被告 Medical Sterilization 公司是否具有拘束力，联邦巡回上诉法院论证认为，被告 L 受雇于被告 Medical Sterilization 公司，本案中被告 L 借助被告 Medical Sterilization 公司的资源和平台，并作为主要负责人参与了生产涉案被控侵权产品的行为，被告 Medical Sterilization 公司就涉案侵权行为而言属于紧密的利害关系人，尽管其不是涉案专利的让与人，但基于共同利益同样应受"让与人禁反言"规则的约束。其二，被告 L 抗辩指出，其与原告签订的专利申请权转让协议以及在"发明人声明"上的签字均属于"受胁迫"所为，因为其与案外人 Neuburg 所共同作出的所谓"发明"实际相较于另一公司已有技术而言并无实质性进步，但由于害怕失去工作以及丢掉相应的薪酬与奖励，其违心地在上述文件中作出了虚假陈述，事实上涉案技术并不具备专利性要件，原告 Shamrock 科技公司所取得的两项涉案专利实为基于不当行为而取得。对于被告 L 的抗辩，联邦巡回上诉法院经审查认为，被告 L 所指涉的"受胁迫"并非影响涉案技术可专利性的直接因素，被告 L 与原告之间的雇佣关系实为一种平等的契约行为，如果认可被告 L 的抗辩，相当于肯定了当事人对契约精神的公然违背，这种不利影响可能会波及所有基于雇佣关系所产生的发明专利转让协议。在作出上述判断并考量本案中两被告所主张的案外人 Neuburg 非本案发明人等其他理由后，联邦巡回上诉法院驳回了被告的上诉请求，认为在此种情形下，两被告应受禁反言规则约束，不支持其提出的确认涉案专利无效的反诉主张。

（三）美国专利无效之证据规则

在美国专利法上，对专利权效力采取推定有效立场，此点与我国无异。立足于专利有效推定的立场，无论是专利无效抗辩、专利无效反诉，还是专利无效确认之诉，相应的证据规则对原告所提之要求均异于普通民事诉讼的主张。正是存在专利有效性推定的前提，在专利无效主张的证明责任分配上，应由主张专利无效的一方承担举证责任（证明责任）。但应当采取何种证明标准，在美国专利司法实践及理论见解上均存有一定的争议。

专利无效证明标准亦即"证明程度"，是指提出专利无效主张的当事人要证明涉案专利属于无效专利所应达到的提出证据及证据综合证明力的程度。证明标准实际上在诉讼过程中起着重要的导向作用，证明标准的设定越高，则要推翻专利有效性的可能性越小，专利权效力的稳固性越强；证明标准的设定越低，则推翻专利有效性越容易，专利权效力的稳固性就相应越弱。

美国专利无效主张证明标准，在历史上存在着"排除合理怀疑"（beyond reasonable doubt）、"清晰且有说服力"（clear and convincing）、"优势证据"（preponderance evidence）标准，随司法实践及学说发展而变迁。

在美国专利司法早期，对知识产权无效请求主张，采用与刑事诉讼法上一致的证明标准，即"排除合理怀疑"[1]。美国司法实践中，将专利权在社会经济生活中所起的作用及影响力置于至高的地位，故在面对涉及

---

[1]　David W. Okey. Issued Patents and the Standard of Proof [J]. The John Marshall Journal of Computer & Information Law, 1999: 557–588.

专利权效力的司法审查时，法官一般采取非常严格的标准，乃至与刑事案件上的证明标准一致，将专利权效力的有效性推定与犯罪嫌疑人的无罪推定等量齐观。在 United Shoe Mach 公司诉 Brooklyn Wood Heel 公司一案中❶，审理该案的汉德（Hand）法官曾言，正是基于专利案件的重要性，对专利无效主张所应采取的证明标准应参考刑事案件的高标准执行。

至 20 世纪七八十年代，专利无效诉讼证明标准在一系列案件的影响下❷，逐步出现了转向，改采用"清晰且有说服力"的标准。从专利无效诉讼案件证明标准与刑事案件的脱离，可以看到美国经济技术飞速发展所带来的技术成果更新换代不断加快的进程。专利权作为一种经济发展的重要辅助力量，在技术进步不断推进的同时，也伴随着技术壁垒的出现，一项新的技术是否能够被授予专利，往往介乎创造性成果与社会公有领域技术之间。随之而来的问题是，专利权效力的稳定性已经不再如初，对专利权的保护是一种保护创新的手段，对瑕疵专利的挑战同样是对社会创新的激发，因此，专利无效证明标准与刑事案件"排除合理怀疑"之严苛证明标准相脱离成为一种历史必然。在 In re Winship 一案中，美国联邦最高法院经审查后认为，专利无效案件的证明标准应当低于刑事案件所采取的"排除合理怀疑"标准。虽然该案中美国联邦最高法院并未明确专利无效诉讼应采何种标准，但已经将专利无效诉讼之证明标准与传统所采纳的刑事证明标准相分离。随后，美国联邦最高法院在 Cooper 诉 Mitchell Bros. Theater 一案❸中进而认为，"排除合理怀疑"仅为刑事案件之证明标准，基于合理之推断，专利无效案件应在低于该标准的程度上即视为完成证明责任。紧接着，第二巡回上诉法院在 Connell 诉 Sears 一案❹中明确提出，主张涉案专利无效的当事人，要证明其无效主张，必须提出相应的证据予以证实，如果专利无效主张者所提之证据能够达到"清晰且有说服力"的标准，那么该当事人的无效主张即可被

---

❶　United Shoe Mach. Corp. v. Brooklyn Wood Heel Corp., 77 F.2d 263（2d Cir. 1935）.

❷　In re Winship 397. U.S. 358（1970）;California ex rel Cooper v. Mitchell Bros. Santa Ana Theater. 454 U.S. 90（1981）; Connell v. Sears, Roebuck & Co. 722 F.2d 1542（Fed. Cir. 1983）.

❸　California ex rel. Cooper v. Mitchell Bros. Theater. 454 U.S. 90（1981）.

❹　Connell v. Sears. 722 F.2d 1542（Fed. Cir. 1983）.

认为已经完成其证明责任，达到了证明标准。其后，联邦巡回上诉法院的系列专利无效案件采纳了该证明标准。❶

"清晰且有说服力"的标准在现行美国专利法司法实践中已经占据了主流地位，但美国专利法学者及有关行政部门对此证明标准则质疑。达布尼（Dabney）教授认为，专利无效诉讼与普通民事诉讼并无差别，均关涉当事人私权之主张，故无效主张之证明应采民事诉讼法"优势证据"证明标准。❷不仅美国学术界存在着关于专利无效诉讼证明应采"优势证据"证明标准的主张，美国联邦贸易委员会（Federal Trade Commission）也在其2003年关于专利行政程序与司法程序的相关报告中对专利无效诉讼的"清晰且有说服力"证明标准提出了不同看法。该报告指出，专利权效力推定的基础在于专利权经过了美国商标的审查，在专利申请与授权程序中，美国专利商标局会就相关专利申请材料予以审查并检索现有技术，但美国专利商标局的审查程序仅为单方程序，并未经过双方对抗、质证等程序，如果对专利无效申请人施以较重的证明责任是不公平的。另外，专利申请程序中所审查的现有技术资料与专利无效程序中所据以挑战专利权效力的证据材料并非同一，"优势证据"的证明标准即可满足专利无效审查的证明要求。

综而观之，尽管美国有学者对现行的专利无效诉讼证明标准提出了不同的观点，美国联邦贸易委员会对该标准也质疑，但美国司法实践中关于专利无效诉讼"清晰且有说服力"的证明标准已为诸多专利司法判例所依循并延续至今，相关的异议意见并未能从根本上动摇该标准。

（四）专利无效判决之既判力

专利权为一项对世权，有别于一般私权，其效力具有可扩张性与"外部性"，亦即对专利权效力的司法判决于本案诉讼当事人之外的社会

---

❶ Schumer v. Laboratory Computer Systems, Inc., 308 F.3d 1304, 1315（Fed. Cir.. 2002）; PIN/NIP, Inc. v. Platte Chemical Co., 304 F.3d 1235, 1243（Fed. Cir. 2002）.

❷ James W. Dabney. Ksr: It Was not a Ghost［J］. Santa Clara Computer & High Technology Law Journal, 2007: 131–144.

公众具有重要的价值。以专利法的立场而言，一项专利权如果被认定为无效，那么社会公众可自由利用所涉技术，原专利权人也不得在专利权被无效后向他方主张侵权，排斥其他主体的自由利用。于民事诉讼法而言，如果有关专利无效判决仅具有对本案涉诉当事人的判决效力，那么只要美国专利商标局未宣告该涉案专利无效或注销其专利证，则社会公众不可自由利用该项专利技术，专利权人可在他案中主张使用者侵权；如果有关专利无效判决具有对世效力，那么法院不可在后诉中作出与该判决相违背的结论，也就是说，专利权人不得再向他方主张对该技术的利用行为侵犯其专利权。

1. "Blonder"案确立的"附随禁反言"效力

美国专利法以"Blonder"案❶为分野，提出了关于专利无效判决是否具有既判力以及既判力范围边界的不同观点。在"Blonder"案之前，美国联邦最高法院认为专利无效判决仅具个案效力。美国联邦最高法院的观点为，一项判决确认某专利权无效或部分无效，基于已生效判决对本案当事人的约束力，涉案专利的原专利权人即不得再向其他主体主张侵权责任。在后诉中，提出专利无效主张的当事人应当向法院举证，法院可独立自为判断，不受前诉之拘束。❷但在"Blonder"一案中，美国联邦最高法院推翻了先前的见解，将专利无效诉讼判决认定为具有对世效力，即"附随禁反言"效力（collateral estoppel）。

（1）"Blonder"案简述

本案所涉专利为伊利诺伊州大学基金会（University of Illinois Foundation，以下简称"伊大基金会"）通过转让所获得。在"伊大基金会"诉 Winegard 公司一案❸中（称"前诉"），联邦地区法院经审理后认为，涉案专利因不具备创造性而被无效，进而认定专利权人败诉。原告"伊大基金会"不服，向第八巡回上诉法院提起上诉，第八巡回上诉法院驳回了原告的上诉，认可了地区法院的判决结果。"伊大基金会"在本案诉争之前，曾

---

❶ Blonder-Tongue Laboratories v. University of Illinois Foundation. 402 U.S. 313（1971）.

❷ Triplett v. Lowell. 297 U.S. 638（1936）.

❸ University of Illinois Foundation v. Winegard Co., 271 F. Supp. 412（S.D. Iowa 1967）.

向 Blonder 公司的两个往来客户起诉侵犯其专利权（称"后诉"）。在前诉判决后，原告 Blonder 公司为保护其权益，参加了诉讼并反诉"伊大基金会"侵犯其专利权。审理后诉"Blonder"案的美国第七巡回上诉法院霍夫曼（Hoffman）法官未直接沿袭前诉的判决认定，经过自由判断后认定，本案所设两项专利权有效，Blonder 公司及其两家关联客户构成对"伊大基金会"专利权的侵犯。霍夫曼法官援引了 Triplett 诉 Lowell 案的判决意见，认为尽管"Blonder"案所涉专利权在他案中被判定为无效，但该无效判决对本案并无拘束力，并不能剥夺专利权人所享有的证明其专利有效并应得到保护的权利。根据本案原被告所举证据，霍夫曼法官认为本案专利权无效抗辩的主张不能成立，故判决认定"伊大基金会"的专利权有效，并判定被告构成侵权。

Blonder 公司不服第七巡回上诉法院的判决，认为该判决与先前由第八巡回上诉法院作出的判决相冲突，向美国联邦最高法院提起上诉。联邦最高法院受理了该案的上诉请求。联邦最高法院经审理，对两个层次的问题展开了讨论。第一层次，即 Triplett 诉 Lowell 案关于专利无效诉讼结果仅具个案效力是否应被沿袭，对此问题的回答包括三项因素的考量：其一，专利制度之价值与目的何在；其二，如果沿袭原来关于专利无效诉讼仅具个案效力的认定，将会给专利诉讼当事人带来怎样的成本；其三，如果采专利无效认定的个案效力，会对联邦法院专利诉讼制度带来怎样的负担。第二层次，如果否定专利无效判决的个案效力，那么前诉的无效判决是否对本诉具有拘束力，如何拘束本诉当事人。

（2）"Blonder"案中的专利无效诉讼成本考察

美国专利制度的设立，立基于美国联邦宪法，目的在于鼓励并保护专利发明人，保障专利权人的权益进而促进社会技术进步，实现社会公众整体福利的最大化。被上诉人提出，对专利权的保护于社会公益而言具有重要意义，但由于专利技术的专业性，美国联邦法院对专利权效力的判定应认定为缺乏稳定性 ❶，为保护专利权人的合法权益，避免法院对专利权效力的错误认定，应保障专利权人重复争诉的权利。对此项主张，联邦最高法院指出，尽管专利权效力的审查具有一定的专业性，难度较高，但能否确保后诉的审查较前诉而言具有更大的正确可能性，这一点是存疑的。而且，相比较于专利侵权比对等技术问题，专利新颖性与创造性的判断并不具有更高的技术难度。也就是说，专利无效诉讼并没有明显区别于一般专利诉讼的技术难度。另外，在专利无效案件中，不论前诉还是后诉，专利权人均得以针对专利无效主张完整地收集证据并提出抗辩主张，即使赋予专利权人多次针对专利无效的争诉权，也无法克服专利权效力认定所存在的专业性与技术性问题，相反可能会增加权利的不稳定性。

在 "Blonder" 案中，联邦最高法院接着论证了专利无效诉讼个案认定的成本问题。从当事人的角度而言，如果前诉已经给予了当事人充足的举证质证与论辩机会，在后诉中继续对前诉中已经争执的专利权效力问题再行兴讼，那么对当事双方而言都是一种额外的负累，也会增加双方的诉讼成本支出。尤其于专利侵权诉讼被告而言，其如果要在前诉基础上再次独立地主张专利权无效，将会增加大额的诉讼成本支出，对小企业将是不堪重负的，由此可能形成对小企业进入某一技术领域的障碍。而且如果某一市场主体经过衡量，发现主张专利权无效的诉讼成本高于其获取专利权人授权的授权许可费用，那么这一市场主体将会放弃对专利权人可能被无效的专利权的挑战，转而获取专利权人的授权，这种机制的形成无疑会造成对社会整体利益的损害，使得专利权人获取不正当竞争的有利局面。因此，专利权效力的个案认定，无论于诉讼当事人还是社会公众，都具有成本上的"不经济"。于联邦法院的角度而言，尽管专利无效诉讼在联邦法院诉讼中所占的比例极小，却带来了诉讼的极大迟延。根据美国联邦法院的数据，专利无效案件判决作出后，又重复提

---

❶ Harries v. Air King Products Co., 183 F.2d 158, 162（2d Cir. 1950）；Technograph Printed Circuits, Ltd., and Technograph Printed Electronics, Inc. v. The United States and The Bendix Corporation and The Hewlett-Packard Company, 372 F.2d 969, 977-978（U.S.C.C.1967）.

起的无效诉讼耗费了大量的联邦法院诉讼时间与成本。

（3）"Blonder"案中当事人公平合理的诉讼参与

专利诉讼涉及相关专业领域并具备一定的技术难度自不待言。而专利无效诉讼的技术难度决定了专利无效判定于不同的法院可能作出差异性的判决结论。因此，如果要认定专利无效诉讼判决具有"附随禁反言"效力，必须确保当事人于在先判决中获得了公平合理的诉讼参与机会。

在"Blonder"案中，联邦最高法院认为，如果当事人能够证实其在前一无效诉讼程序中，未能公平合理地参与诉讼，那么其可以据此主张推翻前诉判决对后诉当事人"附随禁反言"的约束力。衡量当事人在前诉中是否获得了公平合理的诉讼参与机会，需要进行严格的审查，而审查的对象包含了以下几个方面的内容：其一，专利权人是否公平自由地依法选择了诉讼的时间和管辖法院；其二，专利权人在前诉中未受到被告的诉讼突袭；其三，前诉法院在专利权的创造性判断上是否采取了合理的标准；其四，是否存在非归责于当事人的原因导致原告未能提出影响案件走向的关键证据或申请关键的证人出庭。当然，联邦最高法院也认识到，对当事人"公平合理参与诉讼"的判断不能走向机械化，应当进行综合性的整体判断。

尽管在"Blonder"案中，联邦最高法院提出了专利权人可以主张其在前诉中未公平合理地参与诉讼而否认前诉判决的附随禁反言效力，但联邦地区法院及巡回上诉法院在对公平合理地参加诉讼的判断上趋于严格，当事人很难证明其主张，如 Miller Brewing 公司诉 Joseph Schlitz Brewing 公司案❶、Westwood Chemical 公司诉美利坚合众国案❷、Kaiser Indus 公司诉 Jones & Laughlin 钢铁公司案❸、General Battery 公司诉 Gould 公司案❹ 等案件中，当事人均提出了未能"公平合理参与诉讼"的主张，但法院审查后认为，判决错误应严格理解，对于当事人提出的专家证言有误、

---

❶　Miller Brewing Co. v. Joseph Schlitz Brewing Co. 605 F.2d 990（7th Cir. 1979）.

❷　Westwood Chemical, Inc. v. United States. 525 F.2d 1367（Ct. Cl. 1975）.

❸　Kaiser Indus. Corp. v. Jones & Laughlin Steel Corp. 515 F.2d 964（3d Cir. 1975）.

❹　General Battery Corp. v. Gould, Inc.366366 196 U.S.P.Q. 418（D. Del. 1977）.

有新的证据证明裁判错误、简易程序剥夺其正当的诉讼参与权等不应成为否认前诉无效判决附随禁反言效力的依据。美国联邦法院同时认为，对于"公平合理参与诉讼"的判断，在随后的其他诉讼中不具有既判力，也就是说如果当事人提起第三个或以上的针对涉案专利的诉讼，即使已经对无效判决之当事人是否"公平合理参与诉讼"进行了判断，后诉中依然要进行再次的审查。

2. 部分无效情形下的既判力范围

一项专利权往往包括多个独立或非独立的权利要求。在专利无效诉讼中，当事人提起的无效主张可能仅针对部分的专利权利要求。为降低诉讼成本或缩短诉讼时间，当事人诉请无效的专利权范围可能仅为其被控侵权的专利权利要求部分，也可能仅包括该项专利的关键部分。而且即使在当事人主张某项专利权全部权利要求无效的情况下，法院经审查可能仅认定部分专利权无效。法院在判定专利权部分无效的判决作出后，对于未被判定无效的专利权部分，专利无效判决的效力如何，有待探讨。

在 Bourns 公司诉 Allen–Bradley 公司一案❶中，美国第七巡回上诉法院判决涉案专利部分无效。其后，Bourns 公司涉及另一案件争讼❷，对于后诉中专利权无效的范围界定，法院经审查后认为，一项专利权中存在着多重专利权利要求，其中涉及两类可以纳入专利无效判决的辐射范围，一类是存在主从关系的专利权利要求，如果主专利权利要求已被判定为无效，那么从专利权利要求也就当然受到附随禁反言效力的约束；另一类是实质相同的发明要素通过平行的不同专利权利要求予以界定，这种情况下，部分专利权利要求被无效，那么基于相同发明思想的其他部分专利权利要求也应受到附随禁反言效力的约束。法院进而判决指出，当事人只要证明了已作出无效认定判决的专利权利要求与未判定无效的专利权利要求存在着实质相同的争议，专利无效判决的附随禁反言效力就及于未作出无效判定的专利权利要求部分。

---

❶ Bourns, Inc. v. Allen–Bradley Co. 480 F.2d 123, 178（7th Cir. 1973）.
❷ Bourns, Inc. v. United States. 537 F.2d 486（Ct. Cl. 1975）.

3. 暂未生效的专利无效判决的效力

专利诉讼存在一定的特殊性，其往往程序烦琐冗长，而且程序交错、久拖未决。对于专利无效判决，可能前诉尚在诉讼进程中，后诉已经进入实质性审理阶段，因此就存在前诉未生效之无效判决于后诉是否发生"附随禁反言"的拘束力问题。在 Dana 集团诉 NOK 公司一案❶ 中，由于在本案之前，专利权人已经针对另一公司 IPC 提起了专利侵权诉讼，前诉一审法院判决基于被控侵权人提出的专利无效请求认定涉案专利权并不存在无效理由，被控侵权人提出上诉，联邦巡回上诉法院判决认定涉案专利缺乏专利最佳实施例的实施要件而认定涉案专利无效，并发回一审法院。后诉上诉到联邦巡回上诉法院后，经审查，联邦巡回上诉法院认为前诉 IPC 公司一案中所作之专利无效判决尽管尚未生效，但对后诉仍然发生附随禁反言的效力。在 Pharmacia & Upjohn 公司诉 Mylan Pharmaceuticals 公司一案❷ 中，联邦巡回上诉法院进一步指出，尽管联邦地区法院所作之判决被当事人提起上诉，但地区法院之判决仍然产生附随禁反言的效力。对于前诉判决尚未发生效力的情形，后诉法院从审慎的角度应当中止后诉以等待前诉判决的生效，但法律并未要求后诉法院如此操作，而且中止诉讼会带来诉讼的不当迟延，于当事人不利，故未生效判决在后诉中并不影响其附随禁反言效力。

4. 和解与双方合意判决之效力

美国民事诉讼法上有和解（Settlement）与双方合意判决或裁决（Consent Judgment or Consent Decree）。和解是诉讼当事人于诉讼程序中达成协议以终结诉讼的方式，此与我国诉讼中的和解并无差异；双方合意判决或裁决则是为实现诉讼程序的迅捷，当事人之间形成合意，并由法院以其合意形成判决，与一般的判决无异，但基础在于诉讼当事人之合意，比较类似于我国的民事调解书。关于专利无效诉讼中的和解与双方合意判决具有何种效力，在美国专利司法上也存在一个认知发展的过程。

诉讼和解与一般协议具有类同的效果，都是在双方自愿协商的基础

---

❶ Dana Corp. v. NOK, Inc. 882 F.2d 505（Fed. Cir. 1989）.

❷ Pharmacia & Upjohn Co. v. Mylan Pharmaceuticals, Inc.170 F.3d 1373（Fed. Cir. 1999）.

上达成协议，只是诉讼和解与诉讼相关，其目的也在于终结诉讼。在
Lear 案中，美国联邦最高法院认为当事人曾经达成的协议条款，不得挑
战专利权人的专利权效力，应为无效条款，不影响承诺方在诉讼中提出
专利无效请求。然而，诉讼和解中双方所达成相关条款的效力是否也等
同于此，则存在一定的争议。在 Massillon 公司诉 Golden State Advertising
公司一案 ❶ 中，原被告之间曾在一次诉讼中达成和解协议，约定被告承
认原告专利权有效，侵犯了原告的专利权并赔偿，且承诺不再就原告专
利权的效力提出争议，也不再实施侵权行为。然而，后来被告再次使用
原告的专利技术并被诉至法院。在诉讼中，被告提出原告专利无效的反
诉主张，地区法院经审理后认为，被告已在先前的诉讼和解中承诺了不
就原告的专利提出挑战，并且不再实施侵权行为，因此被告的前述行为
应当视为对诉讼和解的违背，故驳回了被告提出的原告专利无效的反诉
请求。被告不服，上诉至美国第九巡回上诉法院。第九巡回上诉法院经
审理后认为，根据 Lear 案所确定的原则，双方合意所达成的关于不再就
某项专利权效力质疑的条款，违背了美国专利法政策，应被视为无效，
而和解协议与双方当事人之间所达成的协议并无实质性差异以否定该原
则的适用，故维持了联邦地区法院的判决。然而其后巡回上诉法院的判
决，则对此问题出现了不同的意见，变更了该原则。在 Ransburg 集团诉
Spiller 公司一案 ❷ 中，美国第七巡回上诉法院在对专利政策与双方当事人
契约衡量的基础上，提出了诉讼效益以及对诉讼结果遵循的价值。第七
巡回上诉法院认为，在 Lear 案中，基于专利政策的考量，专利政策的总
体社会利益应当凌驾于当事人之间契约精神之上，但诉讼和解在于高效
地解决双方当事人之间的诉讼纷争，而且前诉所形成之和解是立基于当
事人诉争之上，从有效维系专利司法体系的高效运作上考量，此价值应
在专利政策价值之上，如果不认可已决诉讼中当事人所达成的诉讼和解
中相关条款的效力，无异于鼓励当事人违反已决诉讼的基础，这是 Lear

---

❶ Massillon-Cleveland-Akron Sigh Co. v. Golden State Advertising Co. 444 F.2d 425（9th Cir.
1971）, cert. denied, 404 U.S. 873（1971）.

❷ Ransburg Electro-Coating Corp. v. Spiller & Spiller, Inc. 489 F.2d 974（7th Cir. 1973）.

案中所不具备的重要立场。因此，联邦巡回上诉法院驳回了当事人主张专利无效的反诉请求。联邦巡回上诉法院成立后，在 Hemstreet 诉 Spiegel 公司 ❶、Flex-Foot 公司诉 CRP 公司 ❷ 等案中，维持了上述判决意见，认为无论当事人之间在前诉中讼争程度为何，都应当受到诉讼和解协议的约束。

对于双方合意之判决，美国第六巡回上诉法院在 Schlegel Manufacturing 公司诉 USM 集团一案 ❸ 中展开了详尽的评述。如果不认可当事人合意判决的效力，给予当事人两次机会争诉涉案专利的效力，那么就可能引导当事人在前诉中先认可当事人的专利权效力，在合意判决作出后，于后诉中在形成更佳的诉讼地位后，否认其前诉中的认可，再行争执专利权的效力，这于公共政策、司法效益以及当事人诚实信用是不利的，也会间接鼓励当事人采取不正当的竞争手段。此后，联邦巡回上诉法院在 Foster 诉 Hallco Manufacturing 公司一案 ❹ 中，论证认为，根据"争点排除"（Issue Preclusion）的一般原则，双方当事人在前诉中就专利权效力不存在争议已经形成了双方合意判决，也就是说排除了关于专利权效力这一争点，因此，在后诉中，当事人应当受到前诉争点排除的限制，不可就专利权效力再行争执。

5. 专利无效主张不成立之判决效力

在专利权效力争议案件中，法院经过审理后作出的最终判决，存在着无效主张成立（Invalid）或无效主张不成立（Not Invalid）两种情形，直译即为"无效"与"无效不成立"。此处的"无效不成立"似乎有双重否定之意，与"有效"等同，但实际在专利法上，专利为推定有效，对专利权效力提出挑战的主张如果成立，则专利被判定为无效，但如果提出专利无效主张者未能提出足够的证据或理由，那么其挑战专利权效力的努力失败，此时并不意味着专利权有效，只是无效不成立，后诉中仍

---

❶ Hemstreet v. Spiegel, Inc.851 F.2d 348（Fed Cir. 1988）.

❷ Flex-Foot, Inc. v. CRP, Inc. 238 F.3d 1362（Fed. Cir. 2001）.

❸ Schlegel Manufacturing Co. v. USM Corp. 197525 F.2d 775（6th Cir. 1975），cert. denied, 425 U.S. 912（1976）.

❹ Foster v. Hallco Manufacturing Co., Inc.210 947 F.2d 469（Fed. Cir. 1991）.

可挑战其效力。因此，从专利法上而言，专利"无效不成立"并不等同于专利有效。

对于专利无效不成立的判决，美国联邦最高法院在 Mast 公司诉 Stover 公司一案❶中，否认了其对于后诉所具有的拘束力。在 Mast 案之前曾有过涉案专利的诉争，前案中诉争专利被判无效不成立，而在本案中，被告的专利无效主张被判定成立。原告不服，上诉至联邦最高法院，联邦最高法院就原告所主张之"礼让原则"进行了分析，认为法院的核心任务在于认定事实及证据并作出正确之判决，后诉所主张的事实之查明相较于前诉而言，经过了更长时间的争诉，所能实现的判断相对更为精准，如果审理法院对证据事实的认定是准确的，而且对自己的判断有足够的支撑，那么其没必要固守先前的同级或下级法院之判决。在 Fromson 诉 Western Litho Plate and Supply 公司一案❷中，审理法院同样认为，专利为推定有效，主张专利无效的一方当事人在诉讼中承担证明专利权无效的举证责任，无论在何程序中，仅在无效主张当事人提出的证据足以否定专利权效力之时，方可判定专利无效，而此前无论是专利无效之行政程序或是专利无效诉讼中专利无效主张不成立的判断，对后诉都不应具有拘束力，并不影响当事人的举证责任承担。联邦巡回上诉法院在专利无效主张不成立判决的拘束力问题上，显得较为审慎。而在 Gillette 公司诉 Johnson & Son 公司一案❸中，联邦巡回上诉法院对前诉中认为涉案专利无效不成立的判决对后诉不具有拘束力，但同时指出，在后案判决中，应当斟酌考量前诉之判决，在自行判断之时不能罔顾前案相关事实。同样在 Stevenson 诉 Sears 公司一案❹中，联邦巡回上诉法院指出，当事人为支持其无效主张所提出之现有技术及其他相关证据，如果与前诉之主张依据存在差异，那么前诉关于无效不成立之判决于后诉自无适用余地。

---

❶ Mast, Foos & Co. v. Stover Mfg. Co. 177 U.S. 485（1990）.

❷ Fromson v. Western Litho Plate and Supply Co. 670 F. Supp. 861, 867–868（E.D. Mo. 1987）.

❸ Gillette Co. v. S.C. Johnson & Son, Inc. 919 F.2d 720（Fed. Cir. 1990）.

❹ Stevenson v. Sears, Roebuck & Co.396 713 F.2d 705（Fed. Cir. 1983）.

二、美国专利无效行政程序

在专利法规则领域，尽管美国有着浓厚的判例法传统，但制定法也占据着举足轻重的地位。1790 年，美国国会就制定了第一部专利法，并随着经济技术的不断发展和专利审判的日新月异，进行了多次变革。在专利权效力审查方面，美国专利法传统上实行的是专利无效诉讼"单轨制"，但随着专利制度的不断发展，与专利诉讼并行的专利无效行政程序被逐步引入专利法：1981 年，单方再审程序（ex parte reexamination）纳入美国专利法；1999 年，双方再审程序（inter partes reexamination）补充作为美国专利法上的另一专利挑战程序。2011 年 9 月 16 日，《美国发明法案》（*Leahy-Smith America Invents Act of 2011*，以下简称"AIA 法案"）由国会通过并经时任总统奥巴马签署颁布。AIA 法案被称为美国专利史上自 1952 年专利法颁行之后最为深刻的制度改造，并且被认为是自 1836 年专利法建立专利审查体系后最为实质性的规则变革。在专利有效性审查程序方面，AIA 法案将原专利法中的单方再审程序予以保留，以双方复审程序（inter partes review）替代删除的"双方再审程序"，并新增了两项对专利权效力提出挑战的程序：授权后复审程序（post-grant review）和"过渡性的"涵盖商业方法专利复审程序（covered business method review）。以下主要就单方再审程序、复审程序、无效行政程序分而述之。

（一）单方再审程序

单方再审程序于 1981 年由美国国会纳入专利法，主要目的在于引导专利权人及社会公众通过美国专利商标局的行政程序挑战专利权的效力，节约司法资源，也降低专利权人及相关人的成本。于专利权人而言，通过单方再审程序可以验证并夯实其专利权的基础，使之更为稳固，在专利授权与维权时更有底气；于社会公众而言，可通过更高效的行政程序挑战专利权的效力。

1. 单方再审之申请

单方再审程序可由任何人提起，包括专利权人自己、被授权人、再审申请人及社会公众。任何人均可通过匿名方式提出有关现有技术，这一匿名方式可以消除专利技术领域潜在竞争对手的顾虑，防止专利权人通过专利无效程序提前发现竞争对手进而提起专利侵权诉讼以打压对手。单方再审的申请人不需要证明其与系争专利具有任何实质利益关系，且单方再审的申请人也无须与现有技术的引入人为同一主体。即使单方再审申请人与专利权人为诉讼中争诉的双方并已作出判决，抑或双方曾于协议或和解协议、合意判决中约定不得再行争议涉案专利，当事人均可提起单方再审程序。在 Joy Manufacturing 公司诉 National Mine Service 公司一案❶中，双方曾于诉讼和解协议中约定不得再行对涉案专利提起效力争议，但其后当事人再次提起单方再审，法院经审查后认为，尽管当事人在诉讼和解协议中曾约定不再就专利权效力提起争执，但这并不影响当事人提起单方再审程序的权利。单方再审程序除了可基于申请而启动外，美国专利商标局局长也可以依职权启动单方再审。❷

根据美国专利法规定，任何主体只要认为某一现有技术与所争执之专利权相关，都可以向审查机关提请引入该项现有技术，包括任何专利技术或印刷物及其组合❸，提交人所引入的现有技术应被列入专利审查档案。且对现有技术的提交并不受时间限制❹，涵盖了专利的可实施期间，即专利有效期内及其后六年。❺在提交现有技术的书面材料中，经提请引入该现有技术的主体申请，提交人的身份可被保密，专利档案可以不记录其身份。

2. 单方再审程序之启动

专利单方再审申请提起后，美国专利商标局将于请求提起后的三个月内审查请求人是否提出了"实质性新问题"（substantial new question）❻，影响涉案专利技术的"可专利性"，以决定是否核发指令启动单方再审

---

❶ Joy Manufacturing Co. v. National Mine Service Co.810 F.2d 1127（Fed. Cir. 1987）.
❷ 37 C.F.R. § 1.520（2009）.
❸ M.P.E.P. § 2205（2008）.
❹ 37 C.F.R. § 1.501（a）（2009）.
❺ 35 U.S.C. § 286; M.P.E.P. § 2204（2008）.
❻ 35 U.S.C. § 303（a）（2012）.

程序并解决该问题。而"实质性新问题"就成为专利单方再审启动一个十分重要的节点。"实质性新问题"的审查判断由美国专利商标局自行决定。

在《美国专利审查指南》（MPEP）中，对"实质性新问题"作出了较为宽泛的界定，仅规定了两种例外，一是该项专利已经法院作出生效的终审决定被无效；二是专利商标局已在先前的程序中作出了终局决定或是有再审程序正在进行中。❶当然，结合美国专利法及专利审查指南的规定，相当于对单方再审程序的启动采取的是形式审查模式，只要申请人提出了"实质性"问题，且该问题未经法院或专利商标局作出终局性判定，那么这一申请就被许可启动。

3. 单方再审之流程

美国专利商标局经审查决定启动单方再审程序后，会向专利权人及申请人送达启动决定书的副本，并确定两个月以上的期间供专利权人陈述其意见（专利权人自己提起单方再审除外），类似于答辩期间。专利权人可以在此期间内提出关于可专利性争议、专利权利要求范围修改或者申请并案审查的意见，还可以提出延长陈述期间的申请。专利权人向美国专利商标局所为之陈述，必须将副本送达给申请人，此时申请人可以在两个月的期间内，对专利权人的陈述予以回应，并将回应的副本发送给专利权人。❷当然，如果专利权人不针对再审申请人的请求作出陈述，那么申请人也就不再具有第二轮回应的机会，这也是单方再审程序参与度低的缺陷之所在。

在专利权人的陈述与回应周期结束之后，美国专利商标局将依照与专利申请类似的程序❸进行审查。在审查进程中，可以允许专利权人对涉案专利提出修正或者新的权利要求，以使其专利技术区别于申请人所援引之专利技术，但这种修正或新权利要求的提出，决不允许超出原专利

---

❶　M.P.E.P. § 2242（2008）.

❷　35 U.S.C. § 304（2012）.

❸　35 U.S.C. § 132; 133（2012）.

保护范围。❶ 单方再审程序还包括了向美国专利审理与上诉委员会的申诉程序，可以通过专利商标局特殊加急程序呈交专利审理与上诉委员会。当然，专利权人对于单方再审程序的结果不服的，可以向美国联邦巡回上诉法院提出上诉，由法院对再审决定予以审查。根据《美国专利法》第 144 条，美国联邦巡回上诉法院受理上诉后，应根据专利商标局提出的存档证据对上诉进行审理并作出判决，判决后，法院应向专利商标局局长发出命令和意见，并归入专利商标局的档案，约束本案以后的程序。❷ 在单方再审程序终结（包括上诉程序终结）后，专利商标局局长应当根据终结结果核发并且公告证书，包括撤销不具备可专利性的专利权利要求、确认具备可专利性的权利要求、修正后的可专利性权利要求。❸

（二）复审程序

AIA 法案确定了相互衔接的授权后复审程序与双方复审程序，两项程序在程序进程、和解、禁反言、专利审理与上诉委员会程序、上诉程序的规定上颇为一致，而且从申请的时间上也前后衔接。本部分将在分别对授权后复审程序与双方复审程序的相关差异性细节予以介绍后，再就相同的程序规则进行补充说明。

1. 授权后复审程序

授权后复审为 AIA 法案新增的专利无效程序，与双方复审程序相衔接。授权后复审必须在专利授权或重新核发专利证书之日起 9 个月内向美国专利商标局提出，提起人为专利权人以外的其他人，所针对的无效复审范围为《美国专利法》第 282 条 b 款第 2、3 两项关于专利权或专利权利要求无效的规定❹，也就是包括《美国专利法》第二章第 112 条、第 251 条规定的关于专利申请文件不合乎要求、发明人不适格、属于现有技术、说明书描述不充分、缺乏创造性、缺乏实用性等无效情形。❺ 在此范

---

❶ 35 U.S.C. § 305（2012）.

❷ 美国专利法［M］. 易继明，译. 北京：知识产权出版社，2013：50.

❸ 35 U.S.C. § 307（2012）.

❹ 35 U.S.C. § 321（b）（2012）.

❺ 与侵权诉讼中被控侵权人提出专利无效抗辩的理由范围相同。

围内的一项或多项专利权利要求可通过授权后复审程序予以撤销。

2. 双方复审程序

双方复审应在专利授权或重新核发专利证书之日起 9 个月之后方可启动，如果在先启动了授权后复审程序，而在先授权后复审程序的终结之日要晚于上述时间点，那么就以授权后复审程序终结之日为起始点。双方复审的申请人范围与授权后复审一致，皆为非专利权人。但双方复审的范围仅包括针对《美国专利法》第 102 条、第 103 条所规定的有关专利新颖性与创造性的事由，而且申请人所能援引的对象仅涵盖专利技术或印刷出版物所载明的现有技术范畴。❶

3. 复审程序的申请与启动

复审的提出必须满足以下四个方面的条件：其一，必须根据美国专利法及专利审查规则缴纳相应的费用；其二，必须在申请中载明所有与此复审程序相关的利害关系主体；其三，必须以书面方式分别指出所针对的每一项权利要求以及支持异议理由的根据，包括申请人自己所申请的专利或公开出版物、其他证据及专家意见书；其四，美国专利商标局所制定的专利审查指南等文件中所要求提供的其他材料。另外，复审申请人还需要将提交给专利商标局的文件副本发送给专利权人或其指定的代理人。❷专利商标局在条件允许的情况下，应将该申请信息尽快提供给公众进行查询。专利权人收到申请人的材料副本后，在专利商标局局长规定的时间内，可以针对申请人所提的申请理由及相关证据材料认为不符合复审程序的启动条件提出意见。

美国专利商标局在收到复审申请后，在专利权人作出初步回应或应作出初步回应的截止日期起，三个月内进行审查，如果申请异议中所针对的权利要求有至少一项"可能无法具备不可专利性"条件时，专利商标局局长可以启动复审程序，并书面通知复审申请人及专利权人，指定复审程序开始的时间，并在可能的条件下，将所作出的决定提供给公众查询。对于启动复审程序的决定，具有终局性的效力，不服该决定者也

---

❶ 35 U.S.C. § 311（2012）.
❷ 35 U.S.C. § 312；322（2012）.

不得申诉或上诉。❶

4. 复审程序的审理流程

授权后复审以及双方复审均由美国专利审理与上诉委员会根据美国专利法及专利复审规则的规定进行审理。美国专利审理与上诉委员会主任指定三名以上的审查人员负责对无效复审的案件进行审理。复审案件在专利审理与上诉委员会的审理程序与司法审理程序颇为类似，包含证据开示和口头听证的程序，证据开示程序为复审程序的必经程序，且复审程序的任何一方当事人均有权申请对所审理案件进行口头的听证。在复审程序中，专利权人有权依《美国专利法》的规定对复审申请通过答辩状或者声明的形式作出初步回应的陈述，并且在初步回应中，专利权人应当提交与其回应理由相关联并支持其理由的事实证据以及专家意见书。相应地，复审申请人也应当获得至少一次提交书面意见的机会。对于授权后复审程序以及双方复审程序，《美国专利法》规定了证明涉案专利具有不可专利性的证明标准，即"优势证据"证明标准。该标准有别于专利无效诉讼中所采纳的"清晰且令人信服"的证明标准，较之更低。❷

在专利复审程序中，专利权人可以提出修改专利权利要求的申请，其可申请的事项包括：撤销被申请异议的专利权利要求；针对被异议的专利权利要求，提出替代性的权利要求。对于专利权人提出修改专利权利要求的，其修改的最终效果不得扩大原专利权的权利要求范围，或者新增专利权利要求范围。❸

5. 复审程序的审结与上诉

基于专利复审程序的效率价值取向，《美国专利法》严格限定了复审程序的期限，即在专利商标局局长通知启动复审程序之日起的 1 年内，专利审理与上诉委员会应当作出最终书面决定，如果有正当合理的理由，专利商标局局长可以申请延长该期间，但申请延长的期间不得超出 6 个

---

❶ 35 U.S.C. § 314；324（2012）.
❷ 35 U.S.C. § 316（e）；§ 326（e）（2012）.
❸ 35 U.S.C. § 316（d）；§ 326（d）（2012）.

月的范围。❶复审程序的双方，可于复审程序进程中达成和解。在达成和解后，根据双方当事人的申请，并向专利商标局提交经核实的双方和解协议副本，美国专利商标局可以终止复审程序或直接作出书面的复审决定，但如果在双方终止复审程序的申请提交前，美国专利审理与上诉委员会就实体问题已经作出了决定，那么该申请将不被允许。对达成双方和解协议的申请人、利害关系人以及其他有密切联系的人，不受复审程序禁反言效力的约束。❷与单方再审程序一样，在复审程序终结（包括上诉程序终结）后，专利商标局局长应当根据终结结果核发并且公告证书，包括撤销不具备可专利性的专利权利要求、确认具备可专利性的权利要求、修正后的可专利性权利要求。❸在复审程序终结后，从启动复审程序到终结复审程序的整个过程中所形成的相关材料及结果，均面向社会公众查询。复审程序中的任何一方对专利审理与上诉委员会作出的终局决定不服的，均可以向美国联邦巡回上诉法院提出上诉。

（三）无效行政程序之优势

由于美国专利无效诉讼带给专利诉讼当事人所不堪忍受的成本与迟延，寻求针对专利无效诉讼的体系化替代解决方案，肇始于 21 世纪初的头几年。从 2001 年到 2006 年，美国国会即针对相关专利改革方案进行了数次听证。美国知识产权法律委员会（AIPLA）在 2004 年国会听证上所提供的数据显示，专利权无效诉讼往往会耗掉专利权人与被控侵权人 7 到 10 年的时间，其所引致的专利权效力堪虞，给相关产业带来难以估量的损失。❹2011 年，在经历了数轮迂回之后，AIA 法案得以颁行。美国 AIA 法案建立了一套旨在引导专利权效力争议双方运用专利无效行政程序的体系。

---

❶　35 U.S.C. § 316（a）（11）；§ 326（a）（11）（2012）.

❷　35 U.S.C. § 317；§ 327（2012）.

❸　35 U.S.C. § 318（b）§ 328（b）（2012）.

❹　Patent Quality Improvement. Post-Grant Opposition: Hearing Before the Subcomm. on Courts, the Internet, and Intellectual Prop. of the H. Comm. on the Judiciary, 108th Cong. 8-13（2004）[hereinafter 2004 House Hearing].

AIA 法案在设置体系化的专利无效再审、复审程序的同时，采取了两方面的配套措施引导当事人选择适用专利无效行政程序。其一，以相对较低的费用吸引专利权争议主体运用该规则。根据 AIA 法案，国会授权美国专利商标局确定专利无效行政程序的费用。美国专利商标局确定了分两步收取的费用，第一步，提交申请时的初步费用为：IPR 程序 9000 美元，超出 20 项权利要求每项增加 200 美元；PGR 和 CBMR 程序 12000 美元，超出 20 项权利要求每项增加 250 美元。第二步，申请受理后的费用为：IPR 程序 14000 美元，超出 15 项权利要求每项增加 400 美元；PGR 和 CBMR 程序 18000 美元，超出 15 项权利要求每项增加 550 美元。❶ 在 AIA 法案修改后，根据美国专利商标局关于 IPR 程序的统计数据，当事人从提出申请到获得专利商标局裁决，包括代理费等花费的总费用在 30 万美元到 80 万美元之间。这一数额要远远低于在联邦地区法院启动专利无效之诉动辄耗费数百万美元之巨的支出。❷ 其二，专利无效行政程序所耗时明显缩短。AIA 法案将专利权效力争议行政程序的审理时限限定在 18 个月以内。❸ 自 AIA 法案颁行后至 2014 年 2 月，以美国专利审理与上诉委员会（PTAB）所作裁决的 15 个专利复审案件为样本❹，从申请人提出申请到作出最终裁决，所耗时长都在 9 个月至 17 个月。相对于专利无效诉讼 7 年到 10 年的时间跨度缩短了不少。

三、专利权效力判定程序之协调

美国专利法上对于专利权效力的挑战存在着多重渠道，既包括专利

---

❶ Interthinx, Inc. v. CoreLogic Solutions, LLC, CBM2012–00007, Paper No. 58（P.T.A.B. Jan. 30, 2014）.

❷ 例如，美国最高法院 2014 年公布的 Highmark Inc. 诉 Allcare Health Management System Inc. 案中，法院判决被告支付原告的律师费达到 500 万美元。参见：徐棣枫，郄志勇. 美国专利案件中的律师费承担规则及其发展［J］. 知识产权，2014（10）：108–112.

❸ Leahy–Smith America Invents Act §6（a）（314）（b）（1），§6（a）（314）（c）（1），§6（a）（316）（a）（11），§6（a）（324）（b）（1），§6（a）（324）（c）（1），§6（a）（326）（a）（11）.

❹ Garmin Int'l Inc. v. Cuozzo Speed Techs. LLC, IPR2012–00001, Paper No. 59（P.T.A.B. Nov. 13, 2013）etc［EB/OL］.［2022–12–31］. http://www.uspto.gov/ip/boards/bpai/ptab_trials.jsp.

无效之诉，也包括专利侵权诉讼中的无效请求，还包括专利无效行政程序及其后续的司法程序。如此多样化的专利无效纠纷解决机制，一方面为当事人提供了多种解决方式，另一方面也增加了程序判定结果之间冲突的可能性。因此，在专利权效力判定程序之间如何设置相应的协调机制就显得尤为重要。

（一）专利无效诉讼与无效行政程序之关系

1. 程序潜在的冲突

美国国会通过 AIA 法案试图引导社会公众更多地利用专利行政程序挑战专利权的有效性。然而，尽管如此，美国专利无效模式基本格局并未发生变化。历史上所推行的通过在专利侵权诉讼中同时审理专利无效之诉的模式，在经历了曲折发展的进程后，近年来已经带来了越来越多的"麻烦"。1982 年之前，美国专利诉讼一审一般由联邦地区法院审理，地区法院作出判决后，当事人再根据不同的管辖区域上诉至相应的联邦上诉法院。由此出现了不同联邦上诉法院同类案件审理结果上的差异化，甚至出现相互冲突的判决。进而，在重大利益驱动下，这种区域差异所引起的"择地起诉"风潮，促使美国于 1982 年通过《美国联邦专利改革法案》，成立了集中受理专利上诉案件的联邦巡回上诉法院，由该院独占享有各个联邦地区法院专利诉讼案件以及不服专利审理与上诉委员会裁决❶的上诉管辖权。当然，联邦巡回上诉法院成立后的司法实践证明，其"带来了专利审判的统一性与专业化"❷，该举措被誉为美国专利法发展史上的里程碑事件。但近年来，联邦巡回上诉法院在处理专利无效诉讼与专利无效行政程序结果关系的一些案件中，出现了观点分裂，并带来了一定的消极影响。

---

❶　美国专利商标局"专利审理与上诉委员会"所作的裁决，在美国相当于诉讼程序上的一个审级，不服该裁决可以直接上诉至美国联邦巡回上诉法院。

❷　Emmette F. Hale: The 'Arising under' Jurisdiction of the Federal Circuit: An Opportunity for Uniformity in Patent Law［J］. Florida State University Law Review. Summer, 1986: 229–265; Paul R. Gugliuzza: Patent Law Federalism［J］. Wisconsin Law Review, 2014（1）: 11–77.

具有典型意义的是 Baxter 系列案❶。该系列案件针对相同争议专利，当事人分别提起了专利无效行政程序，以及专利侵权诉讼与权利无效之诉，最终在联邦巡回上诉法院产生了冲突。一方面，侵权诉讼这条主线，缘起于 2003 年 4 月，Fresenius 公司（以下简称"F 公司"）向美国联邦地区法院对 Baxter 公司（以下简称"B 公司"）提起诉讼，诉请 B 公司的美国 5247434 号专利等（以下简称"434 号专利"）无效，并且请求确认其不侵犯 B 公司的专利权。地区法院于 2007 年 2 月认定专利无效请求缺乏实质性证据支持，陪审团进而于 2007 年 10 月裁决 F 公司应支付 B 公司1426.6 万美元赔偿。❷后双方上诉至美国联邦巡回上诉法院，2009 年 9 月10 日，上诉法院维持专利有效，同时就判赔数额的部分发回地区法院复审。2012 年 3 月 18 日，地区法院就赔偿作出最终判决，在 1426.6 万美元基础上增加了 930 万美元赔偿。但 2012 年 5 月 3 日，地方法院因 F 公司在联邦巡回上诉法院的另一诉讼而许可暂停该判决的执行。

另一方面，专利行政程序这条主线，始于 2005 年 F 公司针对"434号专利"向美国专利商标局提起单方再审。2007 年 12 月，美国专利商标局针对单方再审作出决定，认定该专利无效。2010 年 3 月，"专利申诉与抵触委员会"（BPAI）审查维持了无效决定。❸随后，B 公司诉至联邦巡回上诉法院，2012 年 5 月 17 日，联邦巡回上诉法院判决维持了上述无效决定。2013 年 7 月 2 日，联邦巡回上诉法院撤销原侵权诉讼判决，发回初审法院并建议驳回起诉。2014 年 5 月 19 日，美国联邦最高法院驳回了 B 公司的调卷令请求❹，该案尘埃落定。

---

❶ Baxter 系列案包括：提起侵权诉讼的 Baxter International, Inc., et al., Petitioners v. Fresenius USA, Inc., et al. 案等；以及对美国专利商标局"专利审理与上诉委员会"作出的决定不服诉至法院的 In re Baxter 案等。中国学者一般引述为 In re baxter 案，参见：左萌，孙方涛，郭风顺. 浅析美国专利无效的双轨制［J］. 知识产权，2013（12）：92-97.

❷ Fresenius Med. Care Holdings, Inc. v. Baxter Int'l, Inc., No. 03-CV-1431, 2007 WL 518804, at 1（N.D. Cal. Feb. 13, 2007）.

❸ Ex parte Baxter Int'l, Inc., No. 2009-006493, 2010 Pat. App. LEXIS 14245, 2010 WL 1048980（B.P.A.I. Mar. 18,2010）（"Board Decision"）；Ex parte Baxter Int'l, Inc., No.2009-006493, 2010 Pat. App. LEXIS 17370, 2010 WL3032865（B.P.A.I. July 20, 2010）（"Board Rehearing Decision"）.

❹ Baxter International, Inc., et al., Petitioners v. Fresenius USA, Inc., et al. 134 S. Ct. 2295; 189 L. Ed. 2d 174; 2014 U.S. LEXIS 3538; 82 U.S.L.W. 3672.

自 2003 年 F 公司在联邦地区法院起诉，到 2014 年案件尘埃落定，Baxter 系列案件的拉锯战持续 11 年之久，颇具讽刺意味的是，"434 号专利"已于 2011 年 4 月保护期届满。该系列案件在联邦上诉法院法官中存在着较大的意见分歧。参与该案审理的纽曼（Newman）法官撰写了判决书中的反对意见，其指出，已经终局的法院判决对行政部门（美国专利商标局）应当具有约束力，美国专利商标局的决定与在先司法判决矛盾，存有违宪之嫌。❶ 在专利侵权诉讼与专利行政程序及其后续的司法审查程序并行的情况下，尽管上诉管辖法院均为联邦巡回上诉法院，但在审查程序、证据规则、证明标准等均存在差异的情况下，两程序之结论存在着冲突的较大可能性，如何调和，则成为美国专利司法上面临的一个重要问题。

2．程序协调机制：专利诉讼中止规则

（1）专利诉讼中止规则导源

联邦巡回上诉法院的设立旨在解决美国 12 个地区联邦巡回法院在类似案件上所存在的迥异判决结果 ❷，以及由此所导致的当事人"择地起诉"问题，"带来了专利审判的统一性与专业化"❸，也有效弥合了不同地区法院以及相对应的巡回上诉法院之间的审判尺度差异。然而，联邦巡回上诉法院的成立，并未解决前述"双轨制"体系对专利权效力认定存在潜在冲突的可能。针对此问题，其时的美国专利法未予回应，只是美国专利商标局在 1985 年的专利审查指南中作了注脚，如果与某一专利再审案件相关的涉诉法院已经中止诉讼程序以等待专利商标局的再审程序结果，那么专利商标局将倾向于加快再审案件的进展。❹ 但这一辅助性的"指南"

---

❶　In re axter International, Inc. 678 F.3d 1357; 2012 U.S. App. LEXIS 9983; 102 U.S.P.Q.2D（BNA）1925，May 17, 2012, Decided.

❷　孔译路．专利专门性法院的先驱者：美国联邦巡回上诉法院的发展［J］．知识产权，2014（4）：84–88.

❸　Emmette F. Hale: The 'Arising under' Jurisdiction of the Federal Circuit: An Opportunity for Uniformity in Patent Law［J］. Florida State University Law Review. Summer, 1986: 229–265; Paul R. Gugliuzza: Patent Law Federalism［J］. Wisconsin Law Review, 2014（1）：11–77.

❹　Manual of Patent Examining Procedures §2286（1985）. "Where litigation has been stayed pending reexamination proceedings, the PTO will attempt to expedite those proceedings".

没能从基础上协调冲突。越来越多的专利诉讼当事人在已经启动专利再审程序的情况下，针对专利民事诉讼提出中止审理的申请。

面对程序交叉带来的冲突，美国联邦法院依据宪法中的授权规则，认定"应否中止诉讼的权限由各联邦地区法院自行决策"❶。相应地，此后的 Grayling 案❷、GPAC 案❸、ASCII 案❹、Xerox 案❺等案件，审理法院分别根据当事人的请求作出了各自的审查判断。直到 2005 年，审理 Cygnus 案❻的怀特（Whyte）法官在总结归纳既有判例的基础上，提出了考量诉讼中止的"三段式标准"（three-part test），将三项主要因素确定为是否中止专利诉讼的审查指标。在随后的 Telemac 案❼、Aten 案❽等案件中，"三段式标准"得以作为"先例"被引用并固定下来，进而通过审理法官对该规则的进一步阐述而不断完善，纳入 2012 年 AIA 法案修订后的《美国专利法》，在第 315 条、第 325 条分别界定了双方复审程序与授权后复审程序"与其他程序或诉讼的关系"❾。其中，修订后的《美国专利法》第 315 条（a）款、第 325 条（a）款，分别对专利复审程序与侵权民事诉讼之间的关系规定了诉讼中止的情形❿，即"在申请人或者利害关系人提出复审申请之日或其后，又提出专利权无效民事诉讼的，民事诉讼自动中止，直至下述时间的任一时间：（A）专利所有人到法院请求解除诉讼中止的；（B）专利所有人起诉或反诉申请人或利害关系人侵权专利权的；（C）申

---

❶　参见三个案例中的相关论述：Patlex Corp. v. Mossinghoff, 758 F.2d 594, 603（Fed. Cir. 1985）；Emhart industries, inc. V. Sankyo seiki mfg. Co., ltd. United States district court for the northern district of Illinois, eastern division, U.S. Dist. January 30, 1987; Ethicon, Inc. v. Quigg, 849 F.2d 1422, 1426–27（Fed. Cir. 1988）.

❷　Grayling Industries v. GPAC, Inc., 19 U.S.P.Q.2D（BNA）1872,（U.S. Dist. 1991）.

❸　GPAC, Inc. v. DWW Enterprises, Inc., 144 F.R.D. 60, 66（D.N.J. 1992）.

❹　ASCII Corp. v. STD Entertainment USA, Inc., 844 F. Supp. 1378, 1380（N.D. Cal. 1994）.

❺　Xerox Corp. v. 3Com Corp., 69 F. Supp. 2d 404, 406（W.D.N.Y. 1999）.

❻　In re Cygnus Telecommunications Technology, LLC, Patent Litig., 385 F. Supp. 2d 1022, 1023（N.D. Cal. 2005）.

❼　Telemac Corp. v. Teledigital, Inc., 450 F. Supp. 2d 1107, 1111（N.D. Cal. 2006）.

❽　Aten Int'l Co., Ltd v. Emine Tech. Co., Ltd., No. SACV 09–0843 AG（MLGx）, 2010 U.S. Dist.（C.D. Cal. Apr. 12, 2010）.

❾　35 U.S.C. § 315; § 325.（2012）.

❿　美国专利法［M］. 易继明，译. 北京：知识产权出版社，2013：76.

请人或利害关系人到法院请求驳回起诉的"。同时，"针对专利权利要求
提出无效反诉的，不构成本款规定针对专利权无效提起的诉讼"。另外，
修订后的《美国专利法》第315条（b）款，针对在专利侵权诉讼提起
后，对方当事人提起双方复审程序的阻却事由进行了规定，"在申请人、
利害关系人或与申请人有密切关系的人收到专利侵权诉求之日起1年后，
不得再启动双方复审程序"。综观《美国专利法》修改后与诉讼中止相关
的条款可以发现：其一，对原专利法中已有的单方再审程序，并未增订
中止规则；其二，对双方复审程序与授权后复审程序，修订后的专利法
仅针对专利权无效提起诉讼的情况下，可适用诉讼自动中止，而将专利
诉讼中大量存在的针对专利侵权诉求提起的专利权无效反诉排除于该条
规定之外；其三，仅规定了侵权诉讼提起后1年内提起双方复审的时间
限制，事实上绝大多数的专利侵权案件出现与双方复审或是授权后复审
程序交叉时，并不能诉诸该中止规则。概言之，美国修订后的专利法严
格设定了专利无效诉讼与行政程序交叉的诉讼中止规则，但对于专利侵
权诉讼与行政程序交叉的案件，是否诉讼中止，"仍然留待各联邦地区法
院自行决策"❶。

　　美国专利法修改后，在2012年的Semiconductor Energy Lab案❷中，
塔克（Tucker）法官认为，在再审程序中建立起来的"三段式标准"，"没
有理由不适用于专利法中新设的双方复审等程序"，其在判决中采纳了
"三段式标准"，并将"三重因素"（three factors）概括为"诉讼阶段、争
点简化、过分损害或明显不利"。此后，"三段式标准"在Universal案❸、
Pi-Net案❹等一系列案件中，通过结合修改后的双方复审程序、授权后复

---

　　❶　Patlex Corp. v. Mossinghoff, 758 F.2d 594, 603（Fed. Cir. 1985）; Emhart industries, inc. V.
Sankyo seiki mfg. Co., ltd. United States district court for the northern district of Illinois, eastern division,
U.S. Dist. January 30, 1987; Ethicon, Inc. v. Quigg, 849 F.2d 1422, 1426-27（Fed. Cir. 1988）.

　　❷　Semiconductor Energy Lab. Co., Ltd. v. Chimei Innolux Corp. No. SACV 12-0021 JST（JPRx），
2012 U.S. Dist.（C.D. Cal. Dec. 19, 2012）.

　　❸　Universal Elecs. Inc. v. Universal Remote Control, Inc., 943 F. Supp. 2d 1028,（U.S. Dist.
2013）.

　　❹　Pi-Net Int'l, Inc. v. Focus Bus. Bank, No. 5:12-cv-04958-PSG, 2013（N.D. Cal. Oct. 3,
2013）.

审程序的新发展，得以延续并不断发展，以臻成熟。

（2）"三段式标准"：美国现行专利诉讼中止规则

美国专利诉讼中止"三段式标准"，导源于 20 世纪八九十年代的系列案件，形成于 2005 年的 Cygnus 案，阐发于 2012 年的 Semiconductor 案。其间，2011 年 9 月 16 日颁行的 AIA 法案对其施以了重要影响，并出现了一些新的发展与变化，但美国现行专利诉讼中止规则概括起来主要包括三部分的考量因素：诉讼阶段、争点简化、过分损害或明显不利。

①诉讼阶段

专利诉讼所处的阶段，对于诉讼中止请求能否被法庭准许起到了首要的作用。美国民事诉讼采取对抗制，审前程序在民事诉讼中具有举足轻重的地位。在开庭审理之前，当事人之间需要耗费冗长的时间与巨大的成本以相互交换诉答文书并整理争点、开示证据。❶ 在美国民事诉讼审前程序中，最为关键的阶段是证据开示。基于此，美国联邦地区法院对诉讼中止规则中的"诉讼阶段"要素一般阐述为"证据开示是否完成，以及庭审时间是否已被确定下来"❷。转换到量化的标准，具体而言，要看"诉讼程序后续的事项是否仍然多于已然处理的事项"❸。如果该要素得到确认，即证据开示程序并未完成其大部分的事项（或称"并未接近完成"），仅仅进行了其中一小部分，那么该诉讼中止请求便可能会被认可。具体到个案中，需要结合相应庭审日程以及证据开示程序的进展情况。

美国联邦地区法院判断"诉讼阶段"的一项标示性程序是用于解释专利权权利要求的"马克曼听证"（Markman Hearing）。❹ 在 Semiconductor 案中，原告（诉讼中止请求的相对方）提出，尽管证据开示程序并未完

---

❶ 毕玉谦. 对我国民事诉讼审前程序与审理程序对接的功能性反思与建构：从比较法的视野看我国《民事诉讼法》的修改［J］. 比较法研究，2012（5）：16-31.

❷ Semiconductor Energy Lab. Co., Ltd. v. Chimei Innolux Corp. No. SACV 12-0021 JST（JPRx），2012 U.S. Dist.（C.D. Cal. Dec. 19, 2012）.

❸ Tierravision, Inc. v. Google, Inc., No. 11cv2170 DMS（BGS），2012 WL 559993, at 2（S.D. Cal. Feb. 21, 2012）.

❹ 在 Markman 案中，美国联邦最高法院判决将"马克曼听证"作为一项专门用于对专利权利进行解释的审前听证程序，以固定权利要求的边界并确定有关权利要求的争点。Markman v. Westview Instruments, 517 U.S. 370（April 23, 1996）.

成，但庭审进程已经被确定下来了，被告的诉讼中止请求不应被允许。但法庭认为，庭审的具体时间只有在 2014 年 5 月 6 日之后才会被提上议事日程，而且当时双方当事人有关权利要求解释界定的庭前听证（即"马克曼听证"）尚未举行，因此，从专利诉讼总体时间进程的角度来讲，还有更多的工作有待处理。同样，在 Universal 案中，由于诉讼程序已经进入"马克曼听证"，尽管尚处于该听证程序的早期，但由于当事人已经为"马克曼听证"进行了大量的准备工作，因此对诉讼中止的请求不予支持。2011 年修订的专利法案中，有关行政程序启动的"侵权诉讼提起后一年"时间限制，也对此要素起到了辅佐作用。《美国专利法》第 315 条（b）款规定，专利侵权诉讼提起后，对方当事人提出双方复审程序的时间应当在侵权诉讼提起后的一年内。❶ 根据美国联邦法院统计数据，专利侵权诉讼一审的平均时间跨度在两年半。❷ 一年的时间限制，将很好地与前面所提及的"诉讼程序后续的事项是否仍然多于已然处理的事项"标准结合起来。一般情况下，专利诉讼一审程序在一年内尚处于开端，启动行政程序后所中止的民事诉讼也处于诉讼阶段的早期。

　　另外，专利行政程序申请是否被启动，也是"诉讼阶段"是否适于中止的一项重要判断要素。美国专利无效行政程序的启动有一定的"门槛"，亦即达到一定的标准方能启动专利行政程序。对于专利再审申请，根据修订后《美国专利法》第 303 条（a）款，专利商标局局长根据专利再审申请人的请求"是否提出了影响专利权利要求可专利性的实质性新问题"❸，作为是否启动行政程序的依据；对于双方复审申请，只有申请人"提交的信息"以及专利所有权人"作出的回应"，共同表明"可以合理预见申请人会在申请异议所针对的至少一项权利要求中获胜时"，专利商标局局长才可以启动双方复审❹；而对于授权后复审，只有申请人"提交

---

❶　35 U.S.C. § 315（b）.（2012）.

❷　John R. Kenny, Scott I. Forman. An Update on Stays Pending PTAB Trial Proceedings, Law360 [EB/OL]. http://www.law360.com/articles/460557/an-update-on-stays-pending-ptab-trial-proceedings.（Nov. 4, 2022）.

❸　35 U.S.C. § 303（a）.（2012）.

❹　35 U.S.C. § 314（a）.（2012）.

的信息没有被反驳，且这些信息表明，申请异议中所针对的权利要求可能至少有一项不能获得专利保护的"，专利商标局局长才可以启动授权后复审程序。❶ 只有行政程序已经被启动，专利诉讼才被认为已经进入可被中止的诉讼阶段。

②争点简化

专利诉讼中止规则中的第二项考量要素是"中止诉讼是否有利于简化诉讼争点"。中止诉讼是否有利于诉讼争点的简化，主要涵盖了几个方面的判断：其一，专利侵权诉讼或无效诉讼（合称"专利诉讼"）中所涉及的专利权利要求，是否在再审程序或者复审程序（合称"行政程序"）中全部或大部分属于效力争议对象；其二，专利诉讼中是否存在非专利诉讼请求（non-patent claims）；其三，专利行政程序当事人是否全部系属于专利诉讼。❷

在 Pragmatus 案中，法官将诉讼所针对的专利权利要求与被告在行政程序中所挑战的专利权利要求进行对照后发现，行政程序所针对的专利权利要求涵盖了全部的诉讼中涉及的权利要求，进而认定，行政程序的进行无疑会简化诉讼的争点，即：如果行政程序中所挑战的专利权利要求被无效，那么专利诉讼所赖以主张的基础将不复存在；如果行政程序中的专利权利要求经审查被确认为有效，那么专利商标局的决定将为诉讼的进行提供更为专业的意见。❸ 因此，被告 Facebook 公司的中止诉讼请求被接受。而在 Semiconductor 案❹ 中，原告称：在多名被告中只有 CMI 公司是行政程序的申请人，专利行政程序的禁反言规则❺ 将不会影响其他的被告，因此行政程序在诉讼程序上的影响力有限，被告的诉讼中止请

---

❶ 35 U.S.C. § 324（a）.（2012）.

❷ Jonathan Tamimi. Breaking Bad Patents: The Formula for Quick, Inexpensive Resolution of Patent Validity［J］. Berkeley Technology Law Journal, 2014, 29（Annual Review）: 587-646.

❸ Pragmatus AV, LLC v. Facebook, Inc., 2011 U.S. Dist. LEXIS 14824（N.D. Cal., October 11, 2011）.

❹ Semiconductor Energy Lab. Co., Ltd. v. Chimei Innolux Corp. No. SACV 12-0021 JST（JPRx）, 2012 U.S. Dist.（C.D. Cal. Dec. 19, 2012）.

❺ Tesco Corp. v. Weatherford Int'l, Inc., 722 F. Supp. 2d 755, 763（S.D. Tex. 2010）. 参见该案中对"禁反言规则"的相关表述。

求不应被接受。对此，法院指出，根据被告附随答辩所提交的证据，尽管多名被告中仅有 CMI 公司向专利审理与上诉委员会申请了双方复审，但随后其他被告人签署了关于接受双方复审程序处理结果的同意书，确认受到双方复审程序的限制。因此，法庭认可所有被告均受到双方复审程序处理结果禁反言规则的限制，同意多名被告所共同提出的诉讼中止请求。

③过分损害或明显不利

在专利诉讼中止规则三要素中，被考量最多，也是最为广泛探讨的就是第三要素："中止诉讼是否会对申请相对方造成过分损害（unduly prejudice）或是使相对方处于明显不利状况"。

诉讼中止是否会对对方造成"过分损害"，其中的第一判断因素就是"双方之间是否存在着直接的竞争关系"。在 Universal 案中，吉福德（Guilford）法官指出，如果原告与被告具有直接的竞争关系（同一市场中的两个主要企业），同时，基于一方的诉讼中止请求而使另一方处于持续性的侵权当中，那么这种持续性的状态将会使相对方丧失其原有的市场份额，进而为申请人所得到，因此，这一诉讼中止请求将会给相对方造成"过分损害"[1]。与之相应，在 Neste 案中，斯利特（Sleet）法官认为，在同一市场中，如果存在多个竞争者，那么诉讼双方之间并不存在"直接的"竞争关系，在诉讼中止期间，对双方当事人之间市场竞争上的影响不会造成相对方"过分损害"[2]。这两个案例对"竞争关系"在"过分损害"中潜在影响的阐述可谓相得益彰，两案分别以两种不同的竞争形势为出发点，阐明了在"过分损害"的影响力上，关键在于考察双方是否存在"直接的"竞争关系，这种直接的竞争关系有别于一般意义上的直接竞争关系，事实上是一种特定的"此消彼长"排斥性竞争关系。

此外，在 Trueposition 案中，森恩（Thynge）法官则将时间因素纳入

---

[1]　Universal Elecs. Inc. v. Universal Remote Control, Inc., 943 F. Supp. 2d 1028,（U.S. Dist. 2013）.

[2]　Neste Oil Oyj v. Dynamic Fuels, LLC, No. 12–1744–GMS, 2013 WL 3353984, at 3–4（D. Del. July 2, 2013）.

"过分损害"的考量范围。他指出,尽管修改后的《美国专利法》第 315 条,给出了专利诉讼提起后,对方当事人提起再审或复审请求的一年宽限期,但申请人在具备条件的情况下,直到这一期间届满才向专利商标局提起再审或复审请求,形成了对被请求人不利的局面,这无疑会造成对方的"过分损害"。基于此,森恩法官从该案中生发出一条可资借鉴的规则:"诉讼中止申请人越早申请启动行政程序,给申请相对方所造成的损害就会越少。"❶

相对于"过分损害",是否"使相对方处于明显不利状况"的判断因素,在 2012 年 AIA 法案施行前后出现了一定的变化。在 AIA 法案施行前,根据美国专利商标局的调研数据❷,单方再审程序的平均时间跨度在 25 个月,而双方再审程序的时间跨度则更是长达 39 个月。而且美国专利商标局在单方再审程序与双方再审程序中作出决定后,当事人首先是上诉到"专利申诉与抵触委员会"(BPAI,后变更为 PTAB),然后再上诉到联邦巡回上诉法院,直到联邦巡回上诉法院作出决定之后才产生"禁反言"效力。因此,专利诉讼一般会等到联邦巡回上诉法院作出决定后才恢复审理。如此,诉讼中止往往会给相对方带来长时间的迟延,进而容易"使相对方处于明显不利的状况",法官在适用此规则时相对更为审慎。美国专利法修改后,双方复审程序、授权后复审程序的时间被严格限定在 18 个月以内,而且双方复审程序及授权后复审程序直接由专利审理与上诉委员会作出决定,然后可上诉至联邦巡回上诉法院,减少了一级行政程序。同时,专利审理与上诉委员会作出的最后决定,即发生"禁反言"效力,无须等待联邦巡回上诉法院的最终判决,审理民事诉讼的法院可在专利审理与上诉委员会最终决定作出后恢复审理。在美国专利法修改后,原来所广为诟病的诉讼中止申请人的"拖延动机"(dilatory motive)得到相对的弱化,法官在此因素的判断上变得更倾向于申请人。

---

❶ Trueposition, Inc. v. Polaris Wireless, Inc., C. A. No. 12–646– RGA/MPT, 2013 WL 5701529, at 3–4(D. Del. Oct. 21, 2013).

❷ John R. Kenny , Scott I. Forman. An Update on Stays Pending PTAB Trial Proceedings〔EB/OL〕.〔2023–05–10〕. http://www.law360.com/articles/460557/an–update–on–stays–pending–ptab–trial–proceedings.

（二）专利无效诉讼与侵权诉讼之关系

美国专利诉讼中，在专利侵权诉讼中可以提起专利无效抗辩（defense）或专利无效强制反诉（counterclaim）❶，还可以在专利侵权诉讼之外提起专利无效确认之诉（declaratory judgment）。专利无效抗辩与专利无效反诉皆为在专利侵权诉讼中由被控侵权人提出，而专利无效确认之诉则源于《美国1934年确认诉讼法》（*Declaratory Judgment Act of 1934*）。专利无效确认之诉意在为潜在被控侵权人提供一项衡平法上的救济途径。由于专利权关涉重大利益，而且专利侵权赔偿费用十分高昂，对于市场竞争主体而言，如果不能确定自己所使用的专利技术是否侵犯他人专利权，直接就投入大量的成本展开研发与生产，最终不仅可能"竹篮打水一场空"，而且会惹来极大的麻烦。所以，出于对与专利权主体相关联的其他市场主体的保护，可以由其在存在侵权之虞时提前寻求关于专利侵权与否的结论，以更好地投入生产。❷当然，提起专利无效确认之诉需要原告提出存在"实质性争议"（A case of actual controversy）的相关事实理由及证据。美国联邦最高法院关于实质性争议的解读与《美国联邦宪法》第3条关于"争议"（Controversies）的理解基本一致❸，也就是原告必须是为生产或准备生产与涉案专利技术相关的产品或提供相关服务，存在着侵害专利权之虞，进而可能产生侵权的合理担忧（Reasonable Apprehension）。当然，这种"实质性争议"的判定需要法官在个案中综合权衡予以认定。

1. 专利无效诉讼与侵权诉讼之审查顺序

专利无效与专利侵权在同一诉讼中何者为先，有两种意见，第一种意见认为专利无效应先予判断，第二种意见认为专利侵权应先予判断。

第二种意见认为，应当先行审查专利侵权与否，因为是否构成专利侵权比专利是否无效更易于判断，同时，在不构成侵权的情况下，对专

---

❶ Federal Rules of Civil Procedure（F.R.C.P.）§ 13（a）（As amended to Dec.1 2014），From CULS.

❷ Goodyear Tire & Rubber Co. v. Releasomers, Inc., 824 F.2d 953, 955（Fed. Cir. 1987）.

❸ Jennifer R. Saionz. Declaratory Judgment Actions in Patent Cases: The Federal Circuit's Response to Medimmune v. Genentech［J］. Berkeley Technology Law Journal, 2008: 161-192.

利权效力作出认定进而将影响力辐射到在后案件是不恰当的。在 Wabash 集团诉 Ross Elec. 公司一案 ❶ 中，美国第二巡回上诉法院指出，如果在未确定是否侵权的情况下，先行对专利权效力作出无效不成立的判定存在如下问题：专利无效决定的结论是在假定专利侵权的前提下作出，存在违宪之嫌，而且在嗣后的侵权判定中可能存在着对被告不利的偏见，对于随后提起的侵权诉讼中对专利权人可能提供了一项免费且具有高度说服力的先例。

美国联邦最高法院持有不同意见，认为应当先进行专利无效审查，因为专利权推定有效，而专利有效是专利能够得以保护的前提，故而应当先行审查专利权的效力。美国联邦最高法院在 Cardinal Chemical 公司诉 Morton 国际公司一案 ❷ 中指出，尽管专利无效判定相较于专利侵权判定更加困难，但其关涉公众利益，重要性相比于专利侵权更为凸显，而且根据 Blonder 案所确立的专利无效判定禁反言规则，专利无效判定结论对社会公众亦产生效益，因此，应对专利权效力先予判定。

2. 判定不侵权时被控侵权人可否就无效部分上诉

如果在美国联邦地区法院的诉讼中，专利侵权诉讼与专利无效诉讼并存时，法院判定被控侵权人未侵犯专利权，不承担侵权责任，但同时认为专利无效不成立，那么被控侵权人可否就专利无效判定的部分提起上诉，该问题在美国司法实践中存有争议。在 Electrical Fittings 集团诉 Thomas & Betts 公司一案 ❸ 中，联邦地区法院判决认定专利无效不成立，同时认定被控侵权人未侵犯原告专利权。判决作出后，被告针对专利权效力认定的部分提起上诉。上诉法院经审查驳回了被告的上诉请求，认为诉讼结果对被告有利，而且关于专利权效力认定的部分于后诉并无拘束力，因此被告的上诉并无相应诉的利益。被告不服，上诉至联邦最高法院。联邦最高法院认为，当事人的上诉在于对专利权效力认定的错误裁决请求排除，属于诉讼中的争点问题，其目的为改变错误的判决，因

❶ Wabash Corp. v. Ross Elec. Corp. 187 F.2d 577, 589–590（2d Cir. 1951）.

❷ Cardinal Chemical Co. v. Morton International, Inc. 508 U.S. 83, 99（1993）.

❸ Electrical Fittings Corp. v. Thomas & Betts Co. 307 U.S. 241（1939）.

此上诉法院应当对当事人的该项上诉进行审理。

在专利无效诉讼中，应当区分专利无效抗辩与专利无效反诉及确认之诉，如果当事人所提出的是专利无效确认之诉或无效反诉，那么作为一项独立的诉请，即使专利侵权不成立，也要对专利权效力进行进一步的审查；如果当事人所提出的仅仅是专利无效抗辩，那么专利侵权判定不成立后，法院若不再对专利权效力作出判定，或者作出判定后受到上级法院审查的撤销，当事人仍可依法提起专利无效确认之诉。

第二节　日本专利权效力判定体系

日本属于大陆法系国家，尽管专利判例也具有一定的指导性意义，但日本的专利制度以专利法、民事诉讼法等成文法为依据。在世界经济格局中，日本始终占据着重要的地位，在中国超越日本成为世界第二大经济体之前，日本长期紧随美国，占据着世界经济总量第二的位置，而且在科技水平，尤其是电子信息技术、生物化学材料技术等领域的创新水平在世界范围内有着巨大的影响力，相对于中国也具有一定的先发优势。日本为中国之邻邦，其以如此小的国土面积以及较为劣势的资源禀赋，却在"二战"后迅速成为世界第二大经济体，曾经创造出一个经济发展的神话，其中制度的力量自是不容小觑。因此，考察日本专利制度，尤其是专利权效力判定体系的发展与演变，对我国专利制度的改造与完善也具有可借鉴意义。

日本作为公私法二元分立的国家，专利权效力判定奉行"单轨制"，也就是对专利权效力的审查仅通过专利无效行政程序判定，对判定的结果不服再行司法审查，而在专利民事诉讼中，则不得针对专利权的效力进行审查并作出判定。然而，对于这种绝对单轨体系的弊端，日本专利法作出了一定的权变，也就是允许被控侵权人就"专利明显无效"的情

形提出"专利权滥用"的抗辩，法院可据以审查，并作出专利权可否予以保护的判断。❶

一、日本专利无效行政程序

日本专利行政机关称为特许厅，负责专利申请的审查与专利权的授权，同时负责对与专利权有关的不服驳回审查决定、认为已授权专利无效、已注册专利的订正等事项作出审决。日本专利法将上述审查事项称为"审判"，实际上在日本专利无效体系中也被作为一个审级，对该审决不服的，可以直接向知识产权高等法院（裁判所）提起上诉，由最高法院终审。

（一）日本特许厅的审判制度

1. 特许厅一般审判程序规则

日本特许厅的审判主要包括两个类别❷三大形式，一是对特许厅审查决定不服的请求，不服驳回查定审判属于专利审查的上级审，具有"续审"性质（《日本专利法》第 121 条第 1 款）；二是社会公众对已授权专利认为存在授权瑕疵，应被判定为无效，提起专利无效请求（《日本专利法》第 123 条第 1 款，第 125 条之 2 第 1 款）；三是专利权人在专利注册登记后，在一定期间、一定范围内请求订正审判，以对申请书所附的说明书、权利要求书或附图进行订正（《日本专利法》第 126 条第 1 款）。❸对于各类特许厅审判案件，作为行政机关的特许厅均采取了较为类似的审判程序。

根据《日本宪法》，对行政机关的行政行为采取司法终局的审查模

---

❶ 余翔，赵振.专利侵权诉讼中反诉专利权无效与中止诉讼：日本知识产权诉讼制度改革及其对我国的启示［J］.电子知识产权，2007（6）：54–56.

❷ 根据《日本专利法》规定，审判程序因审判被请求人不同而进行区分，对于无对方当事人的请求，称为"查定系审判"；对于以专利权人为被请求人的审判，称为"当事者系审判"。

❸ 青山纮一.日本专利法概论［M］.聂宁乐，译.北京：知识产权出版社，2014：187–206.

式❶，对专利权效力的判定也不例外，应由司法机关作出最终的审查判定，但特许厅审判程序的设立，主要考虑到专利权具有较强的专业性因素，由特许厅在司法审查程序之前经过一次具有准司法性质的行政程序，以便更准确高效地处理专利纠纷。

日本特许厅的审判程序采取的是准司法程序模式，并具有职权主义特征。特许厅的审判一般由特许厅长官指定 3 名或 5 名审判人员组成合议庭，由一名审判员担任审判长统一管理该审判事务，并指定合议庭书记员，以负责口头审理以及记录工作。❷通常情况下，合议庭由 3 名审判员组成，对于法院在行政撤销诉讼中发回重审的案件以及其他重要案件则应组成 5 人合议庭进行审理。❸对于申请人与被申请人均不在特许厅所处的东京地区时，当事人可申请或经审判长决定进行巡回审判，即由审判员及书记员到当事人所在地进行口头审理并调查证据。

日本特许厅的准司法审判程序，采职权主义模式。根据《日本专利法》第 153 条，特许厅审判程序不囿于普通民事诉讼，采取职权探知主义，也就是对当事人未提出申请的理由，合议庭也可以依职权展开证据调查、文献检索，采取证据保全措施并询问证人、相关当事人、参加人等，并可依职权中止审理或重新开始审理程序。❹当然，审判人员依职权调查的范围不得超出申请人所请求的主旨范围。即使当事人未能在法定或指定期间内办理相关手续，审判长仍然可以继续审判程序。

审判请求由当事人向特许厅长官依照规定提出书面审判请求书，载明相应的请求主旨及理由。审判请求书如果缺少法定的形式但可以补正的，应由审判长发出补正的命令，针对手续不合法且无法补正的，特许厅驳回该请求。审判请求在审决生效之前可以撤回，但无效审判中，如果专利权人的答辩书已经提交给合议庭，那么只有经过对方当事人的同

---

❶　根据《日本宪法》第 76 条，当国家、地方公共团体或其他行政主体与私人主体之间产生纠纷时，由法院作出终审裁断。

❷　参见《日本专利法》第 137 条、第 144 条之 2、第 147 条。与诉讼程序一样，对审判人员及书记员可以申请除斥或回避。

❸　参见《日本专利法》第 136、137、138 条。

❹　参见《日本专利法》第 134、150、156、168 条。

意才可以撤回审判请求。❶ 审判程序中的证据调查，主要准用民事诉讼之相关证据规定，对于取证较为困难的，也可以依当事人的申请由特许厅依职权进行证据保全。❷ 审判程序中的证据类型包括人证与物证，人证包括证人、鉴定人以及当事人本人；物证包括文书与证物。❸

2. 专利无效审判程序

已授权的专利权，如果被发现存在授权瑕疵或存在不应授予专利权的事由的，应被宣布为无效，这是专利无效审判的目的之所在。无效审判申请的提起不受时间限制，甚至在专利权到期后仍可提起，因为即使专利权到期后，专利权人对于专利权存续期间的专利侵权行为犹可诉请侵权赔偿。专利无效审判程序类似于民事诉讼程序，特许厅审判人员居中裁判，请求人与被请求人为参与审判的双方当事人。其中，能够提起专利无效审判请求的当事人为请求人。根据《日本专利法》第123条第2款的规定，任何人均可向特许厅提出专利无效审判请求，但对于违反共同申请的要求或冒用他人名义申请的专利请求无效，则仅限于利害关系人。如果两个以上的申请人向特许厅就相同专利提起了无效审判请求，那么相关的申请可以类比民事诉讼中关于"类似必要共同诉讼"进行处理。为提高专利无效审判的效率，对于与审判相关联的利害关系人，可以作为第三人参与审判，类似于诉讼程序中的第三人，参加审判程序的第三人分为当事人参加与辅助参加。❹ 当事人参加即本身可作为请求人参加审判程序的，可以参加审判，与无效审判申请人具有相同的法律地位；辅助参加即对审决结果有利害关系的主体于审理程序中参加诉讼，辅助一方当事人参与诉讼。

根据《日本专利法》第123条第1款的规定，一项已授权专利能够被无效的理由包括8项。（1）增加了新事项。专利权人在专利申请时的说明书、权利要求及附图所记载事项之外，于补正申请中增加了新的事

---

❶　参见《日本专利法》第155条。

❷　参见《日本专利法》第150条第2款。

❸　青山紘一.日本专利法概论［M］.聂宁乐，译.北京：知识产权出版社，2014：191.

❹　参见《日本专利法》第148条第1款、第3款。

项范围，并获得了专利权，属于无效理由之一。但对于外文申请文件，则存在例外，也就是对于补正申请时新增的外文文件，不属于前述所称的新事项。当然，如果新增的外文文献是原提交的外文文献记载事项之外的内容，则属于新事项，纳入无效理由范围。（2）专利授权违反专利要件。一是主体不属于《日本专利法》第25条规定的可享有专利权的外国人范围。《日本专利法》第25条规定，可享有专利权的在日本国内无住所或居所的外国人，限于与日本存在互惠关系或有相应条约约定的国家，不属于该范围则不得授予专利权。二是不具备新颖性、创造性、实用性的发明。三是抵触申请。四是对于可能妨害公共秩序、善良风俗或公共卫生的发明，不能授予专利。五是共同发明人，违反必须与其他共有人共同进行专利申请的规定的。六是重复授权的专利，也就是违反《日本专利法》第39条关于同样的发明专利存在不同日提交的两项以上专利申请的，仅能将专利权授予先申请者。（3）违反条约的规定，但目前尚未有条约对专利的取得要件作出约定。（4）专利说明书及权利要求书的记载不符合要求。根据《日本专利法》第36条第4款，发明的详细说明记载应当符合要求：按照经济产业省的规定，清晰并且充分地进行记载，达到使具有发明所属技术领域通常知识的人能够实施的程度；专利申请人应当充分公开其在申请时所知晓的与发明相关的文献出版物或其他信息来源。该条第6款对专利权利要求书的记载提出了要求：获得专利的发明应在发明的详细说明中载明；想要获得专利保护的发明应当是清楚的；各项权利要求的记载应简明扼要。对记载不符合上述要求的，属于专利无效的理由。（5）基于外文文件所授予的专利，申请书中所附说明书、专利权利要求书或者附图中所记载的事项超出了外文文件所记载的事项范围。（6）非发明人冒名的专利。如果专利申请人并不具有获得该项发明专利的申请资格，那么其所获专利应属无效情形，但专利转移登记除外。（7）在日本无住所或居所的外国人在取得专利后，又丧失主体资格的，或者违反有关条约约定的。（8）对专利权利要求书、说明书及其附图的订正超出了《日本专利法》第126条所允许的范围。

日本专利无效审判程序的进行与民事诉讼也存在相似之处，原则上采取口头审理方式。无效申请人在提出无效申请后，特许厅长官指令 3 名或 5 名审判员组成合议组，审判长将请求人所提交的请求书副本送达被请求人，并指定期间，由被请求人提交答辩书。审判长在收到答辩人的答辩书后，将答辩书副本送达给请求人（如果存在非口头审理的情况，可能将答辩书与审决结果同时送达给请求人）。在书面答辩书中，专利权人可以提出订正请求，合议组作出准予订正的订正审决后，无效审判的对象发生了变化，应重新给无效请求人陈述无效理由及其意见的机会。对于被请求人提交的答辩书，请求人可以提交辩驳书。如果审判长认为此辩驳书十分重要，还可以依职权决定将辩驳书副本送达给被请求人，被请求人收到辩驳书后可以提出二次答辩书，但此程序非为必要。❶ 无效审判程序中，当事人受到诚实信用原则与禁止反悔原则的制约，其如果提出与专利申请过程中的陈述相反的主张，将被认为违反诚实信用原则，不被允许。同时，在无效审判中所提出的主张，即使与在侵权诉讼中的主张相悖，也不可撤回，受到禁反言规则的制约。因此，当事人在无效审判中的主张需要十分谨慎，并作出整体的权衡。

根据《日本专利法》第 178 条第 1 款，审决结果作出后，当事人如果对该审决结果不服，可在法定期间内提起审决撤销诉讼（相当于我国的专利无效行政诉讼），如果在法定期间内没有提起审决撤销诉讼，或者提起撤销诉讼后被法院支持审决结果的，审决结果方生效。❷ 宣告专利无效的审决一旦生效，专利权则视为自始不存在。生效的审决结果具有一事不再理的效力，当事人以及参加人不得以相同的事实理由再次提起审判请求 ❸，启动专利无效审判程序。

（二）审决撤销之诉

前已述及，日本宪法规定了司法机关对行政机关裁判的终审权，对

---

❶ 参见《日本专利法》第 134 条。

❷ 对于已生效的审决，如果当事人认为审判程序存在重大瑕疵等情况，可以请求再审，再审的事由准用民事诉讼法的相关规定。

❸ 参见《日本专利法》第 167 条，在 2011 年专利法修改之前，专利法规定的是，审决结果生效后，"任何人"均不得基于相同的事实理由再次启动专利无效审决程序。

于专利无效审决也是一样，如果当事人对审决结果不服，可以向司法机关提起诉讼，该诉讼在日本称为审决撤销之诉。按照日本行政诉讼法及日本专利法的规定 ❶，准用专利法中关于审决撤销之诉的特殊规则，有别于一般的行政诉讼程序，实际上很多的规则与民事诉讼规则类似，此处后文将会论及。

1. 诉讼管辖及当事人

根据《日本专利法》第178条，对审决不服提起的诉讼，由东京高等法院专属管辖。作为东京高等法院特别分支的知识产权高等法院，于2004年4月1日成立后，对该类诉讼享有专属管辖权。按照一般的行政诉讼管辖规则，对行政机关的决定不服提起行政诉讼的，由地方法院管辖，也就是说对于专利无效审决结果不服提起的诉讼，按行政诉讼法应由东京地方法院管辖，此条规定的东京高等法院专属管辖权属于"提级"管辖。从知识产权无效行政程序的架构来讲，尽管日本特许厅的专利无效审判程序为一级行政机构所作出的决定，但准用司法程序，特许厅的审判实际上相当于"遵从司法程序"，这样对审决结果不服所提起的撤销之诉，从诉讼程序上来讲属于上诉审，从行政诉讼司法程序结构上就减少了一个审级，从而得以提高专利无效行政程序及后续司法审查程序的效率。同时，从专利行政机关的角度来讲，基于专利案件的专业性，此种审级制度的设计也是对专利行政机关决定的一种尊重。

无效审决之诉的提起应当在审决或决定的副本送达当事人之日起30日内提出 ❷，超过30日的，不得再提起该项诉讼。审决撤销之诉的原告限于专利无效审判程序的当事人、参加人或者申请参加审判或再审但被拒绝的主体，对于共同申请人提起的审决撤销之诉，应按照必要的共同诉

---

❶　参见《日本行政诉讼法》第1条："关于行政案件诉讼，除其他法律有特别规定之外，均遵循本法的规定。"《日本专利法》第178条："对审决提起的诉讼，以及对审判或再审请求书或第134条之2第1款的订正请求书的拒回决定提起的诉讼，由东京高等法院专属管辖。"对于审决撤销之诉，《日本专利法》第8章规定了有别于普通行政诉讼的程序规则。转引自：青山纮一.日本专利法概论［M］.聂宁乐，译.北京：知识产权出版社，2014：221、296.

❷　《日本专利法》规定的该30日期间为"不变期间"。参见《日本专利法》第178条第4款。

讼，由共同申请人意思表示一致而提起。❶ 审决撤销之诉的被告有别于驳回查定的审判以及订正审判，以对方当事人为被告。驳回查定的审判以及订正审判，按照一般行政诉讼规则，是以特许厅长官作为被告，但审决撤销之诉适用特定规则，主要是考虑到专利无效审判准用的是对抗制，而且利益争点的核心在双方当事人，行政机关的无效审决类同于居间裁断，故行政机关不作为撤销之诉的被告。此点与我国现行制度设计相异。

对无效审决撤销之诉，虽然特许厅并不作为撤销之诉的当事人，但法院在受理审决撤销诉讼后，应当及时通知特许厅长官，而且针对不同权利要求所提起的审决撤销之诉，为确定诉讼所涉及的权利要求，法院需要将必要的书面资料发送给特许厅长官。关于案件的法律适用以及其他的必要事项，法院可征求特许厅长官的意见，特许厅长官或经授权的特许厅工作人员也可以在征得法院同意的情况下陈述其意见，在法院判决作出后，也要及时送达特许厅。❷ 这属于特许厅对无效审决撤销之诉的特殊参加形式。另外，在无效审决撤销之诉中，适用《日本民事诉讼法》第 42 条规定，对于与撤销之诉结果有利害关系的一方当事人，可以作为第三人辅助一方当事人参与诉讼。

2. 撤销之诉的诉讼程序规则

无效审决撤销之诉因原告提起诉讼而启动，知识产权高等法院受理该案后，会同双方商定本案的审理进展计划，在第一次辩论后，由被告提交答辩状，并准备第二次辩论。经辩论程序终结，当事人补充最后一次口头辩论后，法院作出最终判决。无效审决撤销之诉审理的对象包括专利无效审决存在的程序违法问题以及实体错误问题，知识产权高等法院判断的对象局限于审决理由中所涉之已审理事实，而且最终仅针对审决结果的合法性予以审查判断。对于在无效审决撤销之诉中是否应允许

---

❶ 如果针对审决结果为撤销共同所有人的专利权，为防止专利权消灭，保护自己的专利权益，共有权利人之一即可提起审决撤销之诉。参见日本最高法院 2002 年 2 月 22 日第 2 小法庭判决，法院时报第 1310 号第 5 页，日本最高法院（二小）判平 14.3.25。

❷ 参见《日本专利法》第 179 条、第 180 条。

引入新的证据，在日本专利司法上存在着一定的争议。❶ 日本专利司法上，原则上不允许在专利无效审决撤销之诉中引入新的证据，因为如果允许在撤销之诉中引入新的比对技术，法院在特许厅原来的审判基础之上，通过新的技术事实作出了相反的结论，该部分证据并未先经无效审判程序，实际上超出了对行政机关裁断进行审查的范围，而且从审级制度上来讲，对当事人也不公平。

法院对审决撤销之诉进行审理后，如果认为当事人的请求理由成立，亦即特许厅的无效审决错误，应当作出撤销审决结果的判决。❷ 在审决撤销之诉中，还存在一类特殊的情况，如果涉案专利的无效审决被提起撤销之诉后，又同时被提起订正请求，特许厅针对订正请求对涉案专利缺乏可专利性的部分作出了订正审决，也就是说无效部分的无效事由消失，此时审理审决撤销之诉的法院应根据订正审决结果，撤销无效审决。根据日本行政诉讼基本架构，对审决或决定所提起的撤销之诉，法院经过审理后，认为无效审决违法的，只能作出撤销审决的判决，不得自行对专利权应否授予，或者对已经授予的专利权效力作出认定。法院无效审决诉讼的判决不得延伸至行政权的判断范围。对于专利被认定为无效的审决被撤销的，特许厅尽管并非为该诉讼的当事人，仍然受到该判决的约束，应重新审理并作出审决。

二、日本专利无效司法程序

从大陆法系公私法二元分立的角度，专利无效司法程序从广义上讲，包括专利无效行政诉讼与民事诉讼中的无效判定。但鉴于行政权与司法权的分离，专利无效行政诉讼实为对行政处理结果的审查，为行政程序的延续。因此，从狭义上而言，专利无效司法程序所指向的是，在专利

---

❶　东京高判昭 60.3.12 "出租车顶棚显示装置案"对原告提出的补充提交引用文献请求，予以准许；东京高判平 2.7.31 "页轮泵案"，对原告要求替换新的现有技术未予准许。参见：青山统一.日本专利法概论［M］.聂宁乐，译.北京：知识产权出版社，2014：228.

❷　参见《日本专利法》第 181 条第 1 款。

民事诉讼程序中对专利权效力进行的审查。自明治维新日本启动现代化改革后，日本法律制度体系效仿德国，在"二战"后又吸纳借鉴美国的法治精神。该特点于专利无效制度上所见较为明显，日本专利无效制度总体而言采取了折中立场，在原来所恪守的专利无效行政判定单轨制基础上，向前迈进了一步，为专利民事诉讼中对专利权效力的认定留出了空间。下文以日本最高法院富士通案以及《日本专利法》2004 年对第103 条的修改为例，对日本专利无效司法程序的变迁与发展展开论述。

（一）专利专门审判机构

1. 知识产权高等裁判所的设立背景

日本知识产权高等裁判所（也称"日本知识产权高等法院"）设立于东京高等裁判所的特别分部，并不独立设立机构、场所。日本知识产权高等裁判所的设立可追溯至 1948 年日本专利法的修订，在此次修订后的专利法中，将专利审决撤销交由东京高等裁判所管辖，在东京高等裁判所内部，先后由民事第 5 部、民事第 6 部负责审理该部分案件，并在1959 年、1985 年、2002 年分别增加民事第 13 部、民事第 18 部、民事第3 部专门审理知识产权案件。

随着知识产权在持续推进经济发展中的重要作用日益凸显，经法学学者及相关社会力量推动，1999 年 6 月，日本国会公布了《日本司法改革会议设置法案》(Establishment of Judicial Reform Council; Law No. 68, June 9, 1999)，同年 7 月，日本内阁正式成立"司法改革会议"，以吸纳民意推动司法机构的变革。2001 年 6 月，日本司法改革会议发布《21世纪日本司法体系报告》(For a Justice System to Support Japan in the 21st Century)，指出为推动日本经济发展，必须采取措施加强对知识产权的保护力度，鼓励创新，通过知识产权的发展推进日本在国际竞争中的竞争力。该报告进而提出，要加大对知识产权的保护力度，必须要加快知识产权案件的审理质效，缩短专利案件的审理周期，提升东京及大阪地方裁判所在知识产权案件审理方面的专业性，借鉴先进国家经验，探索建立知识产权专门审判机构。此后的 2002 年 7 月，日本发布《日本知识产权战略大纲》，并相应设立"知识产权战略本部"，制定《日本知识产权创造、保护、运用推进计划》。2004 年 6 月，日本通过了《日本知识产权高等裁判所设置法》，在东京高等裁判所内以特别分部的形式，将审理知识产权案件的民事分部独立出来，成立知识产权高等裁判所，于 2005 年 4 月 1 日开始运作，专门审理知识产权案件。❶ 日本在 21 世纪初的一系列关于知识产权保护的动作，一方面在于国内经济发展形势所需，另一方面在于向世界宣誓日本对知识产权保护的重视程度，并实际促进了技术的革新与进步。

2. 知识产权高等裁判所的设置与管辖

知识产权高等裁判所设院长一人，法官、调查官、书记员、行政人员若干人。审判组织划分为四个大合议庭，一般为法官 3 人组成合议庭审理案件，对重大案件采取 5 人合议庭审理。调查官主要从特许厅资深审查员或审判员中任命，在诉讼程序中，主要接受法官的命令，对有关发明、实用新型专利案件中的技术问题展开调查，并可向当事人、证人、鉴定人发问，向法官提供专业意见，其参与的程序主要是审前准备阶段，对法官查明有关技术问题具有举足轻重的作用。

知识产权高等裁判所的级别与东京高等法院相当，其主要管辖对象为知识产权第一审审决撤销之诉、技术类第二审民事诉讼案件。日本将知识产权民事诉讼案件区分为技术类案件与非技术类案件，技术类案件包括发明及实用新型专利案件、集成电路布图设计利用权案件、软件著作权纠纷案件等；非技术类案件包括外观设计专利案件、商标侵权案件、不正当竞争纠纷案件、软件之外的著作权纠纷案件等。知识产权高等裁判所在民事诉讼方面，主要管辖对象为技术类二审案件；在行政诉讼方面，则主要为不服特许厅的审决撤销之诉一审案件。

---

❶ Katsumi Shinohara. Outline of the Intellectual property High Court of Japan［J］. AIPPI Journal, 2005（5）: 131–147.

（二）民事诉讼中的专利权效力判定

1. 民事诉讼中可否引入效力判定的争论

（1）学说争鸣

关于在民事诉讼中能否进行专利无效认定，日本众多学者持否定立场。很多学者从理论上分析认为，专利权的授予及保护，皆以行政机关的授权、确权为基础，因此，行政机关对专利权应否授予以及效力如何的判定，属于行政公权力行使的范畴。专利行政机关行使公权力所作出的决定应具有行政公定力，"行政行为最重要的特色在于，尽管是有瑕疵的行为，但这种行为也具有公定力，对方仍有服从的义务" ❶。在行政行为作出后，即使因为其合法性、公正性存有疑问，并引起行政纠纷，行政行为的确定力、拘束力和执行力有待审定，也不影响行政行为所设定的权利义务关系应处于相对稳定的状态，行政行为被推定为合法有效。这类似于刑事诉讼中的"无罪推定"。❷ 在行政行为公定力理论的统摄下，专利行政机关对专利权效力的判定，在经法院撤销之前，应被认定为有效，受理侵权诉讼的法院不得对专利权的效力自行判断。另外，从宪法的角度解释，《日本宪法》第 76 条第 2 项规定了"行政机关的裁判非为终局裁决"，从反面理解，行政机关得依据法律在先对专利权效力作出认定，其后方进入对行政机关裁决的审查程序，司法机关不得剥夺行政机关的该项权力，侵权民事诉讼中的被告提出关于专利权效力的抗辩，必须首先向特许厅提出专利无效审判请求。❸

随着日本专利法立法及司法实践的不断发展，持肯定说观点的学者及司法工作人员逐渐占据了主流。持肯定论者从专利审判的体系化角度出发，认为如果不允许当事人在专利侵权民事诉讼中提出专利无效的主张，那么当事人只能转而寻求特许厅的专利无效审判程序，这样就使得专利侵权诉讼中的当事人需要经历两次程序，包括民事诉讼司法程序与

---

❶ 田中二郎. 新版行政法 [M]. 东京：弘文堂，1974：252.

❷ 叶必丰. 论行政行为的公定力 [J]. 法学研究，1997（5）：87-92.

❸ 李扬. 日本专利权当然无效抗辩原则及其启示 [J]. 法律科学，2012（1）：168-177.

行政无效程序，方得确定最终的结果，这样无异于给当事人增添了极大的成本。将一次程序能够解决的纠纷，通过两次程序作出处理是不合理的。在不违反特许厅设置的目的范围内，应当赋予审理侵权民事诉讼的法院判断专利权效力的权限。无效程序的拖沓与冗长会违背专利制度设置的初衷，诸多专利权纠纷在经过了漫长的纷争程序之后，权利早已过了保护的期限，这无异于从根本上摧毁了专利制度的根基，相比较而言，突破现有行政机关与司法机关的权力藩篱，则显得较为无足轻重。

（2）判解变迁

在日本专利司法审判的早期，基于行政行为公定力、司法权与行政权的二元分离，不允许审理专利侵权诉讼的法院对专利权的效力自为判断。日本大审院诸多判例，包括大审院明治 37 年（1904 年）9 月 15 日判决（刑录 10 辑 1679 页）、大审院大正 6 年（1917 年）6 月 23 日判决（民录 23 辑 654 页）、大审院大正 11 年（1922 年）12 月 4 日判决（民录 697 页）等，均指出即使专利上存在着无效理由，一旦该专利获得专利权登记，只要使得该专利权无效的审决结果没有确立，该专利权的效力就没有丧失，此时审理专利民事侵权诉讼的普通裁判所不能对专利的合理性及有无效力进行判断，侵害专利权的被告必须凭借审决方能使得专利无效。❶ 大审院的一系列判决主要基于两个基础，一是行政行为的公定力，二是裁判所与特许厅之间的权力划分。

在大审院关于专利侵权诉讼中不得作出无效认定的判解基础上，逐渐发展出一系列的判解学说。其一是权利的限定解释，即在对专利权有效被视为基本前提的条件下，对专利权利要求的解释，应当向不含有无效理由的方向进行，如大审院昭和 9 年（1934 年）10 月 29 日判决，对于在申请前已属公知技术的权利要求范围，肯定了特许厅就上述权利要求内容作出的限定解释。其二是在侵权诉讼中，对权利范围的判断应考量现有技术。日本最高裁判所昭和 37 年（1962 年）12 月 7 日民事判决、昭和 39 年（1964 年）8 月 4 日民事判决中指出，对专利权权利范围的确

---

❶ 田村善之.日本现代知识产权法理论［M］.李扬，等译.北京：法律出版社，2010：152.

定，应当考量专利权授予时的相关领域现有技术水平，不拘泥于字面的文字记载内容，而应当总体斟酌专利申请的性质、目的以及说明书、附图的要旨，结合现有技术的内容，将公知、公用部分除外后，以专利申请之目的作出实质性认定。通过考量现有技术对专利权进行限缩解释，从结果上来讲实际上对专利权的有效性进行了斟酌判断。

2. 专利无效的折中方案：富士通案判决

在日本专利法上，对专利侵权诉讼中专利存在无效理由时，法院是否有权处理，一直采取否定说。但日本最高法院关于富士通案的判决扭转了该局面，对于存在无效理由的专利，可在侵权诉讼中以权利滥用为由而不予保护。日本专利司法上，以专利权滥用抗辩的方式，对专利侵权诉讼中存在明显无效理由的专利不予保护，形成了一种折中妥协方案。

2000年4月11日，日本最高法院在富士通半导体公司诉美国德州半导体一案❶中，通过判决认定，法院可以在专利侵权诉讼中就被控侵权人对专利权所提出的无效抗辩进行认定。日本最高法院在该案的判决中指出："专利无效审决确定之前，审理专利侵权诉讼的法院，可以判断专利无效理由是否明显存在。当该专利存在明显的无效理由时，基于该专利权所主张的停止侵权请求，损害赔偿请求，在没有特殊情形的情况下，可以认定为权利滥用而不予支持。"日本最高法院的这一认定推翻了关于专利有效性推定的前提，在特许厅未对专利权作出无效审决的条件下，法院可不予支持基于该专利权的请求主张，尽管专利无效审决作出前该专利权有效性仍然存在，但已经不具有对世效力。日本最高法院在该案中指出，"当专利存在明显的无效理由时，基于涉案专利的停止侵害请求权、损害赔偿请求权实质上是给予了专利权人相应的不当利益，让被控侵权人承受了不公平的不利益，有违衡平理念"。

另外，日本最高法院还从诉讼经济的角度展开了分析。在专利侵权诉讼中，如果存在专利无效情形时，当事人不能在侵权诉讼中寻求防御

---

❶ 日本最高裁平成12年（2000年）4月11日第三小法庭判决，民集第54卷4号第1368页。

方法，只能通过特许厅的无效审决确定涉案专利权的效力，那么无异于让被控侵权人只能转而启动另一行政程序解决该争端，难以实现纷争在较短时间内通过一次程序解决的目的，这一制度体系无疑增加了当事人和社会总体的成本，违反诉讼经济原则。当然，如果效仿美国的专利无效诉讼制度，在侵权诉讼中法院可直接对专利权的效力作出认定，那么会引致专利权宣告无效的权力究竟属于司法权还是行政权的争议，进而产生宪法上的难题。通盘考虑，日本最高法院以一种折中方式，绕开了径行宣告专利权无效的模式，吸纳《日本民法典》第1条第3项关于"不允许权利滥用"的规则，将存在明显无效理由的专利权人针对涉案专利所主张的专利侵权请求认定为"权利滥用"，使被控侵权人获得对无效专利的防御方法。

富士通案判决作出后，日本法院在专利侵权诉讼中关于直接认定专利无效的判决开始大量出现，伴随而生的"无效理由明显"范围不断扩张也引发了学界与司法界的讨论。

在富士通案中，关于专利明显无效的理由并没有作出区分，也就是说违反《日本专利法》关于专利授予条件的事项均属于无效理由范畴。但专利无效的"明显"要件是否必要，如何把握，则是该规则适用所要明确的核心所在。"明显"要件在适用"专利滥用"条件中的必要性体现在两个方面。一方面，专利权是基于专利审查这种行政行为而产生的，即使该行政行为违法，在具有撤销权限的特许厅或裁判所将其撤销前，任何人都不能否定其效力。专利无效的判断仍应通过特许厅程序解决，在无效审决之前，专利作为一项法定权利，应被认定为有效。如果要对该项法定权利的行使形成阻碍，必须在无效理由上附加"明显"要件。从客观利益衡量的角度而言，对专利权人来讲，其经过了特许厅的授权，拥有了一项法定的合法权利，如果要将其权利行使的行为归入权利滥用的范畴，必然要讲求"衡平"，主张权利滥用者达到证明无效理由明显的程度殊为必要。另一方面，在现行法律制度下，无效审判以及撤销诉讼的方式并存，而无效审决确定后将产生对世效力，那么就会潜在产生无效审决结果与专利侵权诉讼中所作出的判断相冲突的可能性，极有可能损害法律的稳定性。"明显"要件形成了侵权诉讼中对专利无效较高的证明标准，一定程度上形成了侵权诉讼与无效审决之间矛盾的"防火墙"，降低了结果的冲突可能性。❶

3. 专利权行使的限制：《日本专利法》第 104 条之 3 解读

在富士通案的基础上，日本在 2004 年修订专利法时，设置了对专利权人权利行使限制的相关规定，也就是《日本专利法》第 104 条之 3 的条文❷。《日本专利法》修订中增加第 104 条之 3 的目的在于，无效审决确立前，在专利应被推定为有效的前提下，如果启动了专利无效审判程序，而该专利在此无效审判中会被判定为无效，将该事实作为抗辩理由在侵权诉讼中提出，一旦认可该抗辩理由，以专利权为基础的停止侵害请求和损害赔偿请求的行使就不被认可。相比较无效审判而言，侵权诉讼中的无效抗辩仅限于诉讼当事人之间，具有相对性，而专利无效审决结果及其后续的行政判决则具有对世性，效力辐射面相对更广。

三、专利权效力判定程序之协调

尽管《日本专利法》在第 104 条之 3 引入了侵权诉讼中关于专利无效抗辩的条款，一定程度上弥合了专利民事侵权诉讼与行政程序在专利权效力判定上的鸿沟，避免了程序上的延宕与拖沓，但侵权诉讼中对专利权效力的判定结果，与专利无效行政程序对专利权效力认定的结果之间，产生了潜在的冲突可能性。如何减少甚至避免该冲突，在专利司法上成为一个重要的课题，日本专利司法不断在尝试着寻找解决路径，在当前的专利司法实践中，也仍然在继续探索着化解之道。在日本专利法

---

❶ 田村善之.日本现代知识产权法理论［M］.李扬，等译.北京：法律出版社，2010：157-158.

❷《日本专利法》第 104 条之 3 规定："在关于侵犯专利权或专用实施权之诉中，如果该专利属于应被专利无效审判认定为无效的，或该专利权的存续期间延长登记属于理应被延长登记无效审判认定为无效的，专利权人或专用实施权人不得向对方当事人行使权利。根据前款规定所提出的攻击或防御的方法，如果是出于使审理被不当地延缓之目的而提出的，则法院得依申请或依职权作出拒回决定。"

上，这也是一个待解的难题。下文将主要从日本专利法目前所采取的无效审决与侵权诉讼不同阶段的考量、专利行政机关与司法机关之间的信息交流、无效审判效率提升、专利司法机关的专业化等路径展开介绍。

（一）无效审决不同阶段结果对侵权诉讼的影响

无效审判是专利无效主张的行政程序，在无效审决作出后还会存在当事人不服审决结果的审决撤销诉讼。在无效审判阶段，可能存在无效审决与无效请求不成立两种结果；审决撤销诉讼也存在撤销审决与维持审决两种；审决撤销诉讼的上诉也分为上诉不受理决定、上诉驳回判决、上诉改判等。因此，无效审判的不同阶段可能产生多种不同的组合结果。

（1）请求不成立审决—维持—上诉驳回；

（2）请求不成立审决—维持—上诉改判；

（3）请求不成立审决—撤销—上诉驳回；

（4）请求不成立审决—撤销—上诉改判；

（5）无效审决—维持—上诉驳回；

（6）无效审决—维持—上诉改判；

（7）无效审决—撤销—上诉驳回；

（8）无效审决—撤销—上诉改判。

如果在侵权诉讼一审阶段，审决结果已经作出，此时审决被提起了撤销诉讼，那么审决结果实际上对侵权诉讼中关于无效抗辩的心证并没有太大的参考意义，地区法院应当对侵权诉讼中的无效抗辩自为判断，专利侵权诉讼的二审与撤销诉讼在知识产权高等法院同时进行审理不失为一种可行之选。

如果在侵权诉讼进行的过程中，审决撤销诉讼的结果已经作出，特许厅作出的无效审决已经被法院维持，此时如果侵权诉讼中无效抗辩的判断与该无效结果一致，采纳该无效意见自当无疑。但如果审理侵权诉讼的法院对专利无效抗辩存在着相反的自由心证，在此情况下，就应当更为慎重。由于专利无效审决撤销之诉的结果具有对世效力，而且审决撤销之诉的审理法院为知识产权高等法院，其在先的判决结果理应得到尊重。

如果在审决结果与审决撤销之诉的结果不一致的情况下，也就是审决结果认定为无效或驳回申请，审决撤销之诉对审决结果予以撤销，此时审决结果被撤销，专利侵权诉讼的审理受到知识产权高等法院撤销判决的约束，同时特许厅在审决撤销后需要重新作出审决结果，侵权诉讼中关于专利无效抗辩参照何者结果，显得较难抉择。

如果审决结果或审决撤销之诉的判决在先发生效力，并且无效申请不成立的审决结果获得登记后，根据《日本专利法》第167条的规定，任何人不得基于相同的事实和证据请求专利无效审判。在无效审判程序中，若请求人基于自身利益的考量，与专利权人达成一致，认可该专利的效力，那此时特许厅作出的驳回无效请求审决，可能会对在后的请求人、被控侵权人或社会公众产生不利益，对于在先生效审决之外的第三人，即使基于基本相同的事实、证据，应当不仅可以在侵权诉讼中主张专利无效抗辩，也能够提起无效审判请求。❶

（二）专利行政机关与司法机关的信息交流

前已论及，日本专利行政程序与专利司法程序存在着程序交叉。在专利法层面上，为防止程序之间冲突的产生，日本专利法建立了法院与特许厅之间的信息交换制度。通过信息交换制度，一方面可以为双方补充各自程序中可资利用的材料，另一方面可以避免程序结果之间的冲突。

当事人向法院提起专利侵权之诉，法院受理案件后，必须将受诉的信息通知特许厅，包括诉讼程序终结时也要有相应的通知。如果法院接到了特许厅发出的当事人提出无效审判请求的通知，要将侵权诉讼中关于《日本专利法》第104条之3所提之攻击防御方法，也就是主张专利无效的书面材料，通报给特许厅长官，并将书面请求及答辩材料转呈特许厅。❷因为日本特许厅的专利无效审判程序采取的是职权主义模式，请

---

❶ 易玲.日本《专利法》第104条之3对我国的启示［J］.科技与法律，2013（3）：45-53.

❷ 参见《日本专利法》第168条第5项、第6项。

求人在无效审判中未提出，而在专利侵权诉讼中作为无效抗辩所提出的诉讼资料可以由特许厅专利审判机构依职权纳入审查范围。但法院所采取的是辩论主义原则，无法将特许厅的信息交换所提供的证据材料纳入诉讼程序。

（三）专利无效审判效率的提升

在专利侵权诉讼程序与专利无效行政程序并行的条件下，基于审判程序与诉讼程序证明标准、证据规则、审理模式等条件的差别，所作出的判断结果具有差异性在所难免。而要减少程序判断结果之间的冲突，同时避免程序暂停所带来的迟延，需要以一项程序的结果作为另一程序结果的依据方能完全实现。在日本司法实践中，由于采用辩论主义模式，专利侵权诉讼的审理周期一般在 1 年以上，要减少程序之间的冲突，通过提高专利无效审判的效率，缩短专利无效程序的周期，尽快作出无效审判结果，以作为侵权诉讼的依据，是一项可行之举。进入 21 世纪以后，日本专利法的修改，包括特许厅的机制改革，都在试图提高专利无效审判的效率。通过一系列的努力，现在特许厅专利无效审判程序已经缩短到 10 个月以内 ❶，少于专利侵权诉讼动辄一两年的审理周期，在专利侵权诉讼结果作出之前即已对专利权效力作出判断，以利于减少专利侵权诉讼程序与专利行政程序结果之冲突。

（四）知识产权法院中的专业人员辅助

日本知识产权高等法院（裁判所）为东京高等法院内设立的一个特别支部。知识产权高等法院作为"特别支部"的"特别"之处即在于，与东京高等法院的其他审判庭或专门部不同，知识产权高等法院所设之审判庭具有一定的独立性，设置有独立的法官会议，对裁判事务的管理、法官的配置、开庭日期的指定、司法行政事务的管理均独立于东京高等法院，由法官会议自行决定。另外，非常重要的一点是，知识产权高等

❶　参见日本特许厅官方网站公开审决文书。

法院的审判部门除法官职务外，还设有调查官（judicial research officials）与专门委员（expert commissioners）。目前日本知识产权高等法院建制设有四个合议庭（每个合议庭 3 名法官），另外对于重大案件可组成一个大合议庭（5 名法官）审理，大合议庭的 5 名法官由各合议庭抽出一名法官与院长共同组成。知识产权高等法院的法官与其他合议庭之间的法官可相互调任，以接触各种不同类型的案件，提高法官的裁判认识水平与裁判质量。

知识产权案件，尤其是专利案件，由于涉及相关的物理、化工、生物技术等专业领域，对于作为法律专家的法官来讲较为陌生。尽管一个合格的知识产权法官应当在相应的专业领域方面具备积极的态度与兴趣❶，但基于知识产权案件的专业性面向，日本知识产权高等法院为弥补专业法官之不足，设立了调查官与专门委员制度，以辅助知识产权法官对专业问题作出判断，提升裁判水平。

日本法院配备的技术调查官，主要由退休的专利审查员或特许厅专利上诉审判员担任。已任命的 21 名技术调查官，其中知识产权高等法院有 11 名，分别具备相关的专业技术知识。❷ 这些调查官除协助法官处理与案件有关的专业技术争点之外，还可遵照审判长的命令，在言辞辩论审判程序中，为厘清有关技术问题，向当事人发问。

与技术调查官相比，日本法院自 2004 年 4 月 1 日始设置专门委员职位。为适应科学技术日新月异的发展进程，使法院能够更好地适应审判需要，经日本最高法院审查指派，设立了 200 人左右的专门委员，包括大学教授、研究机构的研究员、专利律师等。在案件有需要时，可以请相应的专门委员协助处理与调查官类似的事务。专门委员与调查官的职责范围与地位基本类似，类似于非常设的顾问席位，限于个案所需。

---

❶ Yutaka Miyoshi. Law School Report［J］. Interview with Judge Randall Rader, 2004（6）: 13.

❷ Katsumi Shinohara. Outline of the Intellectual Property High Court of Japan［J］. AIPPI Journal, 2005（5）: 131–147.

本章小结

　　一国或一个地区的专利无效程序立足于本国及本地区的专利制度与司法体系，但专利制度本身的发展遵循一定的普遍规律。综合考察，美国、日本专利无效程序对我国相关制度的完善具有较大的参考价值。

　　美国实行的是专利无效行政程序与专利无效司法程序的"双轨制"，包括联邦法院的无效之诉与专利审理与上诉委员会的无效行政程序。美国专利司法体系中，一项重要的设置就是联邦巡回上诉法院，联邦地区法院的专利无效之诉与专利审理与上诉委员会的无效行政程序均上诉于联邦巡回上诉法院，实现了上诉审审理机构的同一。美国专利司法上以"Blonder"案为分野，将专利无效判决的个案效力扩展为"间接禁反言"的对世效力。而美国自2011年"AIA法案"颁行以来，日益重视专利无效行政程序的功效，不断引导当事人有限选择专利无效行政程序解决专利权效力纷争。这一趋势值得我们思索。另外，美国专利法上的专利诉讼中止判定三要素规则，于我国专利诉讼中止规则的完善颇具示范效应。

　　日本专利法传统上实行专利无效判定的行政程序"单轨"模式，对专利权效力的挑战仅能通过特许厅的审判制度及审决撤销之诉进行。但进入21世纪后，日本的专利无效制度发生了较大的变化。其一，2000年，日本最高法院在审理的富士通半导体公司诉美国德州半导体公司一案中，通过判决认定，法院可以在专利侵权诉讼中就被控侵权人对专利所提出的无效抗辩进行认定。2004年日本在修订专利法时，通过增设《日本专利法》第104条之3将上述规则通过立法的形式确立下来。其二，2005年4月，日本成立东京知识产权高等法院，对专利案件实行集中管辖与审理。另外，日本通过专利行政机关与司法机关之间的信息交流，知识产权法院专业辅助人员的设置，尽量弥合无效行政程序与司法程序之间的鸿沟，这些都值得我国借鉴。

第四章 | 我国专利权效力司法判定程序的制度完善

我国专利权效力判定目前仅采取行政程序模式，即只能通过国务院专利行政部门的无效行政程序作出决定，对该决定不服的，可诉至人民法院请求司法审查。但通过前文对我国专利权效力判定的现有模式分析可以发现，当前的行政程序模式存在一系列的问题，既包括程序的冗长拖沓，也包括程序判定结果之间的冲突。结合对其他国家和地区专利权效力判定程序的考察，对我国专利权效力司法判定程序的完善，不可完全摒弃行政程序模式，同时也要充分发挥司法判定的主导作用。从知识产权保护的总体架构来看，司法保护是主趋势，而司法保护知识产权主导作用的充分发挥，既需要立法的修改完善，又需要司法的改革调整；既需要人民法院积极采取行动，又需要全社会的理解、支持和配合；既需要顶层设计，又需要底层探索。❶ 专利权效力的判定不论是采取行政模式还是司法模式，最终都要归结于司法机关的审查。因此，专利权效力司法判定程序不仅统领了专利效力判定的总体架构，而且处于效力判定的关键节点之上。归纳而言，专利权效力判定包括专利行政程序及其后的专利行政诉讼程序，另外，还包括专利民事诉讼程序中的专利权效力直接判定。下文即从专利无效行政诉讼与民事诉讼中的效力判定两个方面展开讨论。

第一节　专利无效行政诉讼之变革

我国专利法上关于专利权的效力判定采取行政程序模式，通过专利无效程序作出无效决定。对无效决定不服可通过无效行政诉讼程序予以判定。无效行政诉讼程序采取两审终审。一项专利权从提起无效请求到作出行政终审判决需要经过三级程序，同时，由于在行政诉讼中仅能对

---

❶ 陶凯元. 充分发挥司法保护知识产权的主导作用［J］. 民主，2016（4）：12-14.

专利无效决定的合法性予以审查，如果认定行政程序违法，则应当要求行政机关重作行政决定。国务院专利行政部门再次作出的无效决定可能因当事人不服而再次进入行政诉讼。对专利无效行政诉讼程序的完善需要从无效行政诉讼的审级、证据规则、判决形式等多个角度展开。同时对专利无效行政诉讼的变革也涉及无效行政程序的相应改造以及二者之间的衔接机制完善。

一、专利无效行政诉讼规则的完善

（一）专利无效行政诉讼的审级

我国现行专利无效制度实行行政审查加行政诉讼的模式。社会公众或利害关系人认为专利权不具备可专利性条件的，只能向国务院专利行政部门提出专利无效请求，国务院专利行政部门进行审查后作出维持或驳回决定，专利无效请求人及专利权人对国务院专利行政部门的审查决定不服的，可以向人民法院以国务院专利行政部门为被告提起行政诉讼。如对人民法院一审裁判不服，当事人还可以向审理一审无效行政诉讼案件的上级人民法院提起上诉，由上级人民法院进行二审，并作出二审裁判，此即为终审裁判。根据行政诉讼法的规定，当事人还可通过申诉启动审判监督程序，对行政二审判决认为确有错误，且有相应证据支持，或是通过人民检察院抗诉及人民法院决定再审，可以启动行政再审程序，由二审法院再审或是二审法院的上级人民法院提审。根据我国现行的管辖模式，对国务院专利行政部门决定不服所提起的行政诉讼一审程序，由北京知识产权法院管辖，第二审行政诉讼程序"飞跃"上诉于最高人民法院知识产权法庭。

在专利无效程序中，一般经过国务院专利行政部门的行政审查程序加上无效行政诉讼一审及行政诉讼二审，至少需要耗费当事人一至两年甚至更久的时间。而且如果出现行政诉讼审理法院判决国务院专利行政部门重新作出无效决定的情形，或是诉讼进程中因专利权属争议等其他因素的介入，那么专利无效程序整体所消耗的时间将更长。专利行政程序的拖沓一方面造成了当事人成本过于高昂，对国家的司法及行政资源造成极大的损耗，另一方面，恶意侵权者可以通过无效行政诉讼程序达到拖延诉讼进程，进而阻碍专利权人正当权益的行使。正如日本学者棚濑孝雄所言，无论审判能够怎样完美地实现正义，如果付出的代价过于昂贵，则人们往往只能放弃通过审判来实现正义的希望。❶因此，对专利无效行政程序的审级予以改造势在必行。

我国司法审判实行的是四级两审制，专利无效行政诉讼也不例外。但专利无效行政诉讼是否有必要采取有别于普通行政诉讼的审级制度，以契合专利司法保护的便捷化，提高专利保护效率，需要结合审级制度的功能及专利无效诉讼的特性展开探讨。

审级制度的功能旨在达致诉讼公正与诉讼效率之平衡。审级制度为诉讼制度的组成部分之一，其功能和价值应当从属于诉讼制度整体的功能和价值。曾任美国联邦最高法院大法官沃伦·博格（Warren Burger）对诉讼的价值与功能曾有过精妙的论述："法官的功能，就是在最短的时间内以最小的成本来达到最高质量的正义。"❷公正与效率是任何诉讼制度的根本价值所在，也是审级制度所应追求的价值目标。❸一方面，诉讼公正包括程序公正与实体公正。设置审级制度一个十分重要的目的就是，"被上诉的案件有了被重新审理的机会，上级法院可以通过审理上诉案件来纠正下级法院在实体判决中所犯的错误，从而公正地裁定诉讼当事人的实体权利和义务"❹。当事人对一审裁判不服，可以通过上诉要求上级法院继续听取其诉讼主张，仅就程序而言，审级的提升也会令当事人感到案

---

❶ 棚濑孝雄.纠纷的解决与审判制度［M］.王亚新，译.北京：中国政法大学出版社，1994：266.

❷ Benjamin N. Cardozo. The Nature of the Judicial Process［M］.New Haven：Yale University Press, 1921: 7.

❸ 博登海默.法理学：法律哲学与法律方法［M］.邓正来，译.北京：中国政法大学出版社，2015：352.

❹ 上级法院纠正下级法院实体及程序错误的可能性并非绝对，但是上诉制度至少确立了一种对下级法院审判权的制约机制，在上诉审程序机制的制约下，当下级法院认识到其出错的裁判可能会被上级法院推翻，自然会尽量审慎、公正地行使审判权，从而减少裁判错误的发生。从当事人的角度而言，审级制度赋予了当事人寻求更多司法救济的机会。

件得到了更为审慎的处理，进而认同审判过程和审判结果的正当性和权威性。而作为最高审级的最高人民法院，通过重大典型案件的审理，统一裁判尺度，以指导方式实现同案同判，实现司法公正的增量。因此，诉讼公正价值，要求审级制度的设置需要合理考量程序制约与当事人审级利益的保障。另一方面，诉讼效率指的是诉讼成本与诉讼收益之间的比率。诉讼成本既包括国家为建立审判机构所投入的人力、物力和财力，也包括当事人参与诉讼的过程中所投入的时间、精力和经济成本。案件的处理结果如果错误，也会间接形成诉讼成本。而诉讼收益则体现在案件处理的迅捷程度以及每个案件结果的公正性，亦即结案质量。总体而言，如果增加审级不能降低错误成本，则无疑会造成诉讼效率的低下。审级制度的目标即在诉讼公正与诉讼效率之间寻求平衡和妥协。针对不同性质和类型的案件，在公正与效率之间所求得的平衡点可能并不一致。因此，审级制度应针对不同的案件类型建构切合司法审判实践的多元化机制。

在专利民事侵权诉讼中，被控侵权人往往会对权利人权利的有效性质疑。按照我国现行权力配置体系，对专利权等知识产权权利的有效性挑战，需要向知识产权行政机关提起无效请求，对无效决定不服的，当事人可以向北京知识产权法院提起一审行政诉讼，一审判决作出后，还可向最高人民法院知识产权法庭提起二审上诉。如人民法院认定行政机关的无效决定不合法，则可撤销或部分撤销无效决定（或裁定），责令行政机关重作决定，而当事人如果对重作结果不服的，可以再次起诉，经历又一轮的行政诉讼。在行政诉讼程序延宕的同时，民事侵权诉讼要么被中止以待行政审判结果，要么径行判决，埋下了与后续行政诉讼判决结果冲突的可能性。如此循环往复，不仅造成了知识产权诉讼的拖沓，耗费司法资源，增加当事人负累，甚至部分案件导致诉讼尚未终结，权利已经过了保护期，严重损害知识产权审判的诉讼效益与司法公信力，也不利于社会保护创新目标的实现。确权类知识产权专利无效及行政诉讼程序有别于普通行政案件，其一般与民事侵权诉讼相互关联。尽管《行政诉讼法》第61条规定了行政诉讼可附带解决民事争议，但知识产权类行政诉讼案件往往导源于民事诉讼，民事侵权诉讼先于行政诉讼，采取行政附带民事诉讼的方案在知识产权类纠纷中存在障碍❶，而采取简化知识产权确权类案件处理程序的措施为可行之选。通过考察知识产权确权类纠纷的专利无效程序可以发现，我国国务院专利行政部门对知识产权效力争议的处理实为一种行政裁决程序，也有学者称之为准司法程序。❷而且我国知识产权行政机构正朝着独立的方向发展，如国务院专利复审委员会于 2005 年 8 月注册为独立的事业单位法人，2019 年又改革为复审与无效审理部，对行政无效决定提起的行政诉讼，可将国务院专利行政部门的居中裁决视为一级司法程序。❸借鉴美国专利司法程序架构❹，对行政机关的裁决或决定可直接向上诉法院提起，原则上一审即告终结，如国务院专利行政部门决定合法准确，可驳回上诉人请求，如国务院专利行政部门的决定不合法或存有瑕疵，可直接指令国务院专利行政部门如何重作决定，而非一撤了事。但对于涉及权利范围、技术边界及法律适用问题等较为复杂及具有原则性和普遍适用性的重大案件，可以给予该类案件与技术类案件上诉法律审类似的程序入口，在确保当事人审级利益的同时，保证案件审判的效率并兼顾此类案件法律适用的统一性。

（二）专利无效行政诉讼的证据规则

行政诉讼程序与民事诉讼程序具有较大的差异性，在证据规则方面尤为明显。行政诉讼中的举证责任、证据来源、证据认定、可否依职权引入证据等均与民事诉讼有着较大的差别。

其一，民事诉讼一般遵循"谁主张谁举证"的基本规则，但《行政

---

❶　朱理.专利民事侵权程序与行政无效程序二元分立体制的修正［J］.知识产权，2014（3）：37-43.

❷　中国社会科学院知识产权研究中心.中国知识产权保护体系改革研究［M］.北京：知识产权出版社，2008：90.

❸　董巍，等.无效宣告请求诉讼程序的性质［M］//国家知识产权局条法司.《专利法》及《专利法实施细则》第三次修改专题研究报告：中卷.北京：知识产权出版社，2006：803.

❹　Jonathan Tamimi. Breaking Bad Patents: The Formula for Quick, Inexpensive Resolution of Patent Validity［J］. Berkeley Technology Law Journal, 2014, 29（Annual Review）：587-646.

诉讼法》规定，在行政诉讼中，作为被告的行政机关负有举证责任。❶也就是说，在行政诉讼程序中，举证责任的基本分配规则是固定的，由作为被告的行政机关进行举证，并承担举证不能的法律后果。专利无效行政诉讼遵从行政诉讼法的举证规则，由国务院专利行政部门就无效决定是否合法负举证责任。国务院专利行政部门实际上在专利无效行政程序的处理过程中，根据无效请求人的主张进行审查后作出决定，其在无效行政程序中更多扮演的是"中立裁决"的角色。进入专利无效行政诉讼程序后，国务院专利行政部门作为被告参加诉讼，需要就专利无效决定合法提出相应的证据，这对国务院专利行政部门提出了两个方面的挑战：一方面，国务院专利行政部门作为裁决的中立第三方，与作为对抗关系的专利无效请求人及专利权人不同，其并不具有直接的利益关联，也缺乏足够的动力提交相应证据；另一方面，国务院专利行政部门作为行政诉讼的被告参加诉讼，容易使其陷入大量诉讼案件的"泥淖"，为应对源源不断的诉讼而疲于奔命，由其承担无效行政诉讼的举证责任，进而影响国务院专利行政部门自身"复审与无效"职能的有效发挥。因此，专利无效行政诉讼中的一般性被告举证规则，对于专利无效诉讼而言具有一定的负面效应，不利于无效程序的展开。

其二，民事诉讼中由当事人自行收集证据，对证据的要件，只要满足"真实性、合法性、关联性"的三性要求即具备证据资格，但《最高人民法院关于行政诉讼证据若干问题的规定》第23条第2款则明确规定："人民法院不得为证明被诉具体行政行为的合法性，调取被告在作出具体行政行为时未收集的证据。"也就是说，对于行政诉讼而言，证明行政行为合法性的证据仅限于作出具体行政行为时已收集的证据，这也被称为"案卷排他主义"。"为保障行政程序的稳定性和社会公众的利益，各国司法机关在对具体行政行为进行审查的过程中多审慎地遵循'案卷排他主义'，即在司法审查的过程中，法院只能以作出具体行政行为的案

---

❶《行政诉讼法》第34条："被告对作出的行政行为负有举证责任，应当提供作出该行政行为的证据和所依据的规范性文件。被告不提供或者无正当理由逾期提供证据，视为没有相应证据。但是，被诉行政行为涉及第三人合法权益，第三人提供证据的除外。"

卷为依据，审查具体行政行为本身的合法性。"❶然而，在行政诉讼中对国务院专利行政部门专利无效决定的审查，实际上争议的对象主要是专利权是否有效，而国务院专利行政部门的审查决定是否合法并非专利权人与无效请求人所要解决的问题，即使人民法院对国务院专利行政部门的无效决定是否合法进行了充分的审查并作出了判断，专利权人与无效请求人之间关于专利无效的纷争仍然悬而未决，这种行政诉讼的判定思路无异于"隔靴搔痒"，无法起到诉讼定分止争的功效。

其三，民事诉讼采取当事人主义原则，在证据规则方面依赖于当事人的举证，对于人民法院依职权调查取证有着严格的限制，但在专利无效行政诉讼程序中，涉及公知常识的判断，对专利权的效力具有重大的影响，人民法院可否依职权引入则存在较大争议。在"厦门联捷铸钢厂诉专利复审委员会、福建多棱钢业、泉州金星公司专利无效纠纷案"中，最高人民法院认为，审理专利无效案件过程中，应当可以"依职权主动引入公知常识以评价专利权的有效性"❷。但有学者对此提出了反对意见，认为"在当事人未对引入的公知常识进行意见陈述，专利复审委员会也未对其所认定的公知常识进行举证的情况下，人民法院的认定违反了无效审查程序中的听证原则"❸。反对者的意见不无道理，但在专利无效行政诉讼程序中，对公知常识的认定影响到对公有领域的保护，涉及公共利益，如果对人民法院引入公知常识的权限进行限制，无异于舍弃了对公共利益的全面保护，有违专利无效制度设立之初衷。

综合而言，专利无效诉讼证据规则应有别于普通行政诉讼程序的证据规则，在证据的来源、公知常识证据的引入方面，不应拘泥于行政诉讼的一般证据规则，人民法院应可依职权引入。

（三）专利无效行政诉讼的判决

我国行政诉讼法规定了行政诉讼的审理范围，即人民法院仅对被诉

---

❶ 佟姝.专利行政案件中几种特殊类型证据的认定 [J].中国专利与商标，2011（4）:14.

❷ 参见最高人民法院（2010）知行字第 6 号民事判决书。

❸ 佟姝.专利行政案件中几种特殊类型证据的认定 [J].中国专利与商标，2011（4）:14.

行政行为的合法性进行审查。易言之，对于专利无效行政诉讼而言，依《行政诉讼法》的规定，人民法院在专利无效案件中的审理范围为国务院专利行政部门无效决定的合法性。人民法院在对无效行为的合法性进行审查后，根据行政诉讼法的规定，可以作出如下判决：一是驳回原告（无效请求人或专利权人）诉讼请求；二是人民法院判决撤销或者部分撤销，并可以判决被告国务院专利行政部门重新作出行政行为；三是人民法院判决确认违法，但不撤销行政行为。只有在行政处罚的情形下，人民法院才可以判决变更。从人民法院在行政诉讼中的判决类型可以看到，对于专利无效诉讼而言，人民法院经过审理后，要么认为无效决定合法，判决驳回无效请求人或专利权人的诉讼请求，国务院专利行政部门的无效决定即生效；要么认为无效决定不合法，判决国务院专利行政部门重新作出无效决定。

关于专利无效诉讼程序的判决，最为人所诟病的问题是人民法院判决撤销国务院专利行政部门的无效决定后，再次进入行政程序，如果当事人对国务院专利行政部门二次作出的无效决定不服，案件又将进入行政诉讼程序。专利无效判定在专利无效行政程序与行政诉讼程序之间循环往复，既增加了当事人的成本支出，对司法资源形成浪费，又由于专利权一直处于诉讼程序中所导致的不稳定性，会间接影响专利侵权程序的进程，阻碍专利权效益的发挥。除此之外，专利无效行政诉讼还存在的一个问题是，无效诉讼程序实际上所要解决的是专利权效力问题，但判决实际上并不能直接针对专利权效力，而只能针对国务院专利行政部门的决定作出认定。这里存在的一个逻辑是，专利权效力由行政机关授予，属于行政权的行使范围，对专利权效力的判定应由国务院专利行政部门进行无效审查，司法权不能介入行政权的范围，否则为越俎代庖，侵入了行政权行使领域。

实际上，这种绝对的权力分立观念并不适合专利领域的发展现状。一方面，前文已述及，行政权与司法权之间的绝对分立在事实上已经不再适合法治的现代发展，关于行政权与司法权的传统界定发生了较大的变化。尽管行政权与司法权作为相互制衡、互为制约的基本权力格局未变，但在某些领域，为解决纠纷的便捷化，行政权在一定条件下具备了司法权的部分面向，不再拘泥于原有的权力行使方式与模式。另一方面，司法机关的判断范围包括法律问题与事实问题，即使在行政诉讼程序中，对行政行为合法性的审查也会涉及事实判断问题，对于专利权的效力而言，专利行政机关的授权与复审已经形成了一定的事实与法律判断，司法机关的审查判断实际上仅仅只是对行政机关审查决定的再判断，类似于司法机关的上诉审。因此，人民法院的判决在事实问题上应尊重专利行政机关的判断，但对于法律问题不应却步，在专利权效力的判断上，应突破既有的权限"藩篱"。

二、专门审判模式的构建：知识产权法院体系

专利无效行政诉讼的完善不仅涉及诉讼程序规则的变革，还涉及司法审判组织的相应改造。通过程序规则"软件"与审判组织"硬件"的共同改造与完善，方能真正实现程序机制的效率提升。另外，对专利权效力的司法判定，相应审级制度、证据规则等程序机制的变迁都不可避免地与审判机构的体系设置相关联。因此，对专利审判组织的改造予以分析论证殊为必要。

（一）"三审合一"及其发展方向

知识产权大审判格局的建构是一种国际趋势，不仅是基于审判实际的需要，而且关乎一个国家知识产权保护力度的国际形象。我国在加入世贸组织背景下从大民事审判中独立出知识产权庭的对外称谓，正是为提升知识产权保护国际形象考虑。通过一种形式上的变化，甚至是被动地与国际接轨，能够改善本国知识产权保护在世界上的形象，从而在对外谈判中获取一定的优势地位，这也是一个国家现实利益的需要。从另一个层面来考虑，三审合一的审理模式也符合知识产权保护公正与效率的均衡化。由于专利及商标侵权与确权的独有特点，为避免知识产权案件审理的程序冲突，很多国家都采取合一审判的模式，由特定知识产权

审判机构全面审理及裁判与专利侵权、确权相关的民事、行政和刑事案件，形成知识产权案件合一审理的立体保护模式。立体保护模式的意义之一就在于将不同程序之下的诉讼置于同一审判庭审理，统一违法认定标准和执法尺度，尽力避免裁判冲突现象的出现，并有效节约诉讼资源，保障诉讼的经济与效率。❶

　　最早实施三审合一模式的是上海市浦东新区人民法院。❷此后，"三审合一"在不同的地区进行试点，既有上海、广东等东部发达省份，也有陕西、云南等西部省份，还有湖北等中部省份。这些司法实践都取得了良好的效果并积累了丰富的经验。通过最高人民法院、上海法院、西安法院等各级人民法院的调研显示，三审合一的审理模式从审判组织的组建、审理程序的构建等各个方面已渐趋成熟。"司法是一门实践的艺术"，任何一项制度的施行都是通过试验成熟之后全面推广开来的。知识产权大审判格局的构建通过了前期的实践检验。另外，随着我国知识产权司法保护模式的不断完善，人民法院扩展了庞大的知识产权专业审判队伍。据统计，自2003年以来，直接到法院起诉的专利民事纠纷呈持续明显增长态势，而向地方专利行政部门提出请求的案件逐年下降，从2003年大约是法院受理案件量的3/4下降到2007年约1/4❸，到2022年二者之间已经出现了极大的分化，专利诉讼案件占据了专利保护的主流。这反映出司法保护知识产权的主导作用越来越明显。专业的审判需要专业的法官。随着国家知识产权战略实施的推进，我国知识经济迅猛发展，知识产权"三审合一"所需的专业审判人员条件已经具备。以武汉市中级人民法院武汉知识产权审判庭为例，其已由最初从民事审判庭分离出来的少数几位审判员，发展到当前能够审理知识产权民事、行政、刑事案件的由专业审判人员组成的多个大合议庭。

　　这些三审合一的试验模式总结起来主要有三种，即广东模式、西安

---

　　❶　杜颖，王国立.知识产权行政授权及确权行为的性质解析［C］//中国社会科学院知识产权中心，中国知识产权培训中心.完善知识产权执法体制问题研究.北京：知识产权出版社，2009：111，117.

　　❷　1996年1月1日，上海市浦东新区法院正式开始试行三审合一立体审判模式。

　　❸　邰中林.2003～2007：知识产权审判数据分析［J］.法制资讯，2008（Z1）：25-31.

模式和武汉模式。❶2005 年，广东模式开始试行，确立了三个基层法院作为知识产权三合一审理模式的试点。2006 年，西安市中级人民法院也开始了"三审合一"的试验。西安市中级人民法院开展的三审合一模式被称为"西安模式"：三种案件由三个法庭分别审理，但是行政案件和刑事案件必须由知识产权庭的法官和行政庭以及刑事庭的法官组成合议庭。同时，由于西安尚没有能受理知识产权民事案件的基层法院，而且中级人民法院管辖的知识产权案件数量并不多，所以中级人民法院管辖并不会造成过大的负担。西安市中级人民法院将属于基层法院的知识产权刑事案件的管辖权统一到该院。这种模式经过三年的实验后，到 2009 年，西安市中级人民法院为进一步深化此种审判模式的试验，通过充分的调研，向最高人民法院报批受理著作权、商标、不正当竞争和知识产权合同等一般知识产权案件的基层法院，并适时将民事、刑事、行政一审案件集中由指定的基层法院统一审理；逐步实行知识产权民事、刑事、行政案件统一由中级人民法院知识产权审判庭审理。武汉模式肇始于 2008 年。2008 年 3 月，武汉江岸区基层法院知识产权庭成立，同年 5 月 30 日，最高人民法院下函指定江岸区法院审理本辖区的部分知识产权民事案件。武汉市中级人民法院管辖的二审知识产权民事、行政、刑事案件均由该院知识产权与国际贸易纠纷庭集中审理。此模式被称为"武汉模式"。

各地知识产权三审合一模式实践多年并不断推进，取得了很多宝贵的经验，同时使知识产权司法保护的专业化程序与审理效率也得以提升，"不仅减少了分庭审理的重复劳动，提高诉讼效率，同时也发挥了知识产权审判人员的专业特长，保证了案件的审判质量"❷。但三审合一模式仍然存在一定的局限性，该模式仅能从形式上合并管辖知识产权民事、行政和刑事案件，按照现行民事诉讼法、行政诉讼法和刑事诉讼法规定的程序分别对案件进行审理，难以解决知识产权案件审判实质上的

---

❶ 林广海 . "三审合一"：知识产权案件司法保护新机制述评 [J] . 河北法学，2007（2）：181-185.

❷ 曹莹，孙晓玲 . 上海全面铺开"浦东模式"[J] . 浦东发展，2009（4）：2.

统一，在管辖、证据规则等方面依然难逾鸿沟。而且，以专利案件为例，知识产权审判庭的"三审合一"解决的仅仅是同一地域的不同类型案件处理之间的协调，而对于专利行政确权程序与司法程序之间的冲突也无力解决。

（二）目前知识产权法院结构

随着中国共产党第十八届三中、四中全会关于"全面推进依法治国"与"深化司法体制改革"的顶层设计逐步落地，北京、上海、广州、海南自贸区知识产权法院的设立也成为现实。知识产权案件司法审判的统一化与专业化逐渐从纸面探讨走向司法实践，并被逐步引向深入。2014年8月31日，十二届全国人大常委会第十次会议表决通过了全国人大常委会关于在北京、上海、广州设立知识产权法院的决定。2014年11月6日，北京知识产权法院成立；2014年12月16日，广州知识产权法院成立；2014年12月28日，上海知识产权法院成立。2020年12月26日，第十三届全国人民代表大会常务委员会第二十四次会议，通过了关于设立海南自由贸易港知识产权法院的决定。2020年12月31日，海南自由贸易港知识产权法院揭牌成立。根据先期成立的三家知识产权法院运行情况，"自成立以来，三家知识产权法院受理案件数量较多，审理效率明显提高，审判效果赢得社会赞誉，三家知识产权法院率先推行主审法官、合议庭办案负责制、司法责任制等审判运行机制改革措施，探索建立符合司法规律的审判权运行机制"❶。作为本轮司法改革的"先行者"与"试验田"，知识产权法院不仅在知识产权审判方面锐意革新，更在司法改革的审判模式变革方面尝试取得新突破。

根据《最高人民法院关于北京、上海、广州知识产权法院案件管辖的规定》❷，尽管北京、上海、广州知识产权法院同时管辖民事与行政案

❶　周利航.最高法院通报"北上广"知识产权法院运行情况［EB/OL］.（2015–09–09）［2022–12–31］. http://www.chinacourt.org/article/detail/2015/09/id/1703517.shtml.
❷　《最高人民法院关于北京、上海、广州知识产权法院案件管辖的规定》（法释〔2014〕12号），于2014年10月27日由最高人民法院审判委员会第1628次会议通过，自2014年11月3日起施行。

件，但"不服国务院部门作出的有关专利、商标、植物新品种、集成电路布图设计等知识产权的授权确权裁定或者决定的"案件，目前仍集中由北京知识产权法院专属管辖。同时，知识产权法院在民事侵权诉讼中的审理范围并未拓展至专利权效力的审查判断。虽然知识产权司法审判体制机制改革进入施行阶段，应否设立知识产权法院的问题已尘埃落定，但随着四家知识产权法院的设立，下一步如何合理增设、布局知识产权法院及其上诉法院，如何有效配置知识产权法院的审判权边界，仍然需要不断地在实践中提炼，在论证中摸索。

（三）知识产权上诉法院构想

专利权效力的司法判定的最终目的在于实现专利纠纷解决机制的高效运转。但司法权与行政权的分立，以及专利行政机关在专利审查上"量的优势"[1]，决定了专利权效力司法判定应当尊重专利行政授权确权的稳定性。因此，减少以及避免专利权司法判定结果与专利行政程序结论之间冲突的一个有效措施就是，借鉴美国联邦巡回上诉法院和日本知识产权高等法院模式，将专利侵权诉讼的一般性终审管辖与专利授权确权行政行为司法审查的终审管辖统一起来，也就是在现有知识产权法院（专利一审法院）的基础上，设立统一的知识产权上诉法院。

最高人民法院已经注意到建立统一知识产权上诉法院的必要性。[2]为进一步统一知识产权案件裁判标准，依法平等保护各类市场主体合法权益，加大知识产权司法保护力度，优化科技创新法治环境，加快实施创新驱动发展战略，经党中央批准，根据全国人民代表大会常务委员会《关于专利等知识产权案件诉讼程序若干问题的决定》和最高人民法院《关于知识产权法庭若干问题的规定》，最高人民法院知识产权法庭于 2019 年 1 月 1 日挂牌办公，国家层面知识产权案件上诉审理机制开始

---

[1] 张鹏 . 我国专利无效判断上"双轨制构造"的弊端及其克服：以专利侵权诉讼中无效抗辩制度的继受为中心 [J] . 政治与法律，2014（12）：126-135.

[2] 即针对当前管辖侵权诉讼的法院分布广、数量多，上诉审法院不统一，无法确保裁判标准统一的问题，可研究设立国家层面的知识产权高级法院，作为全国涉及专利案件的上诉管辖法院，缩短审理时间，统一裁判标准。

运行。最高人民法院知识产权法庭是最高人民法院派出的常设审判机构，设在北京市，主要审理全国范围内的专利等技术类知识产权上诉案件和垄断上诉案件。

最高人民法院知识产权法庭成立后，统一审理专利无效行政诉讼案件及专利侵权诉讼案件的二审。"一种过温保护电路的结构"实用新型专利权行政纠纷与侵权纠纷案，系最高人民法院知识产权法庭成立后首次探索同步审理涉及同一专利的行政确权案件和民事侵权案件。❶最高人民法院知识产权法庭在两案中采取了合并进行庭前会议的方式，将两案中涉及的权利要求解释问题前置于庭前会议中进行审理。合并庭前会议采取了圆桌会议方式，让居中作出无效宣告请求审查决定的国家知识产权局位于当事人的中间位置，真正形成对抗的双方当事人分居两侧。合并召开的庭前会议统一了当事人在不同的程序中对权利要求的解释意见，避免因当事人在不同审理程序中对同一专利权利要求解释的差异导致法院对同一专利的保护范围作出不同的认定。❷最高人民法院知识产权法庭的设立一定程度上统一了裁判，但也由此带来了"飞跃上诉"（中级人民法院审理的一审案件直接上诉至最高人民法院）等问题，仍然未能有效理顺专利权效力判定机制的一体化。2022年2月27日的全国人大常委会上，部分出席人员提出，应在最高人民法院知识产权法庭基础上组建国家知识产权法院，承担发明专利等专业技术性较强的知识产权民事、行政案件二审上诉审理的职能，并以此为龙头健全知识产权专门审判体系。❸

以现有的知识产权专门审判体系实践为基础，通过统一布局现行的专利案件司法管辖格局，实现专利诉讼上诉审法院的审判权合一，不仅能有效避免司法裁判的冲突，也能有效弥合专利权司法判定与专利行政

---

❶　专利行政纠纷案号，一审：（2018）京73行初8992号，二审：（2019）最高法知行终142号；专利侵权纠纷案号，一审：（2017）浙01民初1405号，二审：（2019）最高法知民终366号。

❷　郝小娟.专利民行交叉案件处理新思路［J］.人民司法，2020（2）：96-99.

❸　2022年2月27日，十三届全国人大常委会第三十三次会议审议了最高人民法院院长周强作的关于《全国人民代表大会常务委员会关于专利等知识产权案件诉讼程序若干问题的决定》实施情况的报告。

授权确权之间的认识鸿沟。然而，任何的变革都存在着一定的制度成本，在知识产权上诉法院是否设立以及如何设立的问题上，更需要审慎考量。首先，从域外模式来看，典型如美国设立了专门审理专利上诉案件的"美国联邦巡回上诉法院"，日本、韩国、俄罗斯等均设立了专门审理知识产权案件的上诉法院。其中，日本实行的是一审分别集中，二审完全集中的模式，在东京和大阪分别设有知识产权审判机构，主要审理技术类一审纠纷，知识产权上诉法院则设立于东京，与东京高等法院合署办公。❶

从地域的广阔程度看，我国幅员辽阔，经济发展较不平衡，与日本不具有太大的可比性，因此知识产权法院的一审、二审均实行集中审理的可操作性不强。就地域而言，参考美国的知识产权法院模式更为现实，但由于美国与我国在司法体系与诉讼模式方面的差异较大，需要结合我国司法机关结构与司法审判水平进行合理布局。对于一审案件，按照我国现行的相对集中管辖模式，通过设置地区知识产权法院并结合跨区域管辖的知识产权审判庭实行相对集中审理，对于专利（发明、实用新型）、植物新品种等技术类案件，将确权类案件纳入民事案件审理范围，与侵权类民事案件实现一审的平行审理，进而在上诉程序中实现统一审理。从知识产权上诉法院设立的成本而言，以最高人民法院知识产权法庭为基础，建立一个高级人民法院级别的法院相对而言成本非常高昂，如果借鉴日本东京高等法院的建制模式，在已有高级人民法院的基础上，附设相应的知识产权上诉法院，一方面可以节约制度改造的成本，另一方面也可以实现资源和人员的相互交流，一举两得。在条件具备时，将专利确权与侵权案件上诉审由国家层面的知识产权上诉法院统一管辖、审理。如此，在对专利权效力的认定上，将确权程序与相关民事、刑事诉讼程序的最终判定权由知识产权上诉法院统一起来，很好地避免程序交叉带来的裁判冲突以及程序中止带来的迟延。

关于知识产权上诉法院的设立模式，主要有两种思路：一种思路是

---

❶ 梅术文，曹新明.日本知识产权法院的设置及其启示［J］.电子知识产权，2005（12）：40–43.

在现有的北京市高级人民法院知识产权审判庭的基础上设立专门知识产权上诉法院，统一管辖各类专利等技术类知识产权上诉案件；另一种思路是按照行政区域划分，将技术性较强的知识产权纠纷案件的二审管辖权分别归属于按区域设立的几个知识产权上诉法院或巡回法院。就目前我国司法改革的思路而言，设立跨区域的法院将成为一种趋势，知识产权上诉法院设立的思路也要契合司法改革的整体思路，不应以地域作为上诉法院的管辖局限因素，应将便利当事人诉讼与审判便捷高效统一起来，而跨区域的知识产权巡回上诉法院是一种可参考的选择。同一法院的不同审判庭可以分设于不同的地域，知识产权法院本身不宜设置多个，但法院的审判团队可以有多个，通过相对流动式的知识产权上诉法院审判庭实现全国技术类知识产权上诉案件的集中管辖，同时达到便利当事人诉讼以及统一司法适用的目标。

第二节　侵权诉讼中的专利权效力判定

在专利无效行政程序之外寻求对专利权效力直接判定的模式，是日本等诸多法域专利制度改造过程中所考量的主要方向。如果将专利权效力行政判定程序及其后续的行政诉讼程序称为对专利权效力的"间接判定"，那么通过司法程序直接对专利权的效力作出判断则可称为专利权效力的"直接判定"。在"直接判定"的模式中，还可能存在着几种判定方式，包括在专利民事侵权诉讼中引入专利无效抗辩，或是提起专利无效的反诉；也包括提起单独的专利无效确认之诉。这些都是专利权效力"直接判定"的可能路径。但在我国目前的诉讼体制与权力分置模式下，基于前文的分析，在专利制度中引入如美国法上的专利无效确认之诉不易行之，通过在专利侵权民事诉讼中引入专利权效力的判定实为可行之选。

一、民事诉讼中引入无效认定的利弊分析

我国应否在专利侵权诉讼中引入无效认定，首先需要讨论两个层面的问题：一是是否应引入无效认定；二是如果引入无效认定，其效力范围限于个案还是具有绝对效力。根据我国《民事诉讼法》《专利法》及有关司法解释，在现有法律框架内，民事诉讼程序中司法机关无权对专利权的效力作出认定。但我国在司法政策方面实际上也存在鼓励在民事侵权诉讼中进行专利权效力认定的意见倾向。❶ 在司法政策的层面，最高人民法院基于现行专利无效判定模式的不足，鼓励各级司法机关在专利权效力的审查问题上，摸索突破现行民事诉讼与无效行政程序之间绝对分立的壁垒，在提高专利审判司法效率方面，探寻一条可行的突围路径，通过对明显无效专利的专利权人侵权诉求"不予支持"，以弥合专利侵权诉讼与专利无效抗辩之间的鸿沟。但专利民事诉讼是否引入、如何引入专利无效认定，属于突破现有体制架构的范畴，仍需要进一步的审慎分析。❷

（一）引入无效判定的支持理由

支持在专利侵权诉讼中引入专利无效认定论者，主要从两个方面提出支撑理由。一方面的理由认为，可以以美国专利无效诉讼与行政程序双轨制，作为我们改进路径可资参照的样本。❸ 更进一步，作为后起跟进者的日本在不同程度上修正了原来的二元分立体制，这也是我国"在专利民事侵权程序中赋予法院专利权效力审查权的重要缘由和底气所在"❹。

---

❶ 最高人民法院曾指出，"合理强化民事程序对纠纷解决的优先和决定地位，促进民行交织的知识产权民事纠纷的实质性解决。对于明显具有无效或者可撤销理由的知识产权，权利人指控他人侵权的可以尝试根据具体案情直接裁决不予支持，无需等待行政程序的经过，并注意及时总结经验"。参见最高人民法院：《第三次全国法院知识产权审判工作会议简报》，2013 年 3 月 21 日。

❷ 代江龙.试论专利侵权诉讼中无效判定的引入［J］.人民司法，2015（17）：98–102.

❸ 因为"美国专利无效的双轨制使公众能够根据自身情况选择不同的专利无效方式，国家通过政策法规引导公众选择，使得无效制度作为一个整体能够高效运行"。参见：左萌，孙方涛，郭风顺.浅析美国专利无效的双轨制［J］.知识产权，2013（12）：92–97.

❹ 朱理.专利民事侵权程序与行政无效程序二元分立体制的修正［J］.知识产权，2014（3）：37–43.

但公众能够选择不同的专利无效方式，是否就一定能带来无效制度的高效运行，本身就值得商榷，更遑论日本的专利审判体系与我国也存在着较大的差异。得益于司法管辖区域范围的相对狭小，日本技术类案件（包括专利案件）的一审管辖专属于东京与大阪地方法院，上诉审集中于东京知识产权高等法院。❶ 相对而言，我国司法地域辐射范围较广，难以实现完全的集中管辖，目前享有专利案件专属管辖权的除了北京、上海、广州、海南自贸港等知识产权法院外，还有大量各省跨区域管辖的法庭，上诉审法院为最高人民法院知识产权法庭。相比较于日本，司法裁判产生冲突的可能性也会大大增加。当然，专利案件管辖的集中化并不与制度效率具有绝对的正相关性，一个例证是，作为仍然实行专利侵权诉讼与无效行政程序分立的德国❷，并不能断言其专利制度整体运行效率低于采取合一模式的美国。专利权因其所涉利益巨大，当事人一般会穷尽一切可能途径争取其权益。专利纷争的"战火"从法院燃烧至专利行政部门，再回到法院，如此往复循环的案例在美国也并不鲜见。将专利权无效认定引入专利侵权诉讼，如果没有相应的配套制度作为保障，其带来的并不一定是制度的"高效运作"，甚至有可能是程序的交错与冗长。

　　另一方面的理由认为，知识产权专门法院的建立，为专利侵权诉讼中进行专利无效认定扫清了障碍。❸ 审理专利案件的司法机关，能否很

---

❶　张玲.日本知识产权司法改革及其借鉴［J］.南开学报（哲学社会科学版），2012（5）：121–132.

❷　德国联邦专利法院仅受理关于发明专利、实用新型、工业设计、商标、集成电路布图设计、植物新品种授权及效力方面的争议，侵权案件仍由普通民事法庭审理。德国学术界及司法实务界将"获证高度可能性"引入专利无效案件，来分析是否有必要中止侵权诉讼，例如，虽然德国联邦最高法院对专利权的效力尚未作出裁判，但一审专利法院认定专利无效的，普通法院可以中止侵权诉讼；如果德国联邦最高法院针对专利有效性的二审尚未审结，但一审专利法院认定专利有效的，则侵权诉讼继续进行，不必等待二审法院的最终判决结果。在案件的审理上，德国联邦专利法院遵循申请原则（不告不理原则）、调查原则（专利法院依职权调查为主导，不受当事人提交的证据的限制）、言辞辩论原则（书面审为主，开庭审理为辅）、非强制专业代理原则。参见：郭寿康、李剑.我国知识产权审判组织专门化问题研究：以德国联邦专利法院为视角［J］.法学家，2008（3）：59–65；王正志.中国知识产权指数报告2013［M］.北京：知识产权出版社，2013：185.

❸　朱理.专利民事侵权程序与行政无效程序二元分立体制的修正［J］.知识产权，2014（3）：37–43.

好地实现对专利权效力的认定，如何实现对专利权效力的认定，应当以专利权的性质、司法权的属性与权力边界为逻辑起点。应当看到，专利权具有私权的本质属性，同时，作为一种事实上的垄断权，其授权标准又具备公共政策调节功能。相较于司法权的被动性，行政权更具主动性，在基础审查资料的来源以及自我纠错的效率上都更胜一筹。另外，民事诉讼程序与行政程序在无效审查请求的证明标准上也存在差异。以美国为例，在民事无效之诉中，采取的是"高度清晰且令人信服"的标准；在行政无效程序中，采取的则是"优势证据"标准。这更进一步增加了专利权效力判断上结果冲突的可能性。典型如 Baxter 系列案，针对美国专利商标局和 BPAI 所作出的无效行政裁定（决定）的上诉审，与针对联邦地区法院所作出的无效之诉判决的上诉审，都是由美国联邦上诉法院审理，却先后得出了相反的结论❶，这一冲突同样内生于美国集中和专业化的专利司法审判体系之下。

（二）引入无效判定可能带来的风险

学者们也认识到变革民事侵权程序与行政无效程序二元分立体制可能带来的风险：专利侵权诉讼与专利无效程序作为两项独立程序在专利权效力判断上可能产生的冲突；不同侵权诉讼审理法院之间在专利权效力判断上可能产生的冲突；当事人为寻求自身利益，在专利民事侵权程序中滥用专利权无效的主张，耗费审判资源，拖延诉讼，从而阻碍预设的效益目标的实现。正是考虑到上述风险，故而认为，人民法院应当通过坚持民事侵权程序中专利无效认定的相对性与对专利权效力审查的有限性，并通过发挥上诉审与审判监督程序在统一审判尺度和标准方面的功能和作用以应对之。❷然而，在司法实践中，如何采纳专利权效力认定的相对性标准，还需要突破两个方面的现有制度障碍。

---

❶ Sean P. Quinn.Case Summary: Fresenius USA, Inc. v. Baxter, Int'l, Inc. 721 F.3d 1330（FED. CIR. 2013）[J]. DePaul Journal of Art, Technology & Intellectual Property Law, 2013（Fall）: 247–257.

❷ 朱理. 专利民事侵权程序与行政无效程序二元分立体制的修正 [J]. 知识产权，2014（3）: 37–43.

其一，从我国民事诉讼体制来看，即使在专利侵权诉讼中对专利权无效认定采取相对性标准，将专利权无效认定判断结果的遮断范围限于个案，现阶段我国民事诉讼基础理论也无法涵括。因为我国民事诉讼在既判力方面主要采大陆法系架构，在诉讼"真实性"的基础上，坚持前诉"正确"的事实认定结果；在保证实体公正的基础上，追求事实认定结论的统一性和稳定性。❶ 在前后诉中，我国民事诉讼更偏向于结果正义的标准。具体到知识产权民事诉讼中，只在驰名商标的司法认定上采纳了个案标准，其他程序并未修正既判力的客观范围。但实际上可以发现，驰名商标的司法认定只涉及商标保护的范围与力度，并不影响商标权存在的基础，而专利无效认定则不同，专利权的有效与否将直接与专利侵权诉讼的结果关联，二者的"个案标准"之间并无可比性。另外，商标驰名认定利益异化曾经带来的相关商标案件司法混乱，以及为数不少的知识产权法官在商标驰名认定上栽跟头甚至职务犯罪的教训，我们同样不能忘记。❷ 在美国专利法历史早期，对专利无效认定一直采纳个案标准。1971 年以前，在专利权无效宣告的效力方面，美国实行的是"相互禁止反悔"（Multality of Estoppel Doctrine）原则，即专利权被宣告无效的效力仅限于双方当事人。❸ 但 Blonde 案改变了这一格局。美国联邦最高法院在该案判决中指出，从诉讼经济的角度，对于已经被无效的专利诉讼，如果允许原被告之间再就此问题展开控辩攻防，相当于让双方将时间、精力耗在了一项循环往复的工作上，而且专利诉讼的成本极其高昂，违背了专利制度的设立宗旨以及专利保护的效率目标。在此案的基础上，美国联邦最高法院确立了"附带禁止反悔"（Collateral Estoppel）原则，即前一诉讼中的专利无效认定可被当事人援引，实际上将专利无效认定的结果"遮断面"扩展至并不限于个案。

其二，从我国司法环境与司法考评机制来看，将专利权无效认定引

❶　纪格非."争点"法律效力的西方样本与中国路径［J］.中国法学，2013（3）：109-120.

❷　韦晓云.驰名商标认定虚假诉讼之刑法规制［J］.人民司法，2009（17）：12-16.

❸　李明德.美国知识产权法［M］.北京：法律出版社，2014：128.

入专利侵权诉讼，可能让专利案件审理法官陷入两难困境。根据我国司法机关对司法人员的考评指标，被再审改判的案件属于"错案"，不仅会显性地影响办案人的绩效、奖励，还会隐性地影响承办人的考评甚至职务晋升，因此具有重要的指标意义。2014 年 6 月，中央全面深化改革领导小组第三次会议审议通过的《关于司法体制改革试点若干问题的框架意见》提出，要明确法官、检察官办案的权力和责任，对所办案件终身负责，严格错案责任追究。《关于司法体制改革试点若干问题的框架意见》所明确的"错案"责任终身追究，更让再审案件成了悬在法官头上的"达摩克利斯之剑"。从现阶段司法实践来看，对于以专利权有效推定为基础作出的民事侵权判决，如果专利侵权诉讼与无效行政程序结果存在冲突，民事侵权诉讼判决往往会被启动再审程序。❶ 如果将专利无效认定引入民事侵权诉讼，那么在侵权诉讼的基础上，被控侵权人进而会将专利权效力认定的裁断提交给法官，法官除了要对侵权与否作出判定，在专利权效力问题上同样无从回避，从而增加对专利权效力认定（有效 / 无效）的判项。在专利侵权诉讼与专利行政程序、行政诉讼审理权限及路径不可能（至少在可预见的短期内不可能）完全统一的客观条件下，侵权诉讼审理者、行政程序处理者、行政诉讼审理者在专利权效力认定上的交错，以及证明标准、证据规则、审理程序上的差异，会带来更多案件判决结果上的冲突，将专利侵权诉讼审理法官所面临的专利权判定难题逐步显性化，从而进一步阻滞作为整体的专利制度效益的发挥。

二、明显无效专利不予保护规则

在专利民事侵权诉讼中引入无效判定，会带来制度变革的较大成本支出，同时也会带来司法权与行政权之冲突。相对而言，较为稳妥的模式是在专利侵权诉讼中，通过引入"明显无效专利不予保护规则"，一方

---

❶ 参见最高人民法院（2013）民申字第 792 号"伦慧乐诉河北拓安管业有限公司案"民事判决书；（2014）民提字第 47 号"永冠诉四海印花有限公司案"民事判决书。

面不直接针对专利权的效力作出判定，不会对既有的专利授权模式及行政机关的行政行为公定力产生冲击；另一方面也能实现诉讼的便捷高效，避免因诉讼中止所致的程序迟延，影响专利制度整体效益的发挥。

（一）规则的平衡功能

明显无效专利不予保护规则具有专利法制度上的平衡功能，意在实现专利侵权诉讼与无效行政诉讼之间的协调。在专利侵权诉讼中，按照行政权与司法权的分立，由于专利权为行政机关所授予，对专利权效力的质疑需要通过行政机关作出无效决定，其后方可通过专利无效行政诉讼程序对行政机关的决定进行审查，这样循环往复，既浪费了国家的公共资源，又增加了当事人的成本支出，造成了专利制度运行的低效。但如果将专利无效认定引入专利侵权民事诉讼程序中，由审理侵权民事诉讼的司法机关直接对专利权的效力作出认定，那么"侵权诉讼的实体实质上会演变为无效审判"❶。因为一旦审理侵权诉讼的人民法院可以直接对专利权的效力作出认定，为实现专利权无效之目的，当事人会不断寻求通过侵权诉讼实现对专利权效力的"反抗"。专利侵权诉讼仅为所涉侵权行为的判定，而专利无效的审查结果将会影响在后的所有诉讼，对专利授权许可、专利转让也会产生根本的影响，这样的诉讼结果会产生"预料之外"的效果：专利侵权诉讼中的专利权效力审查会出现专利无效"喧宾夺主"之势，专利侵权判定会沦为专利权效力判定的"附庸"，一旦专利权被判定为无效，侵权判定将不再需要继续进行。基于权利要求解释和禁止权利滥用的专利无效抗辩适用路径，可以在不修订现有法律的情况下，克服二元分立体制的弊端，提高司法效率。❷

在现行专利授权规则中，通过专利行政机关的专业审查对专利权授予的"可专利性"条件进行把握，可以实现专利保护的尺度合理，为专利技术及专利设计划定合理的保护范围，以避免专利"专有权利"对公

---

❶ 青山纮一.日本专利法概论［M］.聂宁乐，译.北京：知识产权出版社，2014：72.
❷ 何卓律，王洪友.论中国现行制度下专利无效抗辩的适用路径［J］.电子知识产权，2019（10）：72-81.

有领域的"侵蚀"。相对而言，从政策性调控以及专业性角度来讲，专利行政机关相对于司法机关更具优势。因此，对专利权效力的判断，应以行政机关为主体，以司法机关为补充。在专利侵权诉讼中，对于"明显"无效的专利，经过审查后不予保护，一方面实现了绕过专利权无效的直接认定所可能带来的冲突，并且减少了等待行政程序处理结果所产生的诉讼成本；另一方面将对专利不予保护的对象限定为"明显无效专利"，同时对该类专利虽然"不予保护"，但不需要作出是否有效的最终判定，在解决了专利侵权纠纷的同时，也避免了启动专利无效程序的冲突。

（二）规则的建构

在专利侵权民事诉讼中引入"明显无效专利不予保护"规则，旨在着眼于侵权纠纷的解决。专利侵权纠纷的高效解决正是该规则建构的目标之所在。

首先，应合理把握专利明显无效中的"明显"要件。专利技术的可专利性条件包括"新颖性、创造性、实用性"，另外，还涵盖了《专利法》所规定的不授予专利权的除外情形，以及专利申请与授权文件、专利权利要求存在明显瑕疵影响专利权效力的情形。在专利侵权诉讼中对可专利性条件的审查把握应当恪守严格标准，将"明显"限定于通过专利申请授权文件以及现有技术方案的对比很容易就能发现的情形，以防止当事人通过专利侵权诉讼达到其将专利审定为无效的目的。关于"明显无效专利不予保护规则"的判断依据与观察视角，日本专利法将明显无效专利界定为："在无效审判中可能会被判定为无效。"在我国司法实践中，主要有三类属于明显无效专利范畴的情形：一是不符合专利授权形式要件，包括说明书、附图与权利要求无法印证；二是在专利申请中，虚假陈述，通过数据、资料造假，获取实际未能实现的专利技术；三是通过形式上的变化、抄袭，或是变劣申请，将不具备新颖性、创造性的技术方案申请并获得专利权。专利明显无效的"观察视角"应以"本领域普通技术人员"为准。

其次，在专利侵权诉讼中，应提升专业化审判水平，进一步完善"技术审查官"制度。因为只有拥有专业性更强的专门技术人员保障才能使司法机关的判断具有更大的权威。基于专利专业技术人员的有限性，拥有专利专门案件管辖权的审判机构应予限制，严格遵循"集中管辖"的原则。最终如果条件达到了，可以设立专门的专利审判法庭"技术调查官"团体。

再次，借鉴日本的做法，人民法院在民事诉讼中对专利权利是否无效或可撤销予以审查并"自为判断"时，该项判断的效力应当予以限定，仅限于个案范围。人民法院在民事诉讼中对专利权效力的司法审查是基于当事人附带而提起的，不应作为判决主文出现在判决书中，只作为一项判决理由。如此，方可保证人民法院的审判不会导致行政行为的"公定力"产生动摇，也不会产生司法权侵入行政权的担忧。

最后，更进一步的构想是，当事人在诉讼中提出行政确权请求时，借鉴日本的规则，建立法院与专利行政部门进行沟通协调的机制，双方能更好沟通，以尽量避免最终对专利权效力判断不一致的情况。❶ 我国《专利法》关于"专利权评价报告"的规定即为此种沟通机制的雏形。在沟通机制中，专利行政部门出具书面意见不仅较为便捷，而且能使司法审判与行政确权之间相互协调，避免诉讼中止带来的拖沓。

三、专利民事诉讼中止规则之完善

（一）诉讼中止规则完善的考量因素

一项法律制度的完善必有其目标之所在，因为"法律调整具有目的性和选择性，对于诸多冲突的利益只能依法律所要追求的目的，对其进

---

❶ 余翔，赵振.专利侵权诉讼中反诉专利权无效与中止诉讼：日本知识产权诉讼制度改革及其对我国的启示 [J].电子知识产权，2007（6）：54-56.

行有选择的调整"❶。专利诉讼中止制度的完善是一项系统工程，需要把握清晰的思路。设定专利诉讼中止规则完善应遵循的基准，应当以制度完善的目标为核心，在提高专利司法保护效率的同时，还应依循专利诉讼的司法规律，协调好相关的程序机制。

1. 诉讼迟延最小化

诉讼中止制度与诉讼效率息息相关，对现行专利民事诉讼中止规则予以完善，当然要以提高专利诉讼效率为目标。效率作为法律制度的一项基本价值，具有重要的意义。正如波斯纳所言，法律制度中的许多原则和制度最好被理解和解释为促进资源有效率配置的努力。❷诉讼制度作为程序法规则，牵涉当事人和司法机关的资源投入。效率的提高是各方共同的追求，而诉讼中止制度的完善也是一种促进资源有效配置的努力。

专利民事诉讼作为一种特定的诉讼类型，其对效率有着更高的追求。因为专利制度以无形财产权为其基本内容，而无形财产权为工业社会高度发展的产物，经济效益是其内在驱动力也是其不容回避的追求。从双重角度来讲，效率是专利制度产生的基础，也是专利制度追求的重要价值目标。❸专利民事诉讼中止制度的完善需要以效率价值作为首要目标，源于专利权的时效性。专利权超过了法律赋予的保护期间，将失去其经济价值。如果专利诉讼动辄长达数年甚至十几年，那么专利纠纷解决就失去了意义，待纠纷解决后，纠纷所涉的专利可能已经成为一项无价值的技术，甚至权利本身已不复存在。由此，专利民事诉讼中止制度的效率追求需要从专利民事诉讼期间限缩、专利诉讼纠纷解决程序的简易便捷等方面来实现。另外，诉讼迟延最小化在专利民事诉讼中止制度中还应当体现为专利民事诉讼中止的期间应尽量缩短，中止的次数应予以明

---

❶ 孙国华，黄金华.论法律上的利益选择［J］.法律科学（西北政法学院学报），1995（4）：3-9，19.

❷ 理查德·波斯纳.法律的经济分析［M］.蒋兆康，译.北京：中国大百科全书出版社，1997：26.

❸ 肖尤丹，谢祥.知识产权效率价值的理论渊源［J］.重庆理工大学学报（社会科学），2010，24（1）：57-63.

确限制。

2. 依循司法审判规律

专利民事诉讼中止是一项诉讼制度，对其予以完善，应当遵循司法审判的基本规律。对于专利民事诉讼与行政确权程序冲突时适用诉讼中止的规则，应当把握司法权与行政权之间的分立与制约。在专利民事诉讼与行政确权分离的现状下，将哪些行政确权事项确定为应中止民事诉讼的情形，应当具体分析专利民事司法审判中对行政决定审查判断的方式。从事实认定与法律判断的角度考量，法律判断仅为法官适用法律的过程，不会因其他程序的冲突而难以进行。至于事实认定的部分，判断民事诉讼是否应当中止，主要依赖于专利侵权或违约的构成要件是否依赖于其他程序的判断结果，如专利权效力是否因其他程序而处于未决状态。通过这一严格的界分，能将专利民事诉讼中止事由限定在一个较窄的范围内。对于司法审判是否可以对行政决定进行审查，则涉及另一重大问题。行政权与司法权本是两项互相独立的权力，只要把握好专利权效力司法审查的个案认定原则，即将司法审查的既判力范围限定在本案的范围内，不予扩张，那么司法机关对行政确权事项审查的权力不会动摇行政机关所作出的决定与裁定。

依循专利诉讼中的司法审判规律，还体现在对专利三大诉讼，即民事、刑事、行政诉讼关系的判断上。在我国，民事、刑事、行政三大诉讼的管辖、审判程序等是相互分离的，由不同的审判机构依照不同的诉讼程序进行。如此，必然导致在出现三大诉讼交叉时需要中止其中的部分诉讼程序。从本质上讲，三大诉讼均由中立的司法审判人员在双方当事人对抗的基础上认定事实、适用法律。尽管在具体的制度层面还存在着很大的差异性，但三大诉讼的整合是合乎司法审判规律的，不仅管辖、审判组织、程序制度可以整合，举证、质证及证据认定亦可予以整合。

3. 协调相关程序机制

从诉讼中止所产生的影响来看，诉讼中止会推延诉讼的进程，从而导致诉讼成本的上升，但诉讼中止对于权利保障而言仍为必要，因为这比起无视客观障碍盲目强行推进诉讼，以致造成错案后再走审判监督的回头路来说，仍是一种重大的节约。❶我国民事诉讼法规定，在案件审理过程中，审理案件可能与其他程序存在着关联性，如果程序同时进行，很可能使两者的结果发生冲突或者不利于另一程序的进行时，应中止诉讼。从该项条款的立法意图来看，实质目的应当是避免裁判上的相互矛盾以节约诉讼成本。❷因此，专利民事诉讼中止制度在实现程序协调的同时，带来的是诉讼成本的降低。

民事诉讼中止制度设置的初衷即为协调各项程序机制，以规避程序规则的冲突。然而，程序保障精神并没有体现在我国现行民事诉讼中止制度中。❸在专利民事诉讼中，中止诉讼以避免程序机制之间的冲突，从而达到保障程序协调，是诉讼中止规则的深层次价值目标。专利的保护分为司法保护与行政保护，司法保护又存在民事司法保护、刑事司法保护与行政司法保护。另外，多种专利的权利认可需要行政机关作出，从而使得司法程序极易出现与行政确认冲突的局面。这些专利保护的程序机制叠床架屋又各自为政，在专利保护中出现程序"打架"的情况较为常见。如何协调好程序机制，在必要的情况下，限制适用专利民事诉讼中止制度，使专利各项程序制度之间能达到共存与互补，无疑是专利民事诉讼中止制度的目标之所在。

专利民事诉讼中止是一个黏合剂，涉及诸多程序机制之间的冲突与衔接。专利民事诉讼中止的适用往往产生于专利民事诉讼进程中出现其他程序与之相冲突之时。因此，如何协调好相关的程序机制是完善专利民事诉讼中止制度所要把握的一项重要基准。

专利民事诉讼中止所要协调的相关程序机制均为专利保护的相关制度。具体而言，包括专利三大诉讼的管辖、专利行政确权国务院专利行政部门的定位、专利不同类型行政诉讼与民事诉讼的关系、专利专门审判机构的设立等。要减少专利诉讼中止适用的情形，必须将这些制度协

---

❶ 王如铁，王艳华.诉讼成本论［J］.法商研究（中南政法学院学报），1995（6）：73—79.

❷ 郝振江.存在关联程序下的诉讼中止［J］.人民司法，2010（2）：72—75.

❸ 王福华.民事诉讼程序停止机理研究［J］.法商研究，2004（2）：50—57.

调好，构建适当的程序衔接机制。如前文所论，通过赋予人民法院有条件地对专利权效力予以审查的权限，将专利行政确权与民事司法审判衔接起来，避免民事司法审判中行政确权程序的冲突，从而减少诉讼中止的适用。

（二）专利诉讼中止规则的判断要素

综观各国专利诉讼的中止规则，以美国的相关规则设置最为精细。美国的专利诉讼中止规则内生于其特有的法律制度与司法实践。中止规则的形成，一方面与其法院的司法审查传统及诉求的集中解决理念分不开，另一方面也源于其诉讼的辩论主义特征及"法官造法"的司法权限。这些特点都与我国专利制度及诉讼规则相去甚远。美国专利诉讼中止"三段式标准"经过30余年的发展演变，以及大量法官反复的探讨论证，无疑属于美国专利诉讼司法经验积累与司法智慧碰撞的结晶，而我国专利纠纷解决"平行模式"与美国的双轨制体系具有相似之处，该规则值得我们认真分析研判并从中借鉴。

1. 扩展被告提交专利无效申请的时间条件

我国现行的专利民事诉讼中止规则主要见于《最高人民法院关于审理专利纠纷案件适用法律问题的若干规定》第4条至第8条。针对发明专利，被告在答辩期内请求宣告该项专利权无效的，人民法院可以不中止诉讼；针对实用新型与外观设计专利，被告在答辩期内请求宣告该项专利权无效的，人民法院应当中止诉讼，并规定了相应的例外情形。总体来看，在我国专利民事诉讼中止规则中，被告提起诉讼中止的一个关键时间节点是"答辩期"，如果被告在答辩期内向专利行政机关请求宣告专利权无效，那么其申请中止民事诉讼的基本条件原则上方才具备。关于"答辩期"，《民事诉讼法》第128条规定，"人民法院应当在立案之日起五日内将起诉状副本发送被告，被告应当在收到之日起十五日内提出答辩状"。民事诉讼法赋予了被告15天的答辩期。也就是说，被告必须在15天之内作出是否提起专利无效行政程序的决定。由于我国专利无效行政程序并未设定启动门槛，与此相应，司法解释仅以"提出宣告无效的请求"作为能否中止诉讼的要件，而不论该请求是否合理，是否有据，是有意拖延诉讼，还是确实存在专利权利要求无效的"实质性理由"。短短 15 天的无效请求申请考虑期，辅之以无启动门槛的行政程序，事实上促成了在大多数专利侵权诉讼中被告将启动专利无效行政程序及专利诉讼中止程序作为一项防御性措施，而非事实上对专利权效力的挑战。

通过上述的分析不难发现，以"答辩期"作为被告提起专利无效诉讼请求的期间，难以为当事人提供一个理性判断的时间区间。当然，这一时间节点安排根植于我国旧民事诉讼法上审前程序空置的背景。但 2013 年实施的修改后的《民事诉讼法》充实了审前程序机制，使审前程序涵盖：程序种类的选择适用（尤其是督促程序的转化和先行调解）、应诉管辖、举证时限；可发挥促进和解、交换证据、明确争点、安排日程等多种功能的庭前会议，以及诉的主观和客观合并等。❶ 结合美国专利诉讼中止规则，给予当事人在决定是否启动行政程序前的实质性争点整理、证据交换的时间和空间，一方面能够促使当事人达成和解，另一方面也能让当事人合理判断提出专利无效请求的可行性，从而达到纠纷解决与程序协调的双重目的。借助实质性的审前程序，将被告启动专利无效的时间限制扩展至证据交换阶段，应当说更为合理。与此同时，借鉴美国专利法，我国也应配套设置专利无效行政程序启动门槛，将现行专利无效请求审查的"一步走"划分为"两步走"，通过设定前置的专利申请审查程序，只有存在实质性无效的相关证据或是所提交证据能够证明至少存在使一项专利权利请求无效的可能性时，方能决定启动无效行政程序。以专利行政程序的启动作为民事诉讼中止的前置条件。

2. 引入专利权利要求范围排除要素

专利诉讼往往是一项"集约型"诉讼，在一次专利诉讼中可能存在着针对侵权产品的多项专利侵权指控，同时每一项专利侵权指控又包含着数量众多的专利权利要求。典型如 Semiconductor 案，专利权人最初提

---

❶ 王亚新.新民事诉讼法关于庭前准备之若干程序规定的解释适用［J］.当代法学，2013，27（6）：13—22.

起的侵权诉讼中，包含了多达 288 项专利权利要求。❶一般情况下，被控侵权人面对如此多的侵权指控，不难从中找出较为"薄弱"的环节，针对某一项权利效力稳定性较低的权利要求启动行政程序，再以此为根据，请求中止民事诉讼程序。这种策略无疑能起到迅速"阻击"专利权人的作用。甚至原告基于其专利权利要求中的主权利要求提起侵权诉讼，被告却向专利行政机关针对该专利权利要求中的从权利要求请求宣告无效，以启动行政程序，进而请求中止民事诉讼。

借鉴美国专利诉讼中止规则，我国审判机关应当立足于行政程序与诉讼程序的衔接，在诉讼中止判断的准则中，加入专利权利要求范围排除规则，即被告如果在专利行政程序中针对 A 专利提起无效宣告请求，或是针对 A 专利中的 A1、A2、A3 权利要求提起无效宣告请求，在启动专利行政程序中，如果被告请求人民法院中止民事诉讼，那么，人民法院应当审查原告提起侵权诉讼的诉求中是否涵盖了上述无效请求对象，若已然涵盖，则可以中止民事诉讼，若未能涵盖，则不应中止民事诉讼。

3. 增加作为灵活判断标准的"过分损害"要素

在美国专利诉讼中止规则中，作为第三项要素的"过分损害"，被司法实践证明是一项最为灵活的要素，起到了"兜底"作用。综观美国专利司法实践中的诸多诉讼程序与行政程序交叉的案例，在是否中止民事诉讼的判断中，该要素始终作为一项最为重要和根本的考量因素。❷专利诉讼是一场效率与产值的"角逐"，而并非仅仅作为一项解决纠纷的措施。专利诉讼中的任何一个程序性裁断，都可能对诉争专利的"生命"与"价值"产生至关重要的影响。在专利诉讼中止规则三要素的判断中，前两项要素考量得再周全，也只能是属于"技术性判断标准"，而第三项要素则包含了对专利诉讼与行政程序作出概括性评判的"价值性判断标

---

❶　Semiconductor Energy Lab. Co., Ltd. v. Chimei Innolux Corp. No. SACV 12–0021 JST（JPRx），2012 U.S. Dist.（C.D. Cal. Dec. 19, 2012）.

❷　自 1992 年 Gpac 案以来，即使在"三段式标准"尚未形成之际，该要素就一直被作为一项"最终要素"为法官所使用。

准"，在个案的适用上自然具有十分重要的作用。

我国专利司法实践中，存在着大量因诉讼拖延而持续五到十年甚至更久的案例。❶可以说，这些案例的出现和专利诉讼与行政程序的交叉及由此带来的诉讼中止有着很大的关联性。美国专利诉讼中止规则中的"过分损害"要素对我国专利诉讼中止规则的完善有可借鉴之处。一方面，针对存在直接竞争关系的诉讼双方当事人的案件，人民法院在判断是否中止诉讼时，应将该要素纳入考量范围。另一方面，"过分损害"标准的设立，在确定判断基准的同时也留下了必要的裁量空间，针对专利权剩余周期不长等专利纠纷案件，对于诉讼中止申请，人民法院可在充分考量实际因素的基础上作出会否"过分损害"相对方的判断。

（三）专利诉讼中止规则适用的限制

专利有别于普通物权，作为一种无形财产权，其权利的实现有赖于行政机关的确认与保护，因此专利诉讼中止制度的完善所涉及的并不仅仅是中止制度本身的问题，还包括行政机关的确权程序、司法机关的诉讼管辖，以及两者之间的协调等问题。专利民事诉讼中止制度适用的频率及效果受到多重因素的影响，包括立法的完备与否、司法机关对法律条文把握的尺度、行政机关的机构设置与程序建构及行政决定在司法程序中的效力等。其中有些只是涉及立法条文或是司法适用尺度的"软件"问题，在现行体制下通过制度修正与司法适用统一即可实现，而有些问题则涉及司法机关与行政机关的机构设置及权力重新分配的"硬件"问题，需要突破现行体制方能实现。任何一项诉讼制度的完善都不可能一蹴而就，因为制度总是立足于一定的现实环境，受制于一定的体制，这个"摸着石头过河"的过程需要渐进式地推进，在不断试验、探索并总结的基础上结合具体的实施效果，从制度层面到机构设置与权力配置层面逐步进行，否则便有"冒进"之嫌。

---

❶ 相关案例参见最高人民法院知识产权保护典型案例，如武汉晶源环境工程有限公司诉日本富士化水工业株式会社和华阳电业有限公司专利侵权案等。

1. 减少基于专利行政确权的民事诉讼中止情形

专利纠纷案件民事诉讼中止制度完善的近期目标是，在保障裁判稳定性的前提下，尽量减少诉讼中止的适用，以提高专利纠纷解决的效率。在现行体制之下，主要从立法、司法解释上严格限定其适用条件与范围，从司法适用标准方面审慎把握。

首先，专利纠纷案件诉讼中止的范围不应局限于侵权纠纷的范围。《最高人民法院关于审理专利纠纷案件适用法律问题的若干规定》中关于诉讼中止的第4条至第7条均是指"侵犯专利权纠纷案件"，其限定范围明显过窄。因为在专利民事纠纷中不仅有侵权纠纷，还有专利合同纠纷 ❶ 等其他的民事纠纷。专利民事诉讼中止适用的情形应当扩展到针对各种纠纷的民事诉讼，因为不管是专利许可合同争议还是专利转让合同争议，抑或是专利权利归属争议的纠纷，均存在当事人或案外人向行政机关请求确认专利权效力的可能，此种情况当然可能会涉及诉讼中止的适用。

其次，在涉及发明专利的诉讼中，一方当事人向国务院专利行政部门申请宣告发明专利无效的，不应当中止诉讼，这一点应当在立法或司法解释中予以明确。同样，经过了国务院专利行政部门审查维持专利权的侵犯实用新型、外观设计专利权纠纷案件，一方当事人向国务院专利行政部门申请宣告专利无效的，也不应当中止诉讼。这首要考虑的是，发明专利以及经国务院专利行政部门审查维持的实用新型、外观设计专利，已足够稳定。国务院专利行政部门根据当事人或案外人的申请对发明专利以及经过了国务院专利行政部门审查维持的实用新型、外观设计专利提出的审查申请只是一种重复的实质审查。在我国现行体制下，某一专利可能经过国务院专利行政部门的反复授权、审查、确认无效、无效决定、撤销无效决定、重新作出决定等一系列的流程，此后还会有北京知识产权法院及最高人民法院知识产权法庭的行政一审、二审、发回重审及最高人民法院的再审。行政诉讼判决行政机关的决定违法，由行政机关重新作出行政决定，这样又进入了一个新的轮回。因此，众多的

---

❶ 包括专利申请权转让合同纠纷、专利许可合同纠纷、专利转让合同纠纷和专利委托开发合同纠纷等。

行政及司法程序环节，无法确认哪一环节的结论才具有最终的效力，或者说哪一环节的认定才具有最高的稳定性。如此看来，在专利确权争议中，基于其烦琐复杂的流程，如果一味追求绝对稳定的权利效力状态，必定会导致权利保护的无效率，只能退而求其次地寻求一种"相对的权利稳定"。在专利纠纷案件中，发明专利以及经过了国务院专利行政部门审查维持专利权的实用新型、外观设计专利已经达至了"相对的权利稳定"状态，人民法院不应以此种权利尚需等待行政机关的确权为依据中止诉讼。况且，纵使人民法院的判决与最终行政机关的行政决定出现了一定的冲突，还有《专利法》第 47 条予以补救。

再次，在专利诉讼中，遇有专利权有效性挑战的场合，分清专利权效力争议的情形，针对被告的现有技术抗辩，由当事人举证，法官自为判断，可不予中止诉讼。因为现有技术抗辩措施本身即在于减少专利侵权诉讼环节，从而节约诉讼成本和提高审判效率。❶ 一旦在民事审判程序中确认了原告之专利技术属于现有技术的范围，不为专利法所保护，那么对其诉讼主张将不予支持；如若其专利技术不属于现有技术范围，诉讼程序的进行亦将畅通无阻，诉讼中止在此无适用的必要。

最后，在涉及实用新型或者外观设计的专利民事纠纷中，如果一方当事人在答辩期向专利行政部门提出了专利无效的申请，另一方当事人向专利行政部门请求出具"专利权评价报告"，专利行政部门随之作出"专利权评价报告"时，本诉讼应当不予中止。根据《专利法》第 66 条，纠纷涉及实用新型专利或者外观设计专利的，可以由国务院专利行政部门对相关实用新型或者外观设计进行检索、分析和评价后作出"专利权评价报告"。"专利权评价报告"是在原专利法"专利检索报告"基础上的一种深化，不仅有检索，还有专利行政部门的分析和评价。这等同于专利行政部门对实用新型或者外观设计进行审查，提出自己的意见。为使专利法这一修改的适用意义更大，笔者建议，在涉及实用新型或者外观设计的专利民事纠纷中，如果当事人在答辩期向专利行政部门提出了

---

❶ 曹新明 . 现有技术抗辩研究［J］. 法商研究，2010，27（6）：96–101.

专利无效的申请，权利人向专利行政部门请求出具"专利权评价报告"时，专利行政部门对提请专利无效申请的事由进行审查，在此基础上对专利进行检索、分析和评价后作出"专利权评价报告"。人民法院收到"专利权评价报告"后，本诉讼应当不予中止。因为专利行政部门作出的分析评价报告针对提起的专利无效申请进行了审查，在一定意义上不仅对实用新型或者外观设计进行了实质审查，而且对专利无效请求也提出了其观点，不存在行政与司法程序之冲突，无须中止诉讼。

2. 限制中止期间长度与适用频度

专利民事诉讼中止制度如何更为高效便捷地运行，与诉讼中止期间长度及适用的频度都有着千丝万缕的联系。要限制专利民事诉讼中止期间的长度，必须通过赋予当事人恢复审理申请权并简化专利行政确权程序来实现。首先，专利民事诉讼中止何时开始源于诉讼中止事由的出现，而决定诉讼中止期间长度的则是诉讼何时恢复审理，一旦恢复审理，诉讼中止即告终结。由前文所述，现行立法及司法解释中规定了人民法院依职权恢复诉讼的程序，但未赋予当事人恢复诉讼的申请权。另外，法律除了规定何种情况下中止诉讼，还应规定何种情形下恢复诉讼。因此，专利民事诉讼中止恢复审理机制的增设应包括以下内容：一是当事人有权申请人民法院恢复已中止诉讼的审理，人民法院对当事人的申请应予审查，符合法律规定的条件时准予恢复审理；二是恢复审理的情形包括民事诉讼的事实认定并不以其他案件的审理结果为依据、专利行政机关对专利的权利有效性作出维持认定结论、当事人向人民法院提交了有说服力的"专利权评价报告"，以及其他应恢复审理的情形。另外，通过"严格规定有关审限延长的程序"❶，避免诉讼被无休止地拖延下去。

在基于专利行政确权的民事诉讼中止中，诉讼中止长度的确定取决于行政确权程序的长度。例如，在专利纠纷中，如何加快无效宣告审查的速度对解决中止时间过长问题具有实际意义。❷要缩短专利民事诉讼中

---

❶　蔡虹，刘加良.论民事审限制度［J］.法商研究，2004（4）：106–112.
❷　姚兵兵.再谈专利侵权诉讼中止问题：以南京中院为实例［C］//国家知识产权局条法司.专利法研究（2006）.北京：知识产权出版社，2007:335–343.

止的期间长度，需要通过简化专利行政确权的程序来解决，专利行政确权的快速终结将使已中止的诉讼能够尽快恢复审理。当然，行政确权程序的简化是一个复杂的课题，需要从行政程序制度方面加以完善。

专利民事诉讼中止适用频度的降低，特别是同一案件中避免多次中止诉讼，是提高诉讼效率的重要手段。笔者认为应避免因当事人恶意拖延诉讼而多次以权利的有效性存疑为由中止诉讼的进行。在专利民事诉讼同一案件中，如果一方当事人或是案外人依据一种理由向国家专利行政机关提出专利权效力争议后，申请人民法院中止诉讼的进行，其后，该方当事人或是案外人依其他事由再次向专利行政机关提起权利效力争议并申请人民法院中止诉讼时，人民法院应驳回其申请，不应再中止诉讼。如此，对于当事人基于不同事由再次提起行政确权程序时，不应再次中止专利民事诉讼程序，降低专利民事诉讼中止适用的频度。

四、专利权效力司法判定的衔接机制

专利诉讼规则的变革，需要在理论自洽的论证与司法实践的检视之间，以及司法程序的参与主体之间寻求平衡。任何制度设计的本质，都在于确立一种利益分配格局。❶专利制度的实质，在于合理确立专利权边界及其保护水平，进而达到促进全体人民利益最优化的目标。在专利侵权诉讼中，站在专利权人的角度，需要对专利权给予高标准与高效的保护；而站在被控侵权人的角度，则需要有足够的抗辩手段以及对公有领域技术的合理分享空间。专利制度设计的本身需要考虑到双方利益的平衡，在专利诉讼规则的设置上同样不可有所偏颇。尤其在专利诉讼中出现问题时，我们不能"头痛医头、脚痛医脚"，更多地要考虑制度引入或制度变革在司法实践中的可操作性与适用效果，并能从整体上加以"调理"，以最终达致规则变革的初衷。同样，我们也不能一味地"拿来主义"，进而出现制度上的"水土不服"甚至是"矫枉过正"，不仅对问题

❶ 杰克·奈特.制度与社会冲突［M］.周伟林，译.上海：上海人民出版社，2009：230–240.

的解决于事无补，而且可能会走回头路，在浪费司法资源的同时，也给当事人和司法体系带来"二次伤害"。

专利制度的变革牵一发而动全身，在专利制度完善的过程中，我们需要始终围绕司法及行政程序制度间的协调性，以保护效率的提高为目标探寻可行的路径。在专利诉讼规则完善的域外考察方面，我们需要拓宽视野，合理认识知识产权制度的国际发展趋势。尽管专利审判的专业化与集中化是一条发展主线，但不同国家之间结合自身国情，以不同的路径在探求专利保护高效的共同目标。以专利无效程序与专利侵权诉讼程序的整合为基础，要真正实现对专利纠纷"程序冗长、机制复杂、保护不力"的克服，还需要通过相关的配套机制，让引入的专利无效司法判定规则实现其制度设定的初衷。

（一）专利权利要求解释的独立程序地位

专利权利要求解释是专利侵权判定的前置程序。在现行模式下，专利侵权诉讼以专利权的有效性推定为基础，专利权利要求解释仅作为专利侵权比对的前提。专利权利要求解释的首要原则即"专利权有效原则"，在权利人据以主张的专利权未被宣告无效之前，对其权利应予保护，而不得以该专利权不符合专利法相关授权条件、应予无效为由作出裁判。但司法实践中，通过对权利要求的解释，会发现专利权存在独立权利要求缺少必要技术特征等事由，会事实上动摇专利权有效性的基础，如此将会出现专利权有效性推定与专利权事实上应属无效或部分无效的矛盾。面对此困境，人民法院只能采取权变措施，"以技术特征表述不清楚导致权利要求保护范围不清楚，而无法进行侵权比对为由，驳回原告诉讼请求"[1]。这种通过权利要求解释以间接处理专利权效力的方式[2]，事实上仅仅将专利权利要求解释置于专利侵权诉讼程序的从属地位。将专利权效力判定引入专利侵权诉讼，专利侵权诉讼中的权利有效性推定将不

---

[1]　参见最高人民法院（2012）民申字第 1544 号民事判决书；上海市高级人民法院（2013）沪高民三（知）终字第 96 号民事判决书。

[2]　梁志文.专利授权行为的法律性质［J］.行政法学研究，2009（2）：33-36.

复存在，会使得专利侵权纠纷焦点前移，即在专利侵权判定之前，专利权人与被控侵权人针对专利权效力会展开控辩，如果专利权被判定无效，则侵权比对无须继续进行。将专利权效力判定从专利侵权判定中分离出来成为一种必然之选，专利权利要求解释将承担双重功能，包括权利要求所载技术方案、技术特征及其组合是否具备新颖性、创造性和实用性等有效条件；专利权利要求的保护范围确定。因此，在专利侵权诉讼中引入专利权效力判定后，势必要改造现行专利民事诉讼程序，在审前程序阶段，通过独立的专利权利要求解释，前置性解决专利权效力的基础争议，提高提审效率，也能有效实现程序分流。

（二）专利案件既判力范围的合理界定

在专利侵权诉讼中，如果作出了专利无效认定，根据行政行为的公定力理论，并不能影响专利行政机关所授予的专利权效力。但同时，判决一旦确定，就具有了终结诉讼程序的"形式上的约束力"（形式上的确定力）与"实质上的确定力"（既判力）。专利权在侵权诉讼中被判定为无效后，会产生行政行为公定力与民事判决既判力之间的隐性冲突。要消弭这一冲突，在既判力的范围上需要进行合理的界定。在理论上，作出判决的法院不能改变已经成立的判决，这种对裁判法院的约束力称为"自我约束力"；其他法院包括上级法院亦不得未经法定程序撤销、改变已成立的判决，这种对裁判法院以外法院的约束力称为"羁束力"。❶已确定判决的既判力效果在客体、主体和时间三个方面得以体现。客体方面，判决既判力是指对哪些已判决的事项有拘束力。对这些判决事项的裁判对后诉法院和当事人有约束力，即既判力的客体范围。主体方面，判决的既判力是指已经确定的判决对哪些主体有约束力，即既判力的主体范围。时间方面，是指已确定判决作用的时间界限，也称为既判力的时间范围或既判力标准时。既判力时间范围的意义在于，"既判力标准时之前已经存在的事项，无论当事人是否主张，该当事人在后诉中都不能

---

❶ 川岛四郎.民事诉讼法［M］.东京：日本评论社，2013：667.

作为攻击和防御的方法再加以主张";在专利无效判定上,因专利权自身具有"外部性",无效认定结果对专利权人、社会公众、专利行政机关均会产生"辐射性"的影响,故在程序上应当恪守"既判力相对性原则"❶,即既判力仅在本诉当事人之间产生"羁束力",对法院的"自我约束力"也仅限于本案审理法院,更不应扩张至对行政机关授权确权结果的否定。

(三)专利"错案"标准的再造

建立知识产权统一上诉审理机制能够有效减少专利案件裁判上的冲突,统一专利司法审查的标准,但无法完全解决专利权效力个案认定之间的差异。一方面,专利上诉法院对司法裁判的统合效果仅局限于并行程序均提起上诉的案件;另一方面,我国司法实践以"实质正义"为案件审理标准,案件被提起再审的条件相对较为宽松,针对同一专利的不同案件,在不同的审理程序中可能因不同的事由被提起再审。❷因此,要使专利无效判定引入专利侵权诉讼后得到有效运转,应当完善考核机制,针对因民事案件判决之后专利又被无效的情形,不宜纳入判决错误的考量,从而减少审判法官的顾虑。从司法适用的层面,为制度引入落到实处扫清障碍。

本章小结

前文通过对专利权基础理论的研究,对我国专利权效力司法判定实践经验的总结,以及对具有代表性的美国、日本专利权效力司法判定程序的考察,逐步明确了我国专利权效力司法判定可能存在的问题以及应予完善的方向。

对我国专利权效力司法判定制度的完善,一方面,应当考量我国的

---

❶　张卫平.既判力相对性原则:根据、例外与制度化[J].法学研究,2015,37(1):68-86.

❷　参见最高人民法院(2013)民申字第 792 号民事判决书;最高人民法院(2014)民提字第 47 号民事裁定书。

既有司法格局与法律制度体系，结合我国专利发展现状提出应对之策；另一方面，也要考虑到专利制度总体的发展方向，具有一定的前瞻性。因此，对专利权效力司法判定制度的完善应当着眼长远，立足当下。首先，对我国专利无效制度的改造，不应摒弃现行的无效行政程序与行政诉讼的既有模式，通过对专利无效行政诉讼程序的审级、证据规则、判决形式等多个方面予以完善。从长远来看，我国应当在现有的知识产权三审合一模式，以及北京、上海、广州、海南自由贸易港知识产权法院与最高人民法院知识产权法庭的基础上，设立知识产权上诉法院，逐步形成专门的知识产权法院体系。通过专门审判机构的建立实现专利上诉案件审判的合一。其次，通过对专利民事侵权诉讼中引入无效判定的利弊以及风险可以看到，现阶段我国专利侵权民事诉讼中尚不宜直接引入专利权效力判定，应当通过设置"明显无效专利不予保护规则"实现专利侵权判定与专利效力判定之间的衔接与平衡。在此基础上，应当完善我国专利诉讼中止规则，同时确立专利权利要求解释的独立程序地位，并合理界定专利案件判决既判力范围，再造专利"错案"标准，以搭建专利权效力司法判定的衔接机制。

结　语

专利权效力司法判定是一个颇具争议性的论题。从专利保护的总体架构而言，专利侵权判定与专利权效力判定同样重要，如何从程序机制上协调二者之间的关系，既能在实现专利权适度保护的同时，又能够提升专利保护的效率，避免专利权及专利诉讼沦为市场主体非法逐利的手段，对此需要展开深入研究。专利权效力判定最为核心的问题，实际涉及司法机关能否以及如何对专利权的效力作出认定。如果遵循权力分置的基本立场，专利权的授权机关为专利行政部门，对专利权的确权审查也由专利行政部门完成，作为司法机关的人民法院仅对专利行政机关的授权确权行政行为是否合法进行审查。行政法上的"合法性"审查原则限定了人民法院职权行使的范围。但专利纠纷案件的特殊性就在于，专利权本质为一项私权利，而基于其公共政策属性，授权确权又由行政机关予以审查确定，专利权效力争议程序被剥离出来，在专利侵权诉讼中，专利权仅为一项推定有效的权利，有别于其他私权，人民法院无法直接对专利权效力予以确认，专利侵权诉讼受制于专利权效力争议，也就产生了广为诟病的诉讼拖沓、冗长，成本高昂，程序冲突不迭的现实问题。

通过对本论题的研究可以发现，实际上专利权司法判定的程序机制所存在的冲突问题并不为我国所独有，其内生于专利权本质以及司法权与行政权的相互制约关系。一国专利权效力判定体系的设置更是根植于其本国的国家权力架构、知识产权行政与司法保护路径，甚至包括知识产权发展与保护水平等。因此，程序机制的建构与完善需要立足于我国现实，需要切中我国专利保护体系之问题所在，更要以体系化的视野寻求完善之策，不可盲目"东施效颦"，更不可"头痛医头、脚痛医脚"。在对专利权保护程序机制所存在问题的大量分析、讨论中，所充斥的

"维权成本高、诉讼时间长"、专利行政保护与司法保护的"双轨制"等问题，实际上均需要立足于数据、立足于审判实践，探究上述"问题"的真实"困境"所在。我国专利权司法保护的维权成本与诉讼周期，相对于其他民事案件，包括著作权、商标权纠纷等知识产权民事案件而言，确实成本高昂，周期较长，但这主要取决于专利权自身的特点所在，其具有一定的技术性难度，专利权的稳定性存在着一定的动摇可能等。当然，专利权行政确权与司法保护的绝对分离体系，也在专利司法保护成本高昂的问题上扮演了重要的角色。从不同国家和地区的专利司法保护体系可以看到，司法保护始终在专利权保护上占据着绝对的主导地位，无论是在专利侵权惩处与保护方面，还是在专利确权与效力纷争方面，司法保护都是主要的保护路径，并且作为定分止争的最后环节。当然，作为一项兼具公共政策功能的制度，专利权的授权与确权仍应遵循由行政机关处理的基本架构。不宜以司法权代位行政权，将专利无效判定直接引入专利侵权民事诉讼之中。在专利司法保护程序机制方面，程序规则之间的冲突在所难免，提升专利司法保护效率的可行之策在于如何通过程序协调机制，以减少冲突的可能性。

结合我国司法机关构成及司法体系的现状，当前不宜将专利权效力认定直接引入专利侵权民事诉讼程序中，从总体上而言，应当遵循无效行政程序及行政诉讼与侵权民事诉讼相对分离的总体架构。针对专利效力司法判定程序的制度完善，一方面，通过完善专利无效行政诉讼程序，包括更好地衔接专利无效行政程序与无效行政诉讼程序，将无效审查视为一级准司法程序，对无效行政审查决定的行政诉讼程序进行提级的一审终审，并且赋予人民法院在无效行政诉讼中对专利行政机关的审查决定作出"变更判决"的权限，直接对专利权效力作出判定，有效避免循环诉讼；另一方面，在专利侵权民事诉讼程序中，引入"明显无效专利不予保护规则"，并严格限定专利民事诉讼中止规则的适用条件与适用范围。除此之外，在专利诉讼体系中，搭建专利无效行政诉讼与侵权民事诉讼之间的衔接机制，包括：在侵权民事诉讼与无效行政诉讼中确立专利权利要求解释的独立程序地位；合理界定专利案件，包括专利行政诉讼与专利民事诉讼案件所作出判决的既判力范围，对于专利权的效力判定以行政诉讼判决为最终依归，对于侵权诉讼中的明显无效专利，在不予保护的同时，不对其争点效作扩张适用；同时，针对专利案件判决结果之间较高的冲突可能性，应当再造专利"错案"标准，对于不同程序中对专利权效力作出的判定，不宜将相互冲突的认定结论视为错案，以消除审判人员适用程序规则自行认定的顾虑与隐忧。

参考文献

一、中文著作

［1］曹建明.知识产权审判指导（2007年·第2辑）［M］.北京：人民法院出版社，2007.

［2］曹伟.专利确权及无效诉讼制度研究［M］.北京：法律出版社，2015.

［3］曹新明.中国知识产权法典化研究［M］.北京：中国政法大学出版社，2005.

［4］陈文煊.专利权的边界：权利要求的文义解释与保护范围的政策调整［M］.北京：知识产权出版社，2014.

［5］崔国斌.专利法：原理与案例［M］.北京：北京大学出版社，2012.

［6］方江宁.知识产权法基础理论［M］.北京：知识产权出版社，2014.

［7］冯晓青.知识产权法哲学［M］.北京：中国人民公安大学出版社，2003.

［8］国家知识产权局条法司.《专利法》及《专利法实施细则》第三次修改专题研究报告［M］.北京：知识产权出版社，2006.

［9］国家知识产权局条法司.专利法研究（2009）［M］.北京：知识产权出版社，2010.

［10］韩大元.比较宪法学［M］.北京：高等教育出版社，2003.

［11］胡夏冰.司法权：性质与构成的分析［M］.北京：人民法院出版社，2003.

［12］黄文仪.专利实务（第2册）［M］.台北：三民书局，1990.

［13］江伟.民事诉讼法学［M］.上海：复旦大学出版社，2005.

［14］李明德.美国知识产权法［M］.北京：法律出版社，2014.

［15］梁志文.论专利公开［M］.北京：知识产权出版社，2012.

［16］龙文懋.知识产权法哲学初论［M］.北京：人民出版社，2003.

［17］梅夏英.财产权构造的基础分析［M］.北京：人民法院出版社，2002.

［18］石必胜.专利创造性判断研究［M］.北京：知识产权出版社，2012.

［19］汤宗舜.专利法教程［M］.北京：法律出版社，2003.

［20］王利明.司法改革研究［M］.北京：法律出版社，2000.

［21］王学辉，宋玉波，等.行政权研究［M］.北京：中国检察出版社，2002.

［22］吴汉东.知识产权制度基础理论研究［M］.北京：知识产权出版社，2009.

［23］夏书章.行政管理学［M］.广州：中山大学出版社，1991.

［24］徐晓林，等.行政学原理［M］.武汉：华中理工大学出版社，2000.

［25］徐雁.知识产权"三合一"诉讼制度研究：以平行程序和技术问题为切入点
［M］.厦门：厦门大学出版社，2014.

［26］张广良.知识产权实务及案例探析［M］.北京：法律出版社，1999.

［27］张军.走近经济学［M］.北京：生活·读书·新知三联书店，2001.

［28］张鹏.专利授权确权制度原理与实务［M］.北京：知识产权出版社，2012.

［29］张泽涛.司法权专业化研究［M］.北京：法律出版社，2006.

［30］郑成思.知识产权法：新世纪初的若干研究重点［M］.北京：法律出版社，
2004.

［31］郑成思.知识产权与国际关系［M］.北京：北京出版社，1996.

［32］中国社会科学院知识产权研究中心.中国知识产权保护体系改革研究［M］.北
京：知识产权出版社，2008.

［33］中国社会科学院知识产权中心，中国知识产权培训中心.完善知识产权执法体
制问题研究［M］.北京：知识产权出版社，2009.

［34］周枏.罗马法原论［M］.北京：商务印书馆，1994.

［35］奚晓明.解读最高人民法院司法解释、指导案例（知识产权卷）［M］.北京：人
民法院出版社，2014.

二、中文论文

［1］毕玉谦.对我国民事诉讼审前程序与审理程序对接的功能性反思与建构：从比较
法的视野看我国《民事诉讼法》的修改［J］.比较法研究，2012（5）：16-31.

[2] 蔡虹, 刘加良. 论民事审限制度 [J]. 法商研究, 2004 (4): 106–112.

[3] 曹新明. 现有技术抗辩研究 [J]. 法商研究, 2010, 27 (6): 96–101.

[4] 陈杭平. 论"事实问题"与"法律问题"的区分 [J]. 中外法学, 2011, 23 (2): 322–336.

[5] 程雪梅, 何培育. 欧洲统一专利法院的考察与借鉴: 兼论我国知识产权法院构建的路径 [J]. 知识产权, 2014 (4): 89–94.

[6] 崔国斌. 基因技术的专利保护与利益分享 [C] // 郑成思. 知识产权文丛: 第3卷, 北京: 中国政法大学出版社, 2000.

[7] 代江龙. 论现有技术抗辩程序机制的规范化 [J]. 长江大学学报 (社科版), 2014, 37 (10): 53–59.

[8] 代江龙. 试论专利侵权诉讼中无效判定的引入 [J]. 人民司法, 2015 (17): 98–102.

[9] 当前知识产权审判热点问题透视: 第九届全国部分省市知识产权审判研讨会侧记 [J]. 法律适用, 2008 (Z1): 180–182.

[10] 杜强强. 从恭敬到不从命: 在知识产权审判中法院对待行政行为公定力的态度变迁 [J]. 行政法学研究, 2006 (4): 55–61.

[11] 杜颖, 王国立. 知识产权行政授权及确权行为的性质解析 [J]. 法学, 2011 (8): 92–100.

[12] 耿博, 杨波. 既判力理论在知识产权审判中的适用 [J]. 知识产权, 2008 (1): 56–60.

[13] 郭寿康, 李剑. 我国知识产权审判组织专门化问题研究: 以德国联邦专利法院为视角 [J]. 法学家, 2008 (3): 59–65.

[14] 郝小娟. 专利民行交叉案件处理新思路 [J]. 人民司法, 2020 (2): 96–99.

[15] 郝振江. 存在关联程序下的诉讼中止 [J]. 人民司法, 2010 (2): 72–75.

[16] 何伦健. 专利无效诉讼程序性质的法理分析 [J]. 知识产权, 2006 (4): 74–77.

[17] 何卓律, 王洪友. 论中国现行制度下专利无效抗辩的适用路径 [J]. 电子知识产权, 2019 (10): 72–81.

[18] 纪格非. "争点"法律效力的西方样本与中国路径 [J]. 中国法学, 2013 (3): 109–120.

［19］江伟，肖建国.论既判力的客观范围［J］.法学研究，1996（4）：37-48.

［20］孔译珞.专利专门性法院的先驱者：美国联邦巡回上诉法院的发展［J］.知识产权，2014（4）：84-88.

［21］李明德.知识产权法院与创新驱动发展［N］.人民法院报，2014-09-03（5）.

［22］李扬.日本专利权当然无效抗辩原则及其启示［J］.法律科学（西北政法大学学报），2012，30（1）：168-177.

［23］梁志文.专利授权行为的法律性质［J］.行政法学研究，2009（2）：33-36.

［24］林广海."三审合一"：知识产权案件司法保护新机制述评［J］.河北法学，2007（2）：181-185.

［25］林莉红.行政权与司法权关系定位之我见：以行政诉讼为视角［J］.现代法学，2000（2）：55-58.

［26］刘春田.知识产权作为第一财产权利是民法学上的一个发现［J］.知识产权，2015（10）：3-9.

［27］马东晓，吴世珍.知识产权诉讼的中止程序［J］.知识产权，2002（1）：34-38.

［28］梅术文，曹新明.日本知识产权法院的设置及其启示［J］.电子知识产权，2005（12）：40-43.

［29］施鹏鹏.撬动中国法治建设的杠杆：人民陪审员制度改革系列谈二［N］.人民法院报，2015-04-27（2）.

［30］石必胜.论无效程序中权利要求书修改的最小单元［J］.知识产权，2015（1）：37-44.

［31］石必胜.知识产权诉讼中的鉴定范围［J］.人民司法，2013（11）：38-43.

［32］孙国华，黄金华.论法律上的利益选择［J］.法律科学（西北政法学院学报），1995（4）：3-9，19.

［33］孙笑侠.司法权的本质是判断权：司法权与行政权的十大区别［J］.法学，1998（8）：35-37.

［34］唐仪萱，聂亚平.专利无效宣告请求中止侵权诉讼的问题与对策：基于2946份民事裁判文书的实证分析［J］.四川师范大学学报（社会科学版），2018（2）：47-56.

［35］田丽莉，李新芝.日韩专利复审无效制度及其借鉴［J］.中国发明与专利，

2020，17（8）：100–105.

［36］佟姝.专利行政案件中几种特殊类型证据的认定［J］.中国专利与商标，2011
（4）：18–31.

［37］万琦.论我国专利纠纷解决的司法、行政路径［J］.电子知识产权，2018（2）：
89–101.

［38］王福华.民事诉讼程序停止机理研究［J］.法商研究，2004（2）：50–57.

［39］王丽颖.浅议无效程序审查范围及依职权审查［J］.中国发明与专利，2014
（4）：74–78.

［40］王如铁，王艳华.诉讼成本论［J］.法商研究（中南政法学院学报），1995
（6）：73–79.

［41］王亚新.新民事诉讼法关于庭前准备之若干程序规定的解释适用［J］.当代法
学，2013，27（6）：13–22.

［42］韦晓云.驰名商标认定虚假诉讼之刑法规制［J］.人民司法，2009（17）：
12–16.

［43］吴汉东.知识产权本质的多维度解读［J］.中国法学，2006（5）：97–106.

［44］吴汉东.知识产权法律构造与移植的文化解释［J］.中国法学，2007（6）：
49–61.

［45］肖尤丹，谢祥.知识产权效率价值的理论渊源［J］.重庆理工大学学报（社会科
学），2010，24（1）：57–63.

［46］徐棣枫，郐志勇.美国专利案件中的律师费承担规则及其发展［J］.知识产权，
2014（10）：108–112.

［47］姚兵兵.再谈专利侵权诉讼中止问题：以南京中院为实例［C］// 国家知识产权
局条法司.专利法研究（2006）.北京：知识产权出版社，2007：335–343.

［48］叶必丰.论行政行为的公定力［J］.法学研究，1997（5）：87–92.

［49］叶自强.论既判力的本质［J］.法学研究，1995（5）：23–30.

［50］衣庆云.知识产权诉讼和解策略解析［J］.知识产权，2009（1）：35–39.

［51］易玲.日本《专利法》第104条之3对我国的启示［J］.科技与法律，2013
（3）：45–53.

［52］余翔，赵振.专利侵权诉讼中反诉专利权无效与中止诉讼：日本知识产权诉讼

制度改革及其对我国的启示 [J].电子知识产权,2007(6):54-56.

[53]张玲.日本知识产权司法改革及其借鉴 [J].南开学报(哲学社会科学版),2012(5):121-132.

[54]张鹏.我国专利无效判断上"双轨制构造"的弊端及其克服:以专利侵权诉讼中无效抗辩制度的继受为中心 [J].政治与法律,2014(12):126-135.

[55]张卫平.既判力相对性原则:根据、例外与制度化 [J].法学研究,2015,37(1):68-86.

[56]章建勤,丛芳.试论在中国专利侵权诉讼中引入无效抗辩的不可行和不可取 [J].中国发明与专利,2019,16(8):18-24.

[57]章武生.我国民事审级制度之重塑 [J].中国法学,2002(6):83-98.

[58]朱理.台湾地区"智慧财产法院"诉讼制度考察与借鉴 [J].知识产权,2015(10):64-75,140.

[59]朱理.专利民事侵权程序与行政无效程序二元分立体制的修正 [J].知识产权,2014(3):37-43.

[60]左萌,孙方涛,郭风顺.浅析美国专利无效的双轨制 [J].知识产权,2013(12):92-97.

三、中文译著

[1]A.米切尔·波林斯基.法和经济学导论 [M].郑戈,译.北京:法律出版社,2009.

[2]博登海默.法理学:法律哲学与法律方法 [M].邓正来,译.北京:中国政法大学出版社,2015.

[3]丹·L.伯克,马克·A.莱姆利.专利危机与应对之道 [M].马宁,余俊,译.北京:中国政法大学出版社,2013.

[4]狄骥.公法的变迁 [M].郑戈,译.北京:商务印书馆,2013.

[5]杰弗里·N.利奇.语义学 [M].李瑞华,等译.上海:上海外语教育出版社,1987.

[6]拉德布鲁赫.法学导论 [M].米健,等译.北京:中国大百科全书出版社,1997.

［7］孟德斯鸠.论法的精神（上册）［M］.张雁琛，译.北京：商务印书馆，1997.

［8］莫诺·卡佩莱蒂.当事人基本程序保障权与未来的民事诉讼［M］.徐昕，译.北京：法律出版社，2000.

［9］棚濑孝雄.纠纷的解决与审判制度［M］.王亚新，译.北京：中国政法大学出版社，1994.

［10］青山纮一.日本专利法概论［M］.聂宁乐，译.北京：知识产权出版社，2014.

［11］田村善之.日本现代知识产权法理论［M］.李扬，等译.北京：法律出版社，2010.

［12］詹宁斯.法与宪法［M］.龚祥瑞，侯健，译.北京：生活·读书·新知三联书店，1997.

四、外文文献

［1］David W. Okey, Issued Patents And the Standard of Proof［J］. The John Marshall Journal of Computer & Information Law, 1999: 557–588.

［2］Paul R. Gugliuzza: Patent Law Federalism［J］. Wisconsin Law Review, 2014（1）: 11–77.

［3］Federal Rules of Civil Procedure（F.R.C.P.）§ 13（a）（As amended to Dec.1 2014）, From CULS.

［4］Flex-Foot, Inc. v. CRP, Inc. 238 F.3d 1362（Fed. Cir. 2001）.

［5］Fresenius Med. Care Holdings, Inc. v. Baxter Int'l, Inc., No. 03-CV-1431, 2007 WL 518804, at 1（N.D. Cal. Feb. 13, 2007）.

［6］In re CygnusTelecommunications Technology, LLC, Patent Litig., 385 F. Supp. 2d 1022, 1023（N.D. Cal. 2005）.

［7］Interthinx, Inc. v. CoreLogic Solutions, LLC, CBM2012-00007, Paper No. 58（P.T.A.B. Jan. 30, 2014）.

［8］James W. Dabney. Ksr: It Was not a Ghost［J］. Santa Clara Computer & High Technology Law Journal, 2007: 131, 142–144.

［9］Jennifer R. Saionz. Declaratory Judgment Actions in Patent Cases: The Federal

Circuit's Response to Medimmune v. Genentech［J］. Berkely Technology Law Journal, 2008: 161–192.

［10］Jonathan Tamimi. Breaking Bad Patents: The Formula for Quick, Inexpensive Resolution of Patent Validity［J］. Berkeley Technology Law Journal, 2014, 29（Annual Review）: 587–646.

［11］Katsumi Shinohara.Outline of the Intellectual Property High Court of Japan［J］. AIPPI Journal, 2005（5）: 131–147.

［12］Kevin A. Meehan. Shopping for Expedient, Inexpensive & Predictable Patent Litigation［J］. Intellectual Property & Technology Forum at Boston College Law school, 2008: 1–15.

［13］Medimmune, Inc. v. Genentech, Inc. 549 U.S. 118（2007）.

［14］Neste Oil Oyj v. Dynamic Fuels, LLC, No. 12-1744-GMS, 2013 WL 3353984, at 3–4（D. Del. July 2, 2013）.

［15］PIN/NIP, Inc. v. Platte Chemical Co., 304 F.3d 1235, 1243（Fed. Cir. 2002）.

［16］Pragmatus AV, LLC v. Facebook, Inc., 2011 U.S. Dist. LEXIS 14824（N.D. Cal., October 11, 2011）.

［17］Schumer v. Laboratory Computer Systems, Inc., 308 F.3d 1304, 1315（Fed. Cir.. 2002）.

［18］Sean P. Quinn. Case Summary: Fresenius USA, Inc. v. Baxter, Int'l, Inc. 721 F.3d 1330（FED. CIR. 2013）［J］. DePaul Journal of Art, Technology & Intellectual Property Law, 2013（Fall）: 247–257.

［19］Sean T. Carnathan. Patent Priority Disputes—A proposed Re-Definition of First-to-Invent［J］. Alabama Law Review, 1998（Spring）: 755–815.

［20］Semiconductor Energy Lab. Co., Ltd. v. Chimei Innolux Corp. No. SACV 12-0021 JST（JPRx）, 2012 U.S. Dist.（C.D. Cal. Dec. 19, 2012）.

［21］Westwood Chemical, Inc. v. United States. 525 F.2d 1367（Ct. Cl. 1975）.

［22］Xerox Corp. v. 3Com Corp., 69 F. Supp. 2d 404, 406（W.D.N.Y. 1999）.

后 记

"专利权效力司法判定程序研究"是本人的博士论文选题，成果完成后，虽经过了数年的沉淀，却一直不太满意。尤其随着国家创新保护政策的不断"升级"，从《国家知识产权战略纲要（2008）》进入《知识产权强国建设纲要（2021—2035年）》，知识产权司法保护工作以及我国知识产权行政体系改革也推出了诸多的创新举措，专利权效力司法判定也不断面临着全新的外部环境。然而，体制机制的革新发展永远在路上，不断探索中的改革举措为我国专利权效力司法判定程序体系完善也提供了更多的契机。本论题的研究成果虽然存在诸多的"缺憾"，不甚成熟，但也可权且作为我国知识产权司法体系与程序机制改革的"见证者"，为探讨这一具有重要实践价值的话题提供些许思路。

本书在实践分析的基础上，从动态视角对包括美国、日本专利权效力判定体系展开比较研究，从宪政与国家公权力配置的角度，对司法权与行政权及其相互关系展开探讨，并对专利权效力司法判定的权利基础进行分析。将我国现行专利诉讼规则中的诉讼中止、现有技术抗辩等个体规则剥离出来，突破现行制度框架与国家权力既有格局，论证专利效力司法判定的程序机制变革。最后，从全局的角度对专利权无效司法判定制度的完善进行建构，考虑到专利权效力认定规则牵一发而动全身，着眼于专门审判模式的建构、专利侵权民事诉讼程序规则的变革、明显无效专利不予保护规则的设置，从司法机关机构改革、专利诉讼程序机制变迁、专利法实体规则完善等多角度展开论证，以专利权效力司法判定为内核，展开多层次的架构分析论证。

当然，限于学术功底与研究能力的局限性，本书仍然存在着较多的不足之处，而且本课题的研究仅仅只是一个开端，有关本论题的研究尚需进一步拓展：本论题对专利权效力司法判定规则的建构尚不足以具体展开，需要从专利诉讼特别规则的角度进一步探讨"明显无效专利不予保护规则"，以建构专利侵权诉讼中引入无效认定后的程序协调机制。另外，对于知识产权专门法院体系，尤其是知识产权上诉法院的设立，需要从更多的角度做进一步的必要性与可行性论证。

学术研究是一趟"苦旅"，也是一场"修行"。本人不揣浅陋，"虽不能至"却也"心向往之"，抱定了这样的心态便只顾"风雨兼程"。法学研究既是一门人文社会科学研究，也具有实践科学的属性，而知识产权法学的研究更是站在社会经济变革的前沿。因此，选定"专利权效力司法判定程序研究"，既是对自己司法实践经历的一个阶段性总结，也是对初入学术研究领域的一种尝试。以本论题作为博士学位论文的研究选题，虽然经过了较长时间的沉淀与思虑，仍难免惴惴不安，一则源于对学术研究的敬畏之心，二则也是对这一"小问题"所可能牵涉的专利司法制度全局深恐"力不足驭"。期待各位师友和读者的批评指正。

代江龙

2023 年 4 月